행복한
우리 음식
문화

한국과학기술한림원

• 과학기술에 전문적 경륜과 식견을 가진 석학들을 회원으로 엄선, 각 부문별 전문성을 효율적으로 활용함으로써 국가 과학기술의 진흥과 창달에 기여하기 위해 1994년에 설립되었습니다.
• 2005년 기초과학연구진흥법 제11조(한국과학기술한림원의 설립 등)에 의거 법정기구화되었습니다.
• 독립성, 자율성 및 전문성을 바탕으로 하는 순수 민간 과학아카데미로, 편견 없는 대정부 정책자문을 통해 올바른 과학기술정책의 수립을 유도하고 있으며, 범부처적 국가 과학기술정책에 대한 자문과 건의를 통한 과학기술 발전의 장기적 비전을 제시하고 있습니다.
• 우리나라의 과학기술 선진국 진입을 위한 기초 과학기술 진흥사업을 수행하고 있으며, 외국 한림원 및 과학기술 국제기구 등과의 학술교류를 통해 과학기술 민간외교의 중심체 역할을 담당하고 있습니다.

행복한 우리 음식문화

1판 1쇄 찍음 | 2012년 12월 26일
1판 1쇄 펴냄 | 2012년 12월 31일

지은이 | 최홍식
발행인 | 주정희
발행처 | 자유아카데미
등록 | 제406-2003-017호, 1980. 7. 12

주소 | 경기도 파주시 문발동 527-2 파주출판도시
전화 | 031-955-1321
팩스 | 031-955-1322
홈페이지 | www.freeaca.com
전자우편 | main@freeaca.com(대표)
editor@freeaca.com(편집)

ISBN 978-89-7338-993-3 03590

한국과학기술한림원 『석학, 과학기술을 말하다』 시리즈 ⑯

맛·멋·건강이 있는

행복한 우리 음식 문화

| 최홍식 지음 |

자유아카데미

감사의 말

이 책이 나오기까지 오랜 시간에 걸쳐 여러 어려운 과정을 겪었으며, 헤아릴 수 없이 많은 분들의 도움을 받았다. 임산부가 겪는 임신과 산고와 같은 어려웠던 일들을 여기서 일일이 이야기할 필요는 없을 것이다. 그러나 많은 분들에게 받은 여러 가지 도움에 대해서는 이 자리를 빌어 정중하게 감사의 인사를 드리고 싶다.

먼저 5천여 년의 긴 우리 음식문화 역사 속에서 묵묵히 우리 음식 만들기와 음식문화 발전에 힘써 온 수많은 선조의 어머니들, 그리고 음식 관련 전문가들에게 감사를 드린다. 이분들은 상고 시대에서 현대에 이르기까지 우리 음식문화 발전의 주역을 담당하면서 한식문화의 기틀을 마련하였다. 그리고 이분들께서 남기신 음식문화 서적이나 고요리서(古料理書) 등의 자료가 없었다면, 오늘날 우리는 음식문화에 관한 어떤 이야기도 할 수 없을 것이다.

또한 지난 50여 년간 내가 음식과 식품과학에 관한 공부와 연구를 할 수 있게 해 주신 모든 분들, 특히 스승과 선배님 그리고 동료 여러분들께 진심으로 감사의 인사를 드린다. 이들은 직접적으로 또는 논문과 저서를 통해 쉬지 않고 일할 수 있도록 가르쳐 주셨고, 독려와 격려를 아끼지 않으셨다. 많은 분들 중에서도 고 이성우 교수님, 장지현 교수님, 강인희 교수님, 윤서석 교수님, 鄭大聲(일본) 교수님, 이효지 교수님, 윤숙자 교수님, 김상보 교수님, 주영하 박사님, 고 김창식 교수님, 권태완 박사님, 김상순 교수님, 주진순 교수님에게 특별히 감사드린다. 이 분들의 가르침과 논문 또는 저서가 있었기에 오늘날까지 내가 이 분야의 일을 할 수 있었을 뿐만 아니라 지치지 않고 오늘의 이 작업도 끝맺을 수 있었다.

끝으로 이 저술 작업을 이끌어 주신 한국과학기술한림원 관계자 분들과 즐거운 마음으로 이 책의 출판을 맡아주신 자유아카데미 관계자 여러분, 그리고 곁에서 격려와 용기를 지속적으로 보내 준 가족에게 감사의 인사를 드린다.

2012년 12월

최홍식

차례

2. 삼국 시대의 우리 음식문화에서 찾는 행복

3. 고려 시대의 우리 음식문화에서 찾는 행복

4. 조선 시대의 우리 음식문화에서 찾는 행복

5. 현대의 웰빙 슬로푸드에서 찾는 행복

6. 현대의 웰빙 스타일푸드에서 찾는 행복

왜 이 책을 읽는가?

최근 들어 음식에 대한 사람들의 관심이 폭발적으로 증가하고 있다. 어떤 모임에서든 대화 중에 빠지지 않고 등장하는 화제가 음식에 관한 것이다. 가끔 모임에서 음식 관련 질문을 받는 경우가 있는데, 주로 받는 질문은 '이런 경우는 어떤 음식을 먹어야 하는가?' 또는 '어떻게 먹는가?' 등이다. 이러한 질문에 비해 차원이 다른 아주 특별한 질문이 있는데, 그것은 바로 '우리는 음식의 무엇을 가장 소중하게 생각하며 먹는가?' 이다. 이 질문은 여러 가지 답이 나올 수 있으므로 잘 정리할 필요가 있다. 이 질문에 대해 나는 다음과 같이 답하고 싶다.

"음식의 맛과 멋 그리고 건강을 먹고 있지요.
이 세 가지는 음식이 우리에게 주는 행복이므로, 나는 그 행복을 먹고 있습니다."

당연한 이야기지만, 음식은 생활문화와 건강을 모두 아우루고 있다. 문화적인 면에서는 음식의 '맛'과 '멋'을, 건강 면에서는 음식의 '영양'과 '건강기능성 성분'을 먹는다고 할 수 있다.

사람들은 음식에서 느끼는 맛과 멋의 즐거움, 그리고 음식에서 얻는 건강을 통해서 깊은 행복을 누리게 된다. 음식을 통해서 정신적인 행복과 물질적인 행복을 함께 얻는 셈이다. 이것은 인간이 소망하는 가장 의미 있는 행복이라고 할 수 있다. 이 정도면 음식의 무엇을 먹는가에 대한 해답이 나온 것일까?

이에 대하여 하나씩 살펴보자.

사람들은 일차적으로 '음식의 맛'을 먹는다. 사람은 다섯 가지 감각 중에서 먼저 시각, 후각, 청각, 촉각을 통해 식욕을 얻는다. 그리고 가장 중요한 감각 요소인 미각을 통해 맛을 느낀다. 이때 오감으로 얻는 종합적인 감각을 '넓은 의미의 음식 맛'이라고 한다면, 혀에서 느끼는 단일 감각은 '좁은 의미의 음식 맛'이라고 할 수 있다. 넓은 의미의 맛을 통해 얻는 구강성(口腔性)과 즉흥성의 즐거움은 인간이 추구하는 최대의 관심사이자 쾌락이다. 『미각의 생리학』의 저자 브리야 사바랭은 이렇게 말하고 있다.

> "식탁의 쾌락은 다른 모든 쾌락과 잘 어울릴 수 있고, 다른 쾌락을 모두 잃었다고 해도 우리를 위로하기 위해 남아 있는 마지막 쾌락이다."

이 말에서 우리는 음식이 결코 공복을 채우고 영양을 공급하기 위한 것만은 아니라는 것을 잘 이해할 수 있다. 그렇다고 화려한 요리에서만 이러한 쾌락을 얻을 수 있는 것은 아니다. 소박한 것에서도 얼마든지 깊고 은근한 쾌락을 느낄 수 있다. 보다 중요한 것은 음식문화의 참다운 맛과 멋을 즐기면서 음식을 먹는 일이다. 그렇게 하기 위해서는 그 음식에 맛과 함께 멋이 있어야 한다. 쾌락도 멋이 있어야 가능하기 때문이다.

멋이라는 말은 맛에서 유래하였다고 한다. 따라서 어떤 점에서 맛과 멋은 그 뿌리가 같다고 할 수 있다. 멋은 기품과 운치와 깊은 관계가 있는데, 음식과 그 음식을 먹는 일에는 정도의 차이는 있지만 기품과 함께 운치가 있어야 한다. 이 때의 기품과 운치가 바로 음식문화의 멋이다.

이러한 멋 속에는 풍류의 멋이 있고 미학적 멋이 있다. 명가의 명주 한 잔을 벗과 함께 마실 때 풍류의 멋이 있다고 한다면, 잘 차려진 밥상 위의 구절판은 미학적 멋이 있다고 할 수 있다. 사람에 따라 멋이 다르듯이 음식에도, 그리고 그 음식을 먹는 일에도 기품과 운치, 즉 멋이 다르다. 그러므로 사람이 어떤 음식을 즐겨 먹는가를 알면 그 사람의 기품과 운치를 미루어 짐작할 수 있다. 이에 대한 한 예를 보리밥 풋나물이면 족하다고 말한 고산 윤선도의 시조 한 수에서 살펴보자.

> "보리밥 풋나물을 알마초 먹은 후에
> 바희 끝 물가에 슬카지 노니노라
> 그나믄 너나믄 일이야 부럴 줄 니시랴"

이 얼마나 도도하며 풍류의 멋이 느껴지는가! 보리밥 풋나물을 알맞게 먹은 후에 바위 끝 물가에서 실컷 놀고 있노라면 그 밖의 나머지 다른 일이야 부러울 것이 있겠느냐는 것이다. 여기서 선비의 소박한 멋을 짐작할 수 있다. 이러한 이유로 옛날이나 오늘날이나 사람들은 음식 또는 그 음식을 먹는 일에 기품이나 운치를 중요하게 여기고 있다.

누구나 지나칠 정도로 관심을 갖는 일이 바로 음식과 건강이다. 이에 관한 다음과 같은 흥미 있는 말이 있다. 아래 첫 번째 말은 레베카 도나텔로가 쓴 책 『토탈 건강 혁명』에서, 그리고 두 번째 말은 필자의 『김치 미인』이란 책에서 인용하였다.

> "내가 먹는 것이 나의 건강을 만든다."
>
> "음식의 적절한 선택과 섭취가 나의 아름다운 외형미를 만든다."

너무도 분명하게 알려진 사실이지만, 음식을 통해 섭취한 영양소와 각종 건강기능성 성분들이 기본적인 우리의 건강을 만든다. 활동에 필요한 에너지도 음식에서 얻는다. 그리고 음식의 적절한 선택과 섭취가 나의 얼굴, 체중과 비만, 체격, 피부 그리고 머리카락의 아름다움에 직접 영향을 미친다. 즉 우리의 건강과 건강미는 날마다 계속되는 우리의 음식 내용이 무엇인가에 따라 크게 달라진다. 이 때문에 음식을 통해 먹게 되는 영양과 건강기능성 성분의 질과 양이 매우 중요할 수밖에 없다.

세계보건기구WHO는 '세계보건기구헌장' 에서 "건강이라고 하면 단순한 질병이나 허약함이 없을 뿐만 아니라 신체적, 정신적, 사회적 안녕의 완전한 상태를 말한다.”라고 하였다. 당연한 이야기일지 모르지만 건강한 정신은 건강한 육체에서 비롯된다. 이러한 관점에서 음식에서 얻는 맛과 멋의 즐거움과 건강이 무엇보다 중요하다고 할 수 있다.

주위를 돌아보면 행복에 대한 수많은 이론과 이야기들이 있다. 여기에서 이러한 모든 것을 논할 상황은 아니며, 또 그렇게 할 필요도 없다. 그리고 행복을 얻기 위해 지나친 철학적 접근도 감히 하지 않을 것이다.

세계적인 문명비평가이자 사상가인 린위탕[林語堂]은 일찍이 인간의 행복은 관능적이란 말을 남겼다. 그는 자신의 저서 『생활의 발견』에서 무엇보다 실천적 행동과 감각적인 것에서 행복을 찾아야 한다고 역설하고 있다. 그는 아침에 일어나 신선한 공기를 마실 때, 의자에 앉아 파이프 담배를 피울 때, 한적한 시골을 여행할 때, 시원한 샘물을 마실 때, 친구들과 담소할 때 행복을 느낀다고 하였다. 그러나 린위탕의 행복론도 제한된 내용임을 부정할 순 없다.

실제로 흐뭇하도록 만족하여 부족함이나 불만이 없는 상태의 행복은 다분히 정신적이고 생명적이며 관능적이어야 하고, 이를 실제로 느끼는 것이 중요하다.

따라서 맛, 멋, 건강의 음식문화 속에서 우리 스스로 행복을 찾거나 창조하는 것이 매우 중요하다. 만일 일상생활에서 이러한 행복을 누리지 못한다면 그것은 진실로 불행한 일이다.

우리나라 최대 국제행사였던 1988년 서울올림픽 기간 중에 서울시 주최로 ‘한국 음식 5000년전’이 개최되었다. 그때 행사의 추진위원장은 개회사에서 “유구한 역사와 함께 이루어진 소중한 우리 음식문화를 다시 한 번 되돌아볼 수 있게 하는 계기가 되었으면 하는 마음이 간절합니다.”라고 말하였다. 이 행사는 서울올림픽을 기념하는 문화예술축전의 하나였던 만큼 뜻깊게 진행되었다. 그리고 많은 국민들이 긴 역사를 지닌 우리 음식문화에 대해 긍지를 느낄 수 있는 좋은 계기가 되었다.

우리 음식문화사를 자세히 살펴보면 선조들은 어려운 가운데에서도 우리 고유의 음식문화를 일으켜 세우고 크게 발전시켰다. 음식문화는 화려함과 소박함 그리고 담백미와 조화미의 이중 구조 속에서 다양한 맛과 풍류의 멋이 있었다. 또한 개인과 가족의 건강을 지켰다.

실제로 우리 전통음식은 많은 문화적 속성을 지니고 있으며, 높은 수준의 과학기술적 속성이 담겨 있다. 여기서 이러한 속성을 자세히 논할 수는 없다. 하지만 분명한 것은 우리 음식문화의 속성에는 '맛, 멋, 건강이 있는 행복한 우리 음식문화'를 만드는 '행복 코드', 즉 행복의 문을 여는 열쇠가 있다는 사실이다.

여기서 행복 코드는 우리 음식문화의 긴 역사 속에서 축적된 것이면서도 '행복과 관련된 소중한 속성을 지닌 어떤 대상'이라고 할 수 있다. 우리 음식문화의 중요한 사건이나 위대한 음식문화 유산이 일차적으로 그 대상이 될 수 있다. 이들은 우리 한민족의 정신과 육체 속에 무의식적으로 각인되어 있는 음식문화의 중요한 요소들이다. 따라서 정확하고 소중한 우리 음식문화 정보를 활용하되, 긍정적이면서도 행복 지향 요소들의 행복 코드를 발굴하고 선정하는 것이 무엇보다 중요하다.

필자는 지난 40여 년간 식품영양학을 전공하면서 우리 음식문화에 특히 관심을 갖고 지속적으로 이 분야를 연구하였다. 이를 통해 유럽의 음식이나 식생활 그리고 중국이나 일본의 그것들보다 우리나라의 음식과 식생활에 행복 요소가 더 많이 있다는 것을 확인하였다. 이에 대하여 국내외 많은 학자들도 동의하고 있다. 이후 필자는 최근 10여 년 동안 우리 음식문화 속에 있는 이들 요소들에 대한 연구와 행복 코드 발굴과 선정을 위해 혼신의 힘을 쏟았다.

우선 우리 음식문화의 역사를 원시 및 상고 시대, 삼국 시대, 고려 시대, 조선 시대, 현대 등의 시대로 구분하고, 시대별로 소중한 음식문화의 속성과 행복 요소들을 차례로 살펴보았다. 그리고 행복 요소들을 중심으로 행복에 이르는 행복 코드를 발굴, 선정하였다.

그 결과 이 책에서 보는 것과 같이 '행복한 세상을 여는 24가지 행복 코드' 를 제시하게 되었다. 이 행복 코드의 내용들은 우리들의 삶과 행복한 우리 음식문화에 강력하고도 온전하게 영향을 줄 것이다.

이제 이 책을 읽어야 하는 이유를 본격적으로 이야기할 때가 된 것 같다. 이해를 돕기 위해 꼭 필요한 것들은 앞에서 모두 설명한 셈이다. 여기서 이 책을 읽어야 할 이유를 길게 중언부언 늘어놓을 필요는 없을 것이다. 간단하고도 명료하게 정리하면 다음과 같다.

5천 년의 우리 음식문화에는 맛, 멋, 건강이 주는 관능적, 정신적, 생명적 행복이 넘쳐 흐르고 있다. 그것은 진실로 우리에게 축복이라고 할 수 있다. 그러나 우리는 그것이 지니는 속성과 행복 요소들의 일부분만 알고 있으며, 그들 실체의 많은 부분을 모르고 있다. 많은 부분을 구성하는 기본적인 요소들과 관련하여 행복 코드의 내용들이 마치 비밀처럼 베일에 가려져 있기 때문이다.

그러므로 베일에 싸여 있는 진정한 행복 코드를 이해한다면, 오늘의 음식문화를 보는 시각은 이전과 비교할 때 확연하게 달라질 것이다. 그리고 새로운 시각에서 얻어진 내용들은 사유 과정을 거쳐 자신의 행동에 직접 영향을 주고, 결과적으로 맛, 멋, 건강이 있는 나의 행복한 음식문화를 만드는 일에 크게 이바지하게 될 것이다.

이제 가려져 있는 베일 속의 행복 코드를 이해하여 맛, 멋, 건강의 진정한 행복을 찾아 누릴 때가 되었다. 베일을 벗기고 그 속에 있는 우리 음식문화의 행복 코드를 제대로 한번 살펴보아야 한다. 만일 행복 코드의 내용을 잘 알지 못하고 있다면 오늘을 살고 있는 우리들은 음식문화가 주는 진정한 행복을 누릴 수 없을 것이다. 이것이 바로 이 책을 읽는 이유이다.

1

원시 및 상고 시대의 우리 음식문화에서 찾는 행복

행복한 우리
음식문화

행복 코드 01

균형식

— 석기 시대 잡식성 식생활의 화려한 변신 —

잡식성 식습관은 언제부터 시작되었나

■

먼 옛날, 우리 한반도에도 구석기 시대 사람들이 살고 있었을까? 조금은 엉뚱한 질문일지도 모르지만 이에 대한 논의는 오랫동안 계속되어 왔다. 이 질문은 그 만큼 어렵고 복잡한 문제일 뿐만 아니라 오늘날에도 계속 새로운 사실이 밝혀지고 있어 논의가 계속되고 있다.

최근 유전자 분석이나 유물 발굴 그리고 기타 여러 연구 결과를 근거로 하여 한반도에도 구석기인들이 살았다는 사실이 밝혀졌으며, 이를 세계 학계가 공인함으로써 한반도의 구석기 시대를 인정받았다. 우리 민족은 몽골 계통이며, 빙하기의 추운 기후를 피하여 북쪽 중국으로부터 한반도로 남하하였다는 학설이 설득력을 얻고 있다. 최근 구석기 시대의 유적이 여기저기에서 발견됨에 따라 구석기인들이 우리 땅에 살았다는 사실은 의심할 여지가 없게 되었다.

그렇다면 구석기인들이 살기 시작한 시기는 언제인가?

부산대학교 박물관이 펴낸 『선사와 고대의 문화』(1996)에서는 그 시기를 10만 년 이전이라고 확인하고 있다. 그러나 이이화는 자신의 저서 『한국사 이야기 (1) 우리민족은 어떻게 형성되었나』(1998)에서 약 10만 년 전부터 70만 년 전까지의 시기로 추정되는 구석기 시대 사람들 유물이 우리나라 여러 지역에서 발굴되었음을 자세하게 기술하고 있다. 따라서 구석기인들이 이 땅에 살기 시작한 시기는 10만 년 훨씬 이전으로 거슬러 올라간다.

구석기인들은 돌을 깨거나 두들겨 다듬은 석기를 사용하였는데, 이 석기들은 울퉁불퉁하고 투박하며, 또 어떤 것은 한 쪽으로 약간 날이 세워져 있었다. 그들은 주로 동굴이나 숲속 나무 위 또는 강가를 택하여 생활 터전으로 삼았다. 그리고 수렵이나 각종 음식 재료를 채취하는 방법으로 식생활을 영위하였으며 추위를 극복하고 원시적인 조리를 위해 불을 이용하였다.

한반도에서 구석기 시대가 저물고 마지막 빙하기가 물러가면서 중석기 시대로 접어들었다. 중석기인들은 사고인으로서 적극적인 사고를 통하여 도전하고 새로운 것을 창출해 냈다. 갖가지 모양의 소형 석기들, 즉 세석기(細石器)들을 이용하였고 선별 사냥을 하였으며 고기잡이에 열을 올렸다. 그리고 일부는 정착해서 살면서 움집 가까이에 터를 만들고 야생의 씨앗을 뿌려 원시적인 관리 재배 흉내를 냈다.

한편 우리나라의 신석기 시대는 지금부터 8천 년 전에 시작하여 3천 년 전에 끝을 맺는 시기이다. 신석기인들의 생활은 이전 사람들의 생활과는 완전히 달랐다. 우선 원시 무리사회에서 씨족 공동사회로 전환되면서 동굴 등을 버리고 움집에서 살게 되었다. 수렵이나 열매, 나뭇잎 채집에 이어 어패류를 본격적으로 채취하면서 원시적인 농경이지만 보다 발전된 방식으로 식량을 구할 수 있게 되었다. 그리고 정교한 석기를 사용하거나 놀랍게도 돌이 아닌 토기를 만들어 사용하였다.

여기서 우리가 관심을 갖는 것은 그들의 식생활이다. 여러 곳에서 발굴된 석기 시대의 유물들에서 그 시대의 먹을거리가 무엇인지 추정할 수 있다. 이와 같은 내용을 정리한 이성우의 『고대한국식생활사연구』 중에서 이 부분을 간단하게 요약해 본다.

한반도 석기 시대 사람들은 돌을 깨거나 두들겨 다듬은 원시적인 도구로 동물을 사냥하고 고기를 해체하였다. 또한 이 도구로 나무 열매나 잎을 따고 풀을 뜯거나 뿌리를 캐어 먹었다. 그리고 강이나 바다에서 잡은 각종 조개류나 물고기들도 좋은 먹을거리였다,

한편 그들은 사냥해 온 사슴, 노루, 멧돼지, 산토끼, 꿩 등의 작은 동물들이나 곰 등의 큰 동물들의 고기나 피 그리고 뼈 속의 골수 등을 먹었다. 달팽이나 개구리와 같은 작은 동물들도 먹을거리였다. 야생식물로는 도토리 등의 열매, 마 · 칡뿌리와 같은 뿌리, 고사리나 버섯류 등이 있었다. 주된 어패류는 각종 물고기 외에 바다의 도미, 참치, 상어, 굴, 대합 등이었다. 또한 소금과 꿀, 산초 등의 조미료나 향신료를 사용하였을 것으로 추정하고 있다.

한반도에 살았던 석기 시대 사람들은 짐승, 조류, 어류, 조개 등의 각종 동물성

식량자원과 나뭇잎, 풀잎, 뿌리, 열매, 곡물 등의 식물성 식량자원을 모두 채집하여 식용하였다. 그리고 불을 사용하는 등 원시적인 방법으로 조리해 먹는 잡식성의 식생활을 하였던 것으로 보인다. 비록 잘 조리해서 먹지는 않았지만 오늘날의 잡식성 식습관이 이미 석기 시대부터 자리 잡기 시작하였다고 볼 수 있다.

하지만 석기 시대 사람들은 대부분의 시간을 사실상 먹을거리 획득을 위해 소비하였다. 식생활은 생존을 위한 투쟁이었다. 식량을 얻기 위해 주변의 적들과 끊임없이 대결하여만 하였고, 이 대결에서 패하였을 때는 생존하기도 어려웠던 것이다. 그들의 식생활은 질적, 양적 내용 면에서 가장 비참한 생존의 식생활 단계(식생활 발전의 제1단계)였음을 알 수 있다.

식생활 발전 단계를 『식품과 현대인의 식생활』(1999)을 인용하여 살펴보면 그림 1-1과 같다. 제1단계는 생존의 식생활로 원시적인 식생활 수준이며, 제2단계는 인식의 식생활로 기아에서 해방되는 수준의 단계이다. 제3단계는 선택의 식생활인 안정 단계, 제4단계는 즐기는 식생활로 식도락의 수준에 이른 단계, 마지막으로 제5단계는 만족의 식생활로 건강 · 장수 · 즐김의 식생활 단계이다. 배고픔과 죽음을 면하기 위한 생존의 식생활에서부터 발전하여 만족함과 건강, 즐거움을 먹는 최고 수준의 식생활까지 진전된다고 할 수 있다. 세계 모든 나라의 식생활에서 단계가 높아질수록 해당 인구가 적어지는 경향을 나타낸다.

이러한 관점에서 보면 석기 시대 대부분의 사람들은 생존을 위한 제1단계의 식생활을 영위하였다고 할 수 있다. 따라서 그들의 식생활은 동물성과 식물성의 다양한 재료를 식용할 수밖에 없었으며, 그것이 잡식성 식습관의 기원이 된 것으로 생각된다.

■ 그림 1-1 · 식생활 발전 5단계의 삼각형 구도 ■

잡식의 행복한 탈바꿈, 균형식

■

최근 유럽과 미국에서는 뜯고 따고 캐고 줍는 채집식품foraging foods이 새로운 음식문화 트렌드의 하나로 떠오르고 있다. 이제 이들 미식가들에게는 대량 재배한 '유기농'이 더 이상 매력적인 것이 아니다. 그들은 집안의 뜰이나 산과 들 그리고 강이나 바다에서 채집한 식품 재료로 간단히 요리하여 먹는 것을 추구한다. 유전자 변형 식품이나 농약으로 재배한 식품이 판을 칠 때에는 유기농 식품을 찾았으나 이제는 유기농도 아닌, 자연의 품에서 자란 재료를 직접 채취하여 먹는 것이다. 자연이 소박하게 차려 준 식탁이라고나 할까! 옛날 그 옛날의 잡식성 식생활로 돌아가고 있다.

잡식성 식습관에 관한 데스먼드 모리스의 주장을 살펴보자. 그는 인간을 가장 동물적이라고 표현하였다. 그는 자신의 저서 『털 없는 원숭이』에서 다음과 같이 이야기하고 있다.

"오늘날 가장 진보된 사회에서는 동물성 식품과 식물성 식품의 균형이 잘 유지되고 있으며, 영양을 얻는 방법도 매우 발전하였다. 그럼에도 불구하고…털 없는 원숭이에 지나지 않는 '인간' 은 먼 옛날 짐승을 사냥하며 식량을 채집하여 먹고 살았던 그들의 조상들과 기본적으로 똑같은 식사를 하고 있다."

이 말은 분명히 놀라운 지적이며 많은 사람들이 이에 동의하고 있다. 석기 시대 이후 한반도의 고대 사회, 중세 사회, 근세 및 근대 사회 그리고 현대 사회로 이어지는 우리 음식문화를 들여다보면, 이러한 잡식성의 식습관이 계속되고 있는 것을 알 수 있다. 석기 시대의 잡식성 식습관이 오늘날까지 이어지고 있는 것이다. 그러나 식생활 자체를 좀 더 자세히 살펴보면 단순하게 이야기할 수는 없다. 질적인 면에서 큰 차이가 있기 때문이다.

오늘날 우리는 석기 시대의 사람들과는 달리 개인의 형편에 따라 생존(제1단계)과 인식(제2단계)의 단계를 넘어 선택(제3단계)과 즐김(제4단계)과 만족(제5단계)의 식생활 단계에 있다. 같은 잡식성 식생활을 한다고 해도 석기 시대의 사람들과 오늘날 우리들과는 식생활의 양적, 질적 내용에서 큰 차이가 있는 것이다.

실제로 우리나라는 석기 시대의 잡식성 식습관에서 출발하여 고대, 중세, 근세 및 근대, 현대에 이르는 우리 음식문화 5천 년의 장구한 세월 속에서 한식의 발전과 완성을 이룩하였다. 완성된 전통 한식의 상차림은 뒤에서 좀 더 자세히 살펴보겠지만('행복 코드 15: 상차림' 참조), 전형적인 균형식이라고 할 수 있다. 즉 석기 시대의 잡식이 전통 한식으로 발전하였고 이는 전형적인 균형식이라는 사실이다.

안타깝게도 석기 시대의 우리 조상들은 먹을거리를 찾아 산으로 들로, 그리고 강으로 바다로 나섰다. 식생활은 생존을 위한 삶일 뿐이었다. 그러나 오늘날의 우리는 한식이라는 독특한 음식문화를 바탕으로 음식의 맛과 멋과 건강을 추구하는 높은 단계의 식생활을 영위하고 있다. 그리고 현대인의 식생활에서 가장 강조되고 있는 것 중의 하나는 균형식이다.

본격적으로 균형식을 이야기하기 전에 먼저 알아둘 것이 있다. 바로 좋은 식습관에 관한 일이다. 만일 좋은 식습관을 갖지 않은 사람이 있다면 바람직하지 않은 식습관을 좋은 쪽으로 고치거나 향상시키도록 노력해야 한다. 어쩌면 여기서 제시된 좋은 식습관, 즉 식사 지침은 아주 단순하고 쉬운 일일지도 모른다.

좋은 식습관을 유지하기 위한 다섯 가지 지침은 다음과 같다.

(1) 식사를 제때에 한다.

(2) 음식을 골고루 먹는다.

(3) 과식하지 않고 알맞게 먹는다.

(4) 싱겁게 먹는다.

(5) 즐겁게 먹는다.

하루 세 끼를 거르지 않고 신체 리듬에 맞추어 규칙적으로 식사하는 것은 대단히 중요하다. 제때에 먹어야 배고픔을 면할 수 있고 하루 필요한 영양소를 알맞게 섭취할 수 있다. 그리고 한두 가지 음식은 여러 가지 영양소의 급원이 될 수 없으므로, 다양한 음식을 골고루 먹어야 한다. 또한 음식을 적게 먹거나 과식하는 것은 좋지 않다. 건강을 위한 섭취 수준이 있으므로 자기 수준을 유지해야 한다. 우리나라 사람에게 특히 중요한 것은 나트륨 섭취를 가능한 줄이는 일이다. 국물 있는 음식의 양을 줄이고 싱겁게 먹어야 한다. 또한 식사는 즐거운 마음으로, 가능하면 여럿이 함께 먹는 것이 바람직하다.

이제 균형식에 대해서 알아보기로 하자.

균형을 이룬 식사란 우리 신체가 필요로 하는 영양소가 잘 배합된 적당량의 식사를 뜻한다. 이것은 좋은 식습관 중에서 첫 번째, 두 번째, 세 번째의 '제때에' 와 '골고루', '알맞게' 와 깊은 관련이 있다. 이 세 가지가 이루어지지 않으면 균형식을 섭취하기가 어렵다.

우리는 균형 잡힌 식사를 통해서 신체가 필요로 하는 여러 가지 영양소를 골고루 적당량 얻을 수 있다. 섭취한 영양소는 우리에게 활력을 주고 정신적으로 안정감을 준다. 그리고 성장뿐만 아니라 신체 조직의 유지와 활발한 기능 발휘, 질병에 대한 저항력을 갖게 한다.

균형식은 나를 위한 첫 번째 행복 코드

■

균형식을 먹어야 하는 궁극적인 목표는 권장량의 영양소를 섭취하여 영양 균형을 이루는 것이다. 이것은 우리 건강에 가장 근본적인 것이면서도 꼭 지켜야 할 필수적인 일이다. 그 이유는 균형식에는 각종 영양소가 골고루 적당량 들어 있기 때문이다.

우선 영양과 영양소에 대해서 간단히 살펴보자.

식품을 구성하는 물질 중에는 우리 몸에 자양분이 되어 정상적인 생명을 유지시켜 주는 여러 가지 요소들이 있는데, 이들을 영양소라고 한다. 인간이 필요로 하는 영양소는 50여 종이 있다. 그 가운데 가장 중요한 단백질, 탄수화물, 지방질을 '3대 영양소'라고 하고, 여기에 미네랄과 비타민을 더하여 '5대 영양소'라고 한다. 또한 수분도 우리 몸에 꼭 필요한 성분이기 때문에 수분을 제6의 영양소라고도 한다. 그리고 학자에 따라서는 식이섬유소를 따로 분리하여 제6의 영양소라고 강조하기도 한다.

식품을 통하여 섭취한 영양소는 그림 1-2에서와 같이 에너지를 공급하는 일, 인체 조직을 구성하는 일, 체내 물질대사를 조절하는 일 등의 세 가지 일을 하고 있다. 모든 영양소는 그 역할에 따라 세 가지 일 중에서 하나 이상의 역할을 수행한다. 하지만 각 영양소들의 세부 역할은 수없이 많으며 매우 복잡하고 중요한 것들이다.

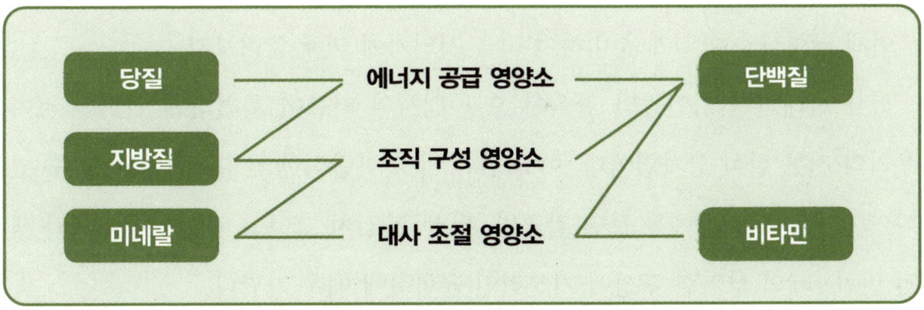

■ 그림 1-2 · 우리 몸에 필요한 5대 영양소와 그들의 역할 ■

그렇다면 영양이란 무엇일까? 영양은 인체가 식품을 섭취하여 얻은 영양소를 소화 흡수하여 그들의 역할을 행하는 일련의 과정 또는 현상을 말한다. 다시 말해 영양은 사람이 음식물을 섭취하여 인체의 건강을 유지하는 상태라고 할 수 있다.

최근에 많은 사람들의 관심을 받고 있는 건강기능성이라는 용어는 영양소가 아니면서 식품의 특정 성분이 갖는 생체 조절 기능 특성을 말한다. 인체 내의 생체 조절 기능 중에서도, 특히 노화 억제, 질병 예방, 질병 회복 그리고 생체 리듬 조절 등의 기능을 갖는다. 이러한 기능을 갖는 식품 속의 특정 성분을 건강기능성 성분이라고 하며, 식품에 따라 영양소가 풍부하거나 특별한 건강기능성 성분이 풍부한 것들이 있다.

매일 적당량의 균형식을 먹는 것은 웰빙 식생활의 기본이다. 균형식 섭취를 통해 인체가 필요로 하는 영양소와 건강기능성 성분을 골고루 먹게 된다. 이들은 활동에너지를 만들고 성장과 발달, 스트레스에 따른 적응력, 질병에 대한 저항력을 길러 준다. 결과적으로 활력을 주고 건강과 심리적인 안정감을 유지하게 한다. 이것이 바로 웰빙이며, 행복이라고 할 수 있다.

이제 균형식을 어떻게 준비하여 먹을 것인가에 대해 살펴보자.

선사 시대의 석기인들의 잡식이 오랜 역사와 더불어 화려하게 변신한 것이 우리의 전통 한식 상차림이다. 이 차림은 가장 바람직한 균형식이라고 할 수 있다. 좀 더 구체적인 예를 들면 잡곡밥, 된장국, 김치 그리고 채소 반찬 2개와 생선 반찬 1개의 상차림 구성이 기본적인 균형식에 매우 가깝다.

우리가 이를 이해하고 실제로 맞춤형의 균형식을 먹기 위해서는, 먼저 식품

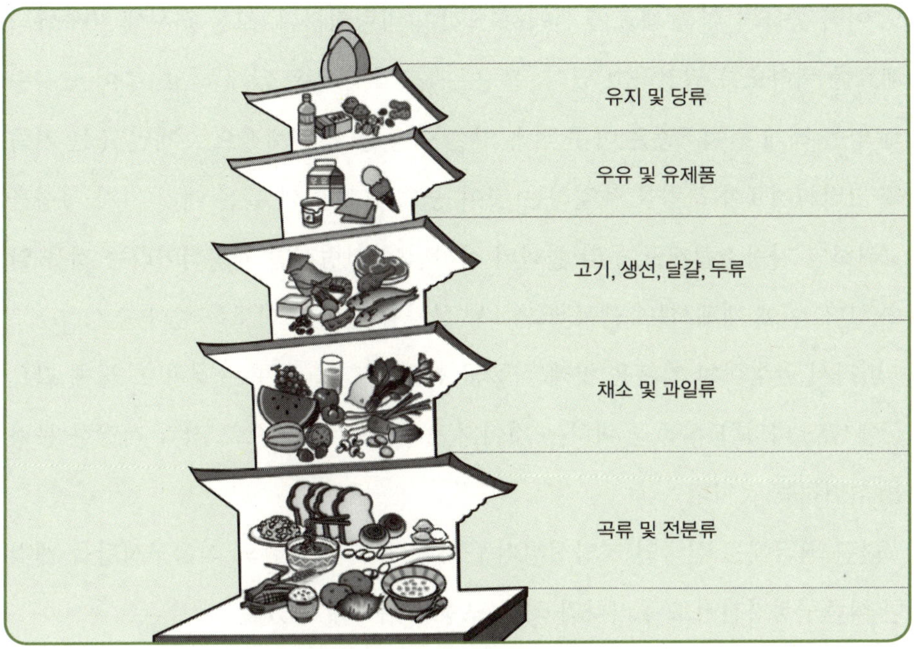

■ 그림 1-3 · 식품구성탑 5층(한국영양학회) ■

구성탑을 이해하는 것이 중요하다. 식품구성탑의 1층(곡류와 전분)은 기본적인 에너지를 제공해 주는 주식 식품군으로, 섭취량이 많아야 하는 탄수화물 식품들이다. 2층(채소, 과실류)은 비타민과 무기질이 함유된 식품, 3층(고기, 생선류)은 단백질 제공 식품, 4층(우유류)은 우리에게 부족하기 쉬운 칼슘 함유 식품, 그리고 5층(유지류)은 층의 크기가 가장 작으므로 적게 먹어야 하는 지방질의 유지 식품이다.

음식 재료를 선택할 때는 각 계절의 신선식품을 이용하되, 식품구성탑을 생각하여 5개 층 모든 식품군을 고루 택하도록 한다. 그리고 각 층의 식품군에서도 여러 종류의 식품 재료를 선택하는 것이 바람직하다. 보통 하루에 30종류의 재료를 택하도록 권장하고 있다. 분량은 1층의 내용은 많게 하고, 층이 오를수록 양을 적게 하여 5층은 아주 적은 양을 이용한다. 전체적으로 개인 또는 가족을 고려하여 1회 분량을 조절하는 것이 중요하다. 이와 같은 여러 가지 사항을 고려하면 자랑스럽게도 우리 한식의 상차림이 전형적인 균형식이라는 것을 알 수 있다. 이에 대해서는 '행복 코드 15: 상차림' 을 참조하도록 한다.

따라서 균형식의 기본은 첫째 식품군 간의 균형을 이루는 것이고, 둘째 같은 군에서도 다양한 식품을 택하는 것이다. 그리고 마지막으로 각각 적당한 분량을 섭취하는 것이다.

한편 최근에는 한국인 영양섭취기준 개정에 따라 기존의 식품구성탑을 개정한 식품구성자전거로 우리나라 식사 모형을 나타내고 있다.

우리가 진정으로 웰빙 식생활을 영위하고 싶다면, 우리 음식문화의 균형식을 반드시 이해해야 한다. 우리 조상들의 잡식성 식습관이 긴 세월을 거치면서 화려하게 변신한 것, 즉 한식의 보통 상차림이 바로 전형적인 균형식이다. 마땅히 나와 가족의 식생활에서 전통 상차림을 애용해야 할 필요가 있다. 균형식은 자신의 건강을 위한 첫 번째 행복 코드라고 할 수 있다.

행복 코드 02

조리

— 원시적인 조리법의 탄생과 러브 쿠킹 —

먹이를 조리하는 유일한 동물, 인간

■

먹을거리를 적절히 조리하여 그릇에 담아 먹는 동물이 있는가? 지극히 다행스러운 일이지만 인간만이 먹이를 조리해서 먹는다. 그렇다고 인간이 지구라는 무대에 등장하자마자 바로 먹이를 조리해서 먹은 것은 아니다. 수십만 년 동안 인간은 사냥과 고기잡이, 채집을 통해 얻은 것들을 그냥 날 것으로 먹었다. 약 50만 년 전에 불을 발견하고도 먹이를 굽거나 익혀 먹은 것은 꽤 오랜 시간이 지나고 나서였다.

인간이 불을 이용하여 조리를 하게 된 것은 정말 위대하고도 혁명적인 사건이었다. 그것은 가열 조리법의 탄생이었으며 인간이 자연적인 인간에서 문화적인 인간으로 전환하는 계기가 되었다. 프랑스 문화인류학자인 클로드 레비 스트로스는 「요리 삼각형」이라는 유명한 논문에서 '날 것'은 자연적인 것이고, '익힌 것'은 문화적인 것이라고 지적하고 있다.

실제로 인간은 조리에 의해 지금까지 씹어 먹을 수 없었던 것과 소화시킬 수 없었던 것들을 먹을 수 있게 되었고, 보다 잘 소화시킬 수 있게 되었다. 또 먹을거리의 범위가 확대되어 더 많은 식량을 얻을 수 있게 되었으며 더 많은 영양소를 섭취할 수 있게 되었다. 그 결과 진화 과정을 겪고 있었던 인간의 두뇌는 다른 동물들보다 상대적으로 더 빠르게 발달하게 되었다. 건강과 수명도 획기적으로 증진되고 연장되었다. 저명한 미국의 문화인류학자인 칼레튼 쿤은 다음과 같이 말하고 있다.

> "조리법의 도입은 원초적인 동물 상태의 사람을 보다 완전한 인간으로 만드는 데 결정적인 요인이 되었다."

그는 인간이 조리를 식생활에 도입함으로써 비로소 완전한 인간이 된 것으로 보았다. 사람들은 인간과 동물의 차이점이 무엇인가에 대하여 여러 가지 대답을 한다. 대부분의 사람들은 인간은 생각할 줄 알고 도구를 사용하고 언어를 구사할 수 있으나 동물은 그렇게 할 수 없다고 답한다. 물론 이것은 분명한 사실이다. 하지만 인간이 먹이를 조리해서 먹는 것도 다른 동물들과의 중요한 차이점이라고 할 수 있지 않을까? 인간은 먹을거리를 선택하고 조리하여 그것을 그릇에 담아 먹는 유일한 동물이다.

생각해 보면 조리 행위는 맛있게 먹고 즐기는 식생활의 하나이며 우리의 마음을 움직이게 하는 문화 활동이다. 그리고 인간에게 적절한 영양을 공급하고 건강을 유지하도록 하며 지능을 향상시킬 수 있는 중요한 생명 활동이기도 하다. 어쩌면 이 습관은 인간이 다른 동물을 지배하고, 결국 지구의 주인이 될 수 있었던 가장 중요한 요인이었을지도 모른다.

그렇다면 도대체 언제부터 우리는 식품 재료를 조리하여 먹기 시작하였을까? 오래전 옛날, 한반도의 석기 시대로 돌아가 보자.

구석기 시대 사람들은 수풀을 태우는 무서운 불의 존재를 알고 있었다. 타다 남은 불을 이용함으로써, 짐승의 습격으로부터 보호받고 추위도 이겨 낼 수 있다는 것을 알았다. 그리고 우연한 기회에 불에 떨어진 고기나 생선을 맛보게 되면서 불에 구운 것이 더 맛이 좋고 먹기에 편하다는 사실도 알게 되었다. 비로소 불을 이용하여 구어서 먹는 원시적인 조리법이 탄생하게 된 것이다.

여러 곳의 유적에서 발견된 굽돌 화덕은 화식(火食)을 하였던 사실을 분명하게 증명해 주고 있다. 먹이를 직화로 굽는 것은 물론, 뜨겁게 구운 돌[소석, 燒石]을 이용하는 조리법도 이미 구석기 시대에 이루어졌다. 구운 돌 위에 식료를 올려놓은 다음 그 위에 나뭇잎을 얹고 또 흙을 덮어 조리를 하였던 것으로 보인다. 즉 구운 돌을 열원으로 하여 고기나 토란을 찜 하는 조리법이었다.

구석기와 중석기 시대를 거쳐 신석기 시대에 들어와서 사람들은 사냥감보다는 어패류에 관심을 더 쏟았고, 비록 원시적이지만 농사짓는 생활로 접어들게 되었다. 또한 갈아서 만든 마제 석기를 이용하거나 흙으로 빚은 토기를 만들어 사용하기 시작하였다. 토기는 덧무늬나 선빗살무늬 등이 있는 것으로서, 이미 마제 석기의 시대에서 토기의 시대로 옮겨가는 전환기적 시대였다는 것을 추정할 수 있다.

원시적인 농경이 시작되고 먹이 획득이 보다 쉬워지면서 식량을 저장할 수 있게 되고 토기 이용도 확대되었다. 그리고 원시무리 사회에서 씨족 공동체 사회가 되면서 동굴을 버리고 움집을 짓고 살게 되었다.

특히 신석기 시대에서 특기할 만한 일은 움집에 있었던 화덕 터에서 선빗살무늬토기를 이용하여 삶는 조리법을 이용한 흔적이 있다는 것이다. 이것은 야생 열매에서 얻은 전분을 수제비 모양으로 만들어 굽거나 삶아 먹었다는 사실을 증명하고 있다. 이 움집의 집터는 황해도 봉산군 지탑리에서 발굴된 유적으로, 움집 속의 화덕 터에서 조리하는 모습도 볼 수 있다.

역사학자 이이화는 『한국사 이야기(1)』에서 서울 암사동 움집 유적 부분에 대해 이렇게 지적하고 있다.

> "곡식 따위의 먹을거리를 그릇에 담아 놓고 화덕의 불을 이용하여 조리한 후 그 주변에서 나누어 먹었을 것이다."

끓이는 방법의 조리법 발견은 열에 강한 토기의 발명과 함께 획기적인 발전으로, 인류의 식생활을 한 단계 격상시킨 위대한 사건으로 꼽힌다. 물론 신석기 시대 사람들은 끓이는 조리 조작이 지니고 있는 조리의 과학성을 잘 알지는 못하였을 것이다. 그러나 끓이는 조작이 재료를 익게 하고 부드럽게 하며 향미를 내게 한다는 것은 경험을 통해 알고 있었던 것으로 생각된다. 물론 삶는 조작이 각종 야생 식품 재료의 이용 범위를 더 넓힐 수 있다는 것도, 또한 삶은 후 말려 보존하는 것이 더 유리하다는 것도 경험으로 이해하고 있었을 것이다. 그리고 어쩌면 독을 제거한다는 사실도 일부 알고 있었을 것이다.

오늘날 '삶기'는 가열 조리법의 주역이며, '굽기'나 '찌기'와는 달리 무엇이나 먹게 할 수 있는 만능조리법이라고 말하고 있다. 그리고 삶는 조리 방법은 다양한 맛을 내는 최고의 조리법이기도 하다. 끓여 삶는 방법 외에도 각종 조리법의 탄생은 신석기 시대 이후의 식생활 발전에 크게 기여하는 계기가 되었다.

조리,
과학인가 예술인가

■

인간이 왜 먹이를 조리해서 먹는지에 대해 생각해 보자. 앞에서 약간 언급하긴 하였지만, 이를 다시 정리해 볼 필요가 있다.

첫째, 관능적 품질의 개선 때문이다. 조리는 맛, 향기, 외관, 색깔, 조직감 등의 관능적인 품질을 좋게 하여 더 먹음직스럽게 한다. 예를 들어 밀가루가 빵이 되는 빵 굽기를 상상해 보자. 빵이 갖는 구수한 향기와 황금색의 색깔, 스펀지 같은 조직감 그리고 입안에서 느끼는 오묘한 맛. 이 모든 것은 여러 과정의 조리 방법에 의해서 이루어진다.

둘째, 영양 효율을 높일 수 있기 때문이다. 대체로 조리는 가열 과정이 필요하므로 영양소의 변화가 일어난다. 빵 굽기의 경우 주요 구성 성분인 전분이 익고 호화(糊化)되면서 결정 구조가 풀어져 효소의 작용을 쉽게 받게 된다. 따라서 소화 흡수율이 크게 높아진다. 단백질도 변성이 일어나 소화 흡수를 좋게 한다. 또한 생것으로는 먹을 수 없던 것들도 쉽게 먹을 수 있게 된다. 하지만 비타민은 열에 의해서 부분적인 손실이 일어나는 경우도 있다.

셋째, 위생적으로 안전하게 하기 때문이다. 식품 재료에는 병원미생물이나 오염된 독성 물질이 있을 수도 있다. 조리를 하게 되면 그 과정에서 식중독을 일으키는 병원미생물이 사멸되거나 이들의 생육이 억제될 수 있다. 또한 오염물질도 제거되어 안전한 식품이 된다.

이와 같이 조리의 목적은 관능적 품질의 개선, 영양 효율의 증진 그리고 위생적인 안전 등을 위한 것으로 정리할 수 있다.

이제 '조리는 과학' 이라는 문제를 살펴보자.

이를 이해하기 위해서는 조리법에 이용되는 여러 가지 조리 조작이 과학적이라는 생각, 즉 '조리학적' 사고방식부터 가져야 한다. 조리 조작에는 물리적, 물리화학적 그리고 화학적 조작이 있다. 물리적 조작에는 씻기, 자르기, 으깨고 섞기, 담기, 식히기 등이 있고, 물리화학적 조작에는 굽기, 튀기기, 찌거나 삶기, 데치기 등이 있다. 그리고 화학적 조작에는 졸임, 발효 등이 있다. 이러한 조리 조작들이 두 개 이상 연이어져 하나의 음식이 된다. 따라서 하나의 조작에도 조리학적 과학이 내포되어 있다.

예를 하나 들어 보자. 채소를 데치는 경우, 가능한 원래의 녹색 색깔을 유지할 필요가 있다. 채소의 색소물질은 클로로필(엽록소)인데, 이 성분이 가열에 의

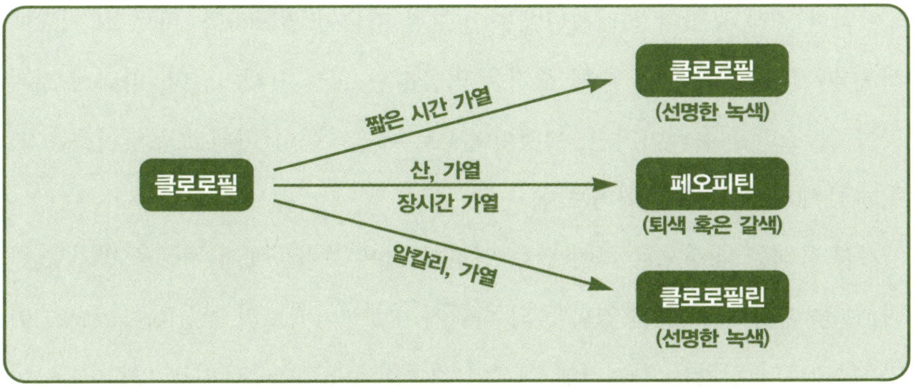

■ 그림 1-4 · 가열에 의한 채소 클로로필(엽록소)의 색깔 변화 ■

하여 어떤 이화학적 변화가 일어나는지 알아야 한다. 그림 1-4는 가열 조작과 클로로필의 이화학적 변화를 간단히 표시한 것이다.

보통 데치기(짧은 시간 가열)의 경우는 채소 표면에 살짝 덮여 있던 단백질이 변성되어 투명하게 되면서 원래의 녹색이 선명하게 나타나게 된다. 그러나 장시간 가열하면 단백질에서부터 유리된 클로로필이 채소 중의 유기산들에 의하여 페오피틴으로 변하여 갈색을 띄게 된다. 식초와 같은 산을 넣어 가열하면 더 쉽게 갈색이 되므로 채소를 데칠 때 식초는 금물이다. 한때 사용하였던 중탄산나트륨과 같은 알칼리를 가하면 클로로필이 되어 선명한 녹색이 된다. 그러나 이것은 바람직하지 않다.

이처럼 조리과학의 이론은 대단히 중요하다. 누구나 그 내용을 모두 기억할 수는 없지만, 이론을 명확하게 알지 못해도 조리에 익숙한 사람들이라면 경험적으로 이러한 사실을 이미 잘 알고 있다.

이러한 조리 조작의 하나하나에는 정교한 기술이 필요하다. 바로 그 기교에서 눈과 코 그리고 입이 함께 즐거운 먹음직한 요리가 태어난다. 따라서 맛과 멋이 잘 조화된 음식이라면, 그것이야말로 예술작품이 아니고 무엇이겠는가! 이에 대해서 간단히 더 살펴보자.

가끔 음식을 배경으로 하여 만든 영화가 많은 사람들에게 주목을 받기도 한다. 그중 다시 보고 싶은 영화 중의 하나가 바로 '바베트의 만찬Babette's feast'이다. 바베트의 만찬은 가브리엘 액셀이 감독한 1987년도 덴마크 영화이다. 이 영화는 로마 교황청에서 '언제 보아도 좋은 영화 45편'에 선정되었을 뿐만 아니라 1989년 아카데미영화제에서 최우수외국영화상을 받았던 명작이다. 짧게 이 영화를 소개하려고 한다.

파리의 일류 레스토랑에서 최상급의 요리사로 일하던 바베트는 어느 날 집안에 불어 닥친 재앙으로 가족을 모두 잃게 된다. 혼자가 된 그녀는 간신히 멀리 떨어진 금욕의 땅이라고 불리는 시골 마을에 피신하여 살게 된다. 그곳에서 14년이 지난 어느 날, 마을이 정한 특별한 날에 바베트는 자신을 도와 준 그곳 사람들을 위해 자신의 전 재산을 바쳐 며칠 동안 정성껏 식사를 준비하여 한 끼의 저녁 만찬을 대접한다. 그녀는 식탁 앞에서 행복한 표정을 짓는 마을 사람들을 보며 흡족해 한다. 영화는 음식을 통해 느끼는 기쁨이 어떤 것인지 간접적으로 일깨워 준다. 무일푼이 된 바베트를 마을 사람들이 걱정하자 그녀는 이렇게 말한다. "예술가는 결코 가난하지 않아요."

여기서 지적하고 싶은 것은 조리사는 예술가라는 점이다. 평범한 식품 재료에 다양한 아이디어와 조리법을 적용하면 전혀 다른 메뉴들이 태어나게 된다.

꼭 조리명장이나 조리기능장이 아니더라도 조리에 전념해서 일하는 조리사들은 끊임없이 창작을 해야 하는 천직을 갖고 일하고 있다. 그런 점에서 조리사는 예술가이고, 그릇에 담아낸 그들의 작품은 또 다른 차원의 예술작품이라고 할 수 있다.

조리도 당연히 아름다움을 표현하는 하나의 창작 작업이다. 조리는 시각적, 후각적, 미각적 표현으로 음식이 갖는 존재의 의미와 아름다움을 우리에게 전해 주고 있다. 더 나아가 즐거움과 함께 칼로리와 영양소를 제공하는 생명작업이기도 하다. 국내 잡지 가운데 하나인 「Cook & Chef Food」의 2012년 6월호에는 흥미 있는 인터뷰 기사가 실렸다. 서울 모 특급호텔에서 일하는 한식당 조리장의 이야기이다. 그는 "예술의 혼을 접시에 담아야 하는 만큼 새로운 메뉴 개발을 위해 지속적으로 노력하고 있다."라고 말하였다. 그는 지난 30여 년간 많은 어려움을 겪으며 한식조리사로 일해 온 사람으로, 조리를 예술로 생각하며 자신이 만드는 음식 하나하나를 작품으로써 대한다는 것이다. 이 얼마나 아름답고 숭고한 작업인가?

조리에 사랑을 집어넣으면 가장 행복한 요리가 된다

■

음식을 조리하는 과정은 자신의 마음을 즐겁게 하고, 그릇에 담은 요리는 우리의 눈과 코와 입을 즐겁게 한다. 많은 양의 음식을 조리하는 일은 고

역일 수 있다. 하지만 집 안에서 가족을 위한 조리 행위는 그 자체가 즐겁고 행복한 일이라고 할 수 있다.

어린 시절, 필자는 저녁나절에 밖에서 뛰어놀다가 집에 오면 으레 부엌으로 먼저 들어가곤 하였다. 그 이유는 음식을 조리하는 어머니 곁에 있고 싶어서였다. 물론 부엌에서 풍기는 구수한 밥 냄새나 음식 향기 때문이기도 하였다. 그러나 음식을 만드는 어머니를 보는 것처럼 흐뭇한 일은 없었다. 정성을 다해 솜씨를 부리며 조리하는 어머니의 모습은 정말로 아름다웠으며 행복해 보였다.

우리는 조리 행위의 소중함에 대해 과소평가하는 경우가 있다. 자기 가족을 위해 스스로 조리하는 행위는 즐겁고 행복한 일이다. 예를 들어 어머니나 아내가 앞치마를 두르고 정성을 들여 조리하는 모습을 보면 정말 아름답다. 그리고 아버지나 남편이 조리하는 모습은 더욱 아름답다. 조금 서툴다고 해도 조리 자체에 사랑과 정성을 집어넣으면 가장 행복한 밥상이 되는 것이다. 만일 조리하는 일이 여러 가지 이유로 어렵다면 관심이라도 갖고 있어야 한다. 어머니와 아내가 부엌에서 일하고 있을 때 곁에서 조리하는 것을 돕고 그 내용에 대하여 서로 대화를 나누면서 관심을 보이는 자세가 중요하다. 그것도 어렵다면 밥상에서라도 상 위에 오른 음식들의 조리 내용에 대해 물어보는 것이 함께 사는 우리 모두를 즐겁게 하는 일이다.

특히 식단을 짜는 것이 쉽지 않으므로 아내나 어머니의 제안에 보다 적극적으로 관심을 갖고 의견을 내는 것이 필요하다. 또한 식사 공간과 식탁의 분위기 만들기에도 성의껏 관여하는 것이 바람직하다. 무엇보다도 조리를 포함한 가정의 모든 식생활에 대한 관심과 참여가 중요한 것이다.

최근의 외신에 의하면 유럽이나 미국의 가정에서는 주말을 이용해서 온 가족이 함께 특정 요리를 조리해서 즐기는 것이 유행이라고 한다. 가족이 함께하는 특별한 여가선용이라고 할 수 있다. 슈퍼마켓에서는 이러한 가족을 위해서 미리 재료를 선별해서 반쯤 조리 조작이 이루어진 주말요리세트가 인기상품이라고 한다. 예를 들면 피자 굽기나 치킨 요리하기 등이 있다. 우리나라에서도 이와 비슷한 음식조리세트가 판매되고 있다. 이를 이용해서 가족들이 다 같이 조리하며 즐기는 것도 하나의 방법일 것이다.

유명한 레스토랑에 차려진 고급 요리는 호화스럽고 향미가 풍성하며 코와 눈과 입을 놀라게 할 것임에 틀림이 없다. 이름난 조리사와 저명한 쉐프, 푸드 스타일리스트가 정성을 들여 조리하고 장식한 음식이니 감탄하는 것은 당연한 일일 것이다. 이러한 음식은 우리를 흥분시키고 우리의 마음을 사로잡는다. 그런데 보통의 사람들은 여러 가지 이유로 이러한 음식을 한두 번 즐기는 것으로 만족한다. 또 예술의 경지에까지 이른 화려한 요리는 전문요리사의 몫이다. 따라서 조리하는 사람 모두가 전문조리사가 되어야 할 필요는 없다.

『소박한 밥상』의 저자 헬렌 니어링은 다음과 같이 말하고 있다.

> "나는 건강한 몸을 만들기 위해서 음식을 만들지, 포만감을 느낀 후에도 타락한 미각신경을 자극하여 건강에 안 좋은 것을 포식하게 하려는 의도는 없다."

물론 이 말이 모두 옳은 것은 아니지만 상당 부분 일리가 있다. 조리는 상황과 필요에 따라 전문가의 몫일 수도 있고, 또 보통 사람이 간단하게 할 수도 있다. 보통 사람이라면 대체로 소박한 마음으로 소박한 음식을 소박하게 조리한다. 보통 사람에게는 그것이 정말 행복한 일이다.

헬렌 니어링도 단순한 조리simple cooking와 최소 수준의 조리minimum cooking를 강조하고 있다. 이것은 궁중요리나 사대부 집안을 위한 조리가 아닌, 우리 선조들이 했던 단순한 조리에 해당하는 것이다. 물론 오늘날 우리들이 꼭 그렇게 해야 하는 것은 아니다. 조리 자체를 사랑하고 정성을 들이는 러브 쿠킹love cooking을 강조하고 싶은 것이다.

자신의 여러 가지 형편을 고려하여 자기가 좋아하는 요리 몇 가지에 대한 적절한 조리 방법을 갖고 있는 것이 바람직하다. 그리고 경험에 의해서든 배워서 얻어진 것이든, 아니면 단순 조리이든 최소 수준의 조리이든 문제가 되지 않는다. 단 조리 그 자체를 사랑하고 즐기면서 조리 조작에 참여하는 것이 중요하다. 그것이 바로 러브 쿠킹이다.

조리는 우리의 마음을 행복하게 한다. 조리할 때 양념 조금, 사랑 듬뿍 넣어 만든 음식은 가족의 마음을 움직이게 하는 가장 행복한 요리일 것이다. 정성을 다해 조리를 할 수 있는 사람은 진정으로 행복한 사람이다.

행복 코드 03

식약동원(食藥同源)

— 단군신화에 등장한 쑥과 마늘의 건강기능성 —

아주 오래된 진실, 신화 속의 식약

신화는 신비스럽고 때로는 아름답다. 그리고 그 안에는 큰 의미와 진실이 담겨져 있다. 신화는 원시공동체 사람들이 갖는 지혜의 결정체인 동시에 그들이 갖는 자유로운 사고의 표징이기도 하다.

우리나라의 건국신화인 단군신화도 우리 민족의 슬기를 나타내고 우리 역사의 형성 과정을 반영하고 있다. 단군신화에는 쑥과 마늘이 등장하는데, 신화 속의 쑥과 마늘, 그들이 지니는 상징적인 의미는 무엇일까? 마치 '신화 속의 신화' 와 같은 쑥과 마늘 이야기에는 분명히 어떤 진실이 숨어 있을 듯하다.

단군신화의 내용은 주로 『삼국유사』와 『제왕운기』에 기술되어 있는데, 『삼국유사』의 내용이 보다 원초적인 것으로 생각되고 있으며 오늘날까지 더 많이 알려지고 있다. 일연(一然)이 기록한 것으로 알려진 『삼국유사』에 있는 단군에 관한 기록 일부를 살펴보면 대략 다음과 같다.

"옛날에 환인은 서자인 환웅에게 천부인 세 개를 주어 인간세상으로 내려가 다스리게 하였다. 그래서 환웅은 무리 3천 명을 이끌고 태백산 아래 신단수에 내려와 신시를 열고 환웅천왕이 되었다. 그는 풍백과 우사와 운사를 거느리고 곡식, 목숨, 병, 형벌, 선악 등 인간이 행하는 360여 가지 일들을 주관하며 세상을 다스렸다.

-중략-

그때에 곰과 호랑이가 한 동굴에 살면서 사람 되기를 비니, 환웅이 쑥과 마늘을 주고 백일 동안 햇빛을 보지 못하게 하였다. 곰은 그렇게 한지 21일 만에 여자가 되어 후에 환웅과 결혼해서 단군을 낳았다."

이 이야기는 신화 속에 들어 있는 작은 신화라고 할 수 있다. 후에 환웅과 곰 출신의 여자 사이에서 단군이 태어났다고 하며, 단군이 나라를 세워 첫 임금이 되고 도읍을 정하였다고 한다. 이처럼 단군신화는 천(天), 지(地), 인(人)의 결합에 의하여 고조선이라는 국가 창건의 역사적인 과정을 표현하고 있다.

여기서 말하는 쑥은 '애(艾: 쑥애)', 마늘은 '산(蒜: 마늘산)'으로 기록되어 있다.

쑥과 마늘은 무엇이며, 왜 단군신화에 나타나고 있는 것일까? 단군신화에까지 등장한 '艾'와 '蒜'의 의미, 그리고 부족국가 시대에 그들이 지닌 진실은 무엇일까?

먼저 쑥에 대하여 알아보자.

쑥은 국화과에 속하는 여러해살이풀로, 말린 것은 애엽(艾葉)이라고 한다. 또한 쑥은 먹을거리[食]이고 약재(藥材)이므로 식약(食藥)이라고 한다. 봄철에 산과 들에 널려 있는 쑥을 캐어 쑥국이나 쑥떡 또는 쑥차를 만들어 즐겨 먹는데, 긴 겨울에 지친 우리의 입맛을 향긋하게 북돋아 주는 역할을 하였다. 영양학적으로 보면 무기질과 비타민이 많으며, 특히 칼슘과 비타민 A 그리고 C가 많다. 쑥에는 독특한 향기가 있는데, 이것은 씨네올이라는 정유성분에 의한 것이다. 이 성분은 향기도 특별하지만 여러 가지 생리활성을 갖고 있다.

쑥은 식용 외에도 오래도록 민간약재로 사용되어 왔다. 잎뿐만 아니라 뿌리도 약재로 사용한다. 해독과 구충 작용이 있고 해열 작용도 있다. 또한 고혈압과 부인대하증이나 하혈, 그리고 만성위장병에 효과가 있다고 알려져 있다.

그렇다면 마늘은 어떤 것일까?

마늘은 백합과에 속하는 여러해살이풀이다. 재배 역사가 오래된 작물로 향신료나 약재로 많이 이용하고 있다. 단군신화의 '蒜'은 우리나라와 중국에서 이용해 왔던 산마늘의 일종으로 보고 있다. 오늘날의 재배 품종과는 다른 것으로 추정하고 있으며 야생하는 달래와 비슷한 것으로 알려져 있다. 마늘은 향신료의 하나로, 여러 가지 음식에 널리 이용되는데, 특히 김치에 많이 넣어 먹고 있다.

마늘이 갖는 강렬한 냄새와 매운 맛의 특징은 알린 성분이 알리신으로 변하면서 나타나는 것이다. 이것은 다른 물질과 함께 강력한 살균 효과와 항산화성

■ 그림 1-5 · **쑥** ■

등의 생리활성을 나타내고 있다. 그리고 비타민 B1과 결합하여 알리지아민이라는 특수 물질이 되어 비타민 B1의 체내 흡수를 좋게 한다. 또한 마늘은 생선이나 고기의 비린내 등을 없애고 고기 맛을 높여 주며 소화를 돕는다.

마늘은 강한 해독 작용이 있고, 감기와 이질 그리고 디프테리아 등을 예방하는 효과가 있어 옛날부터 민간약으로 널리 사용되어 왔다. 한방에서는 마늘이 건위(健胃), 설사, 해열, 감기, 정장, 강장 등에 효과가 있다고 알려져 있다. 또한 최근에는 마늘이 항균성, 암 예방 및 항암성, 혈전 및 동맥경화 억제, 피로회복, 정력 증강 그리고 면역 증강 작용이 있다고 발표되었다.

쑥과 마늘은 식품으로도 즐겨 이용하였지만 민간요법에 사용하였던 소중한 식품과 약품 재료, 즉 식약(食藥) 재료이다. 그리고 의약의 특성이 있는 식품, 즉 의약식(醫藥食, medical foods)이기도 하다.

의약식
그리고 건강기능식품

■

식약은 글자 그대로 식품과 의약품을 말한다. 예로부터 '식품과 의약품은 그 근원이 같다.'는 '식약동원(食藥同源)'이라는 말이 있는데, 이 말은 식품과 의약품이 우리 건강에 매우 소중하며, 기본적으로 그 뿌리를 같이하고 있다는 의미로 해석할 수 있다.

질병이나 허약한 몸에 특별히 좋은 식품을 보약이라고 하는데, 이것은 식품이 갖는 독특한 기능 때문이다. 일반적으로 식품에는 세 가지 중요한 기능이 있다. 즉 영양원으로서의 1차 기능, 관능적 특성의 2차 기능, 그리고 생체 조절 및 생리활성 강화의 3차 기능이다. 제3차 기능은 약품이 갖는 작용과는 다르지만, 질병의 예방, 지연, 부분적인 치료의 기능을 의미한다. 이러한 제3차 기능을 쉽게 표현하면 보약의 기능이라고 할 수 있으며, 이를 건강기능성이라고 말할 수 있다.

마늘과 쑥은 바로 영양성, 기호성, 건강기능성의 세 가지 기능을 고루 갖춘 전형적인 식약 재료이다. 그리고 이를 이용한 식품이 바로 의약식이며, 오늘날 특별히 강조되고 있는 건강기능식품이라고 할 수 있다.

최근 식품의 3차 기능에 대한 관심이 고조되면서 생체조절 및 생리활성 기능이 있는 건강기능식품이 크게 인기를 끌고 있다. 우리나라는 건강기능식품이라고 부르지만 세계적으로는 기능성식품functional foods, 의약식medical foods, 약식pharma foods 또는 영양의약식품nutraceutical foods 등으로 불리고 있다.

건강기능식품에는 영양보충 제품들, 인삼 제품들, 동물성 식품 재료를 이용한 건강기능식품들, 식물성 식품 재료를 이용한 건강기능식품들, 곤충이나 식품미생물을 이용한 건강기능식품 등 수없이 많은 종류가 상품화되어 있으며, '건강기능식품법'에 의거 관계당국의 허가를 받아 시판되고 있다.

건강기능성에 대하여 좀 더 자세히 알아보자.

우리나라에서는 이와 관련된 법규인 '건강기능식품법'이 있다. 여기에서 건강기능성이란 쉽게 풀이하면 인체의 구조 및 기능을 조절하거나 생리학적 작용 등에 유용한 효과를 갖는 특성을 말한다. 그림 1-6에서와 같이 식품의 건강기능성은 크게 다섯 가지로 나눌 수 있다.

첫 번째는 생체리듬 조절로, 중추 또는 말초 신경 조절이나 소화나 흡수 등의 조절 기능이다. 다음은 생체 반응의 조절 기능으로 알레르기 저하 작용이나 면역 증강 작용이다. 세 번째는 질병 예방 기능으로, 항고혈압이나 항당뇨 및 항암성이다. 네 번째는 질병 회복 기능으로 콜레스테롤 제어 및 조혈 기능 등이다. 마지막으로 다섯 번째는 노화 억제 기능으로, 항산화 효과를 갖는 특성이다.

이러한 기능적 특성을 갖는 식품 성분을 건강기능성 성분이라고 한다. 식품 종류에 따라 다르지만, 예를 들면 플라보노이드, 알리신, 캡사이신, 식이섬유소, 카로틴, 이소플라본, 안토시아닌, 클로로필, 다가불포화지방산 DHA 및 EPA, 멜라노이딘, 사포닌 등이 있다. 이러한 성분들은 특정 식품에 하나 또는 그 이상 함유되어 있다.

건강기능성 성분은 아주 적은 양, 즉 미량이라도 인체에 영향을 줄 수 있다.

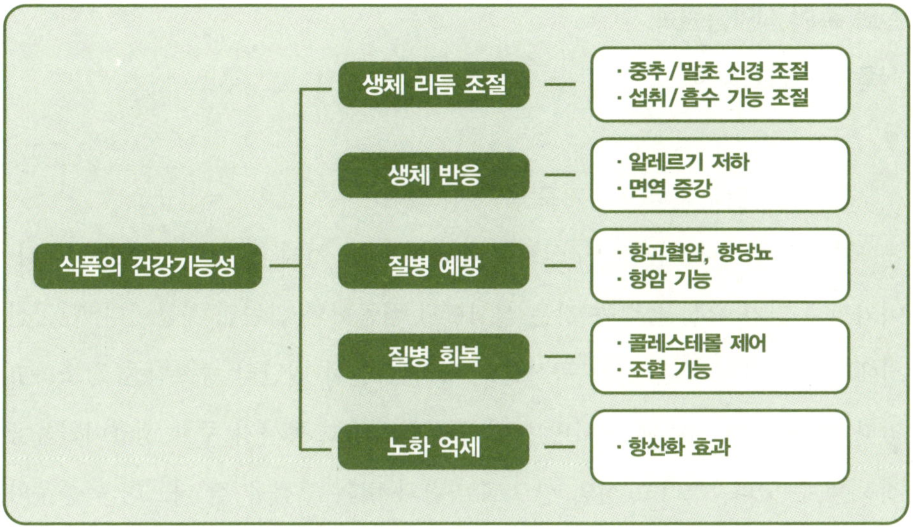

■ 그림 1-6 · 식품의 건강기능성 종류와 주요 기능 특성 ■

그러나 반드시 섭취해야 하는 필수영양소는 아니다. 즉 섭취하지 않는다고 해서 영양학적 결핍 증상이 나타나는 것은 아니다. 하지만 우리 몸에서는 만들지 못하므로 건강상 필요하다고 판단되면 건강기능성 성분을 보충해 주는 것이 바람직하다.

우리가 흔히 이용하고 있는 일상의 식품 재료나 음식 속에도 이러한 건강기능성 성분이 다양하게 존재하고 있다. 예를 들면 쑥과 마늘이나 콩 등의 식품 재료뿐만 아니라 김치나 청국장, 요구르트 등의 음식에도 이러한 성분이 몇 가지씩 들어 있다. 다만 식품에 따라 성분이 다르며, 함량 차이가 있을 뿐이다.

신화 속의 식약동원과 식품의 건강기능성

■

다시 단군신화 이야기로 돌아가 보자.

학자들의 전공에 따라 단군신화에 대하여 여러 가지 해석이 가능할 것이다. 여기서 우리가 관심을 갖는 것은 식생활과 식문화와 관련된 부분이다. 단군신화에서는 농사를 짓는 일과 곡식을 수확하는 일이 대단히 중요함을 강조하고 있다. 고대의 이 시기에는 이미 농경지가 확대되고 농사가 주요 생업이었음을 짐작할 수 있다. 그리고 신의 힘으로 바람과 비와 구름을 잘 다스려 폭풍우와 홍수, 가뭄의 두려움에서 벗어날 수 있다고 하였다.

또한 사람의 목숨과 병에 대한 높은 관심도 잘 나타나 있다. 그래서 질병을 잘 다스리는 것도 큰일이라는 것을 강조하고 있다. 그렇다면 질병 관리는 무엇으로 어떻게 하였을까? 물론 여러 가지 방법이 있었다. 그 중에서도 식보(食補)와 약(藥)으로 행하는 질병 관리가 가장 기본이었을 것이다.

쑥과 마늘, 이 두 가지는 단군 족이 이 지역으로 이동해 오면서 이미 식용으로 또 약재로 널리 이용하였던 것으로 추정된다. 그런데 곰이 웅녀로 화신(化身)하는 데 환웅천황이 쑥과 마늘을 먹였다고 한다. 이를 다시 생각해 보면 환웅의 권능 그리고 쑥과 마늘의 효능으로 곰이 웅녀로 화신하였다고 추정할 수 있다.

여기에서 쑥과 마늘이 지닌 상징적인 의미를 찾아보자. 마늘과 쑥은 좋은 식품 재료이자 약재이다. 곰이 순화되어 웅녀로 화신하는 데 환웅이 준 마늘과 쑥이 식품과 약재로서 중요한 구실, 즉 해악(害惡)을 제거하고 건강을 얻는 식약

(食藥)의 역할을 하였을 것이다. 이성우는 『한국식품문화사』에서 “『제왕운기』의 단군신화에서는 산(蒜, 마늘)이라고 하지 않고 그냥 약(藥)이라고 하였다. 신화 속의 곰 화신을 하나의 정상적인 몸의 회복이라고 볼 때 이를 위하여 식품인 동시에 약인 산(蒜)을 먹였던 것이다.”라고 언급하고 있다.

식품과 약은 원래 근원이 같다는 식약동원의 원리를 그 시대 사람들도 이해하고 있었을 것이다. 그 시대 사람들은 이 원리를 신화에 등장시킬 정도로 현명하지 아니한가! 선조들은 식약동원 사상으로 백성과 가족의 건강을 위하여 음식에 온갖 정성을 다 쏟았다. 그리고 건강기능성과 건강기능식품에 대해서도 기본적으로 이해하고 있었을 것이다.

하지만 이러한 내용은 어디까지나 식생활 문화 및 식품과학의 입장에서 살펴 본 추론일 수밖에 없다.

나를 위한 행복 코드,
식품의 건강기능성

■

오늘날에는 인간의 평균 수명이 크게 연장되고 생활수준이 많이 향상되었다. 이에 따라 많은 사람들이 인생에 있어서 가장 중요한 가치를 건강 유지에 두고 있다. 그러나 우리 사회는 특정 영양소의 과다 섭취, 육류와 지방질 식품 섭취량의 증가, 가공식품, 특히 패스트푸드 소비의 증가 등 여러 가지 부정적인 식생활 문제를 안고 있다. 최근 의료 환경이 개선되었음에도 불구하고 이러한 잘못된 식습관 때문에 비만이나 각종 성인병 등의 질병으로 고생하는 사람들이 늘어나고 있다.

보건당국이나 의사들은 치료보다 더 중요한 것이 예방임을 강조하고 있으며, 특히 식생활 개선으로 건강을 유지할 것을 권장하고 있다. 이러한 상황에 따라 균형식이나 건강식품 그리고 건강기능식품에 많은 관심이 집중되고 있는 실정이다.

건강식품은 그 범위가 넓어 천연식품, 유기식품, 첨가물이 없는 식품, 건강기능성식품 등이 모두 포함된다. 이 가운데 건강기능식품만이 '적극적 건강식품'이고, 기타는 '소극적 건강식품'에 해당된다. 따라서 적극적 건강식품인 건강기능식품에 더 많은 관심을 가질 필요가 있다.

우리는 신체 상황을 고려하여 자신에게 필요한 건강기능성 성분을 먼저 알아야 하고, 이어 적절한 건강기능식품을 신중하게 선정하여야 한다. 최근의 연구결과에 의하면 일반 식품(재료 및 음식)에는 여러 가지 종류의 건강기능성 성분이 다양하게 함유되어 있다고 알려지고 있다. 그러므로 자기에게 필요한 건강기능성 성분이 무엇인지 먼저 판단하여 해당 음식을 규칙적으로 적절하게 섭취하는 것이 바람직하다. 중요한 것은 건강기능성과 해당 식품 재료 및 음식에 대한 정확한 지식과 정보이며, 이에 관해서는 이 책 여러 곳에서 계속 살펴볼 것이다.

단군신화 속의 작은 신화라고 할 수 있는 쑥과 마늘의 이야기에서 배우는 행복 코드, 그것은 바로 식약동원의 원리이며 건강기능성에 관한 것이다. 이것은 해당 식품 재료나 음식을 합리적으로 섭취하는 일이 중요하다는 것을 알려주는 메시지로, 나의 건강을 위한 진정한 행복 코드라고 할 수 있다.

행복 코드 04

쌀

— 출토된 탄화미의 비밀과 쌀의 신비로움 —

고대 쌀 문화의 비밀

■

얼마 전, 수천 년 동안 땅속에 묻혀 있던 까맣게 불에 탄 쌀알, 즉 탄화미(炭火米)가 김포 가현리에서 발굴되었다. 방사선 탄소측정법으로 출토된 탄화미의 연대를 알아본 결과, 지금으로부터 4천여 년 전의 것으로 밝혀졌다. 이후 김포에서뿐만 아니라 강화 우도, 일산 가와지, 나주 가흥리 등의 지역에서도 탄화미가 발견되었다.

최근의 것들은 평양, 부여, 여주 등지에서 발견된 종래의 벼 유물들과는 다른 점이 있다. 종래의 것은 청동기 시대(기원전 1천 년 – 기원전 약 300년)의 유물로 밝혀졌는데, 최근의 것들은 놀랍게도 신석기 시대 후기(기원전 3천 년 - 기원전 2천 년)의 것으로 추정되고 있다. 이에 대한 내용을 이 책의 뒤편에 소개한 참고문헌을 중심으로 간단히 살펴보자.

최초의 벼 재배 시기는 아직도 의견이 분분하다. 하지만 가현리의 탄화미가 지금으로부터 약 4천 년 전의 것으로 밝혀졌기 때문에 한반도에서 벼농사가 시작된 것은 신석기 시대 후기의 어느 시기로 추정하고 있다. 이러한 사실들이 바로 탄화미에 숨어 있는 첫 번째 비밀이다.

두 번째 비밀은 벼농사의 기원이다. 그보다 더 중요한 것은 벼농사 기술이 어떻게 우리 땅에 전해졌는지, 즉 벼농사 기술의 한반도 전파 경로에 관한 것이다. 이 비밀들 역시 여러 곳에서 발굴된 탄화미에서 그 실마리를 찾아야 한다.

벼농사의 기원설에는 몇 가지 학설이 있다. 그 중에서 중국의 운남과 인도의 앗삼 지방 기원설이 가장 설득력이 있다. 재배의 시작은 지금으로부터 6~7천 년 전 정도로 추정하고 있다. 한반도에 벼농사가 전파된 경로에는 중국을 통한 육로설과 도해설이 있다. 육로설은 벼농사 기술이 산둥반도 북쪽의 요동 열도를 거쳐 남만주 일대와 한반도로 전파되었다는 주장이다. 반면에 도해설은 산둥반도에서 황해를 건너 한반도의 중서부 지방에 전래되었다는 설이다.

아직도 논란이 계속되고 있지만 한반도 전역에서 출토된 탄화미로 추적 연구해 보았을 때, 벼 재배 기술은 4천여 년 전 산둥반도에서 바다를 건너, 또는 요동반도를 따라 육로를 통해, 중국으로부터 한반도에 들어왔다고 추정하고 있다.

한편 벼농사는 밭벼부터 시작하였을 것으로 짐작하고 있다. 이어 마른논이나 밭에 볍씨를 뿌려 밭벼로 관리하다가 장마 때를 만나면 물을 채워 논벼로 재배하는 건답법(乾畓法)으로 발전하였을 것이다. 무논을 만들어 재배한 것은 청동기 시대 이후라고 보고 있다. 『삼국사기』에 의하면 삼국 시대 백제 다루왕 6년에 비로소 논을 만들어 재배하여 대량 생산하게 되었다고 한다.

시대의 흐름에 따라 수확한 벼의 가공 조리 방법은 어떤 변화가 있었을까? 그리고 어떻게 먹었을까? 쌀은 왜 영적식품이 되었을까? 이들 모두가 궁금한 일이 아닐 수 없다. 출토된 탄화미들의 연대에 따라 그 비밀들을 하나씩 엿보기로 하자.

농사 기술이 조금씩 발달하여 벼의 생산량이 늘어나자 수확한 벼 일부를 저장하기 시작하였다. 그리고 벼를 원시적인 돌확에 찧어서 먹기 시작하였다. 즉 위의 돌과 아랫돌 사이에 벼를 넣고 찧어 현미를 만들거나 현미가루를 만들어 먹었다.

김포 가현리의 탄화미 연대인 기원전 2천 년경(지금부터 4천여 년 전)에 살았던 신석기인들은 현미와 현미가루가 혼합된 것을 물과 함께 바리형 토기에 넣고 죽을 끓여 먹은 것으로 추정된다. 그 시대의 유적에서 여러 가지 모양의 토기와 뼈로 만든 숟가락 형태의 유물이 출토되었는데, 이것들은 죽을 먹는데 사용된 것으로 보인다.

곡물가루를 쪄서 먹는데 사용되는 시루가 나타난 것은 훨씬 그 후의 일이다. 여주 흔암리의 탄화미 연대인 기원전 1천 년경에는 원시적인 시루를 사용하여 찐 밥을 만들어 먹기 시작하였다. 청동기 시대 초기 사람들은 나무뿌리나 열매보다는 현미가 훨씬 찰기가 있고 먹기에 좋으며 맛도 뛰어나다는 것을 알고 있었다. 따라서 그들은 다른 곡류보다도 현미를 더 선호하였을 것으로 추측된다.

청동기 시대가 거의 끝날 무렵, 부여 송국리 탄화미 연대인 기원전 6백 년경에는 개선된 돌확으로 벼를 도정하여 현미와 왕겨를 따로 뽑아내는 보다 발전된 기술이 나타났다. 개선된 돌확은 큰 돌을 우묵하게 판 것으로 여기에 곡물을 넣고 껍질을 벗기거나 가루를 내는 데 쓰였다. 후에 이를 더 개선한 절구와 절구공이가 만들어졌다. 현미에서 쌀을 얻는 정미 기술도 극히 원시적이지만 어느 정도 갖고 있었다. 곡물을 쪄 먹는 단계에서 솥에 밥을 짓는 단계로 넘어 온 것은 많은 시간이 흐른 후 쇠로 만든 솥 등이 등장한 삼국 시대부터였다.

고대 사람들에게 있어서 쌀은 보석과 같은 소중한 것이었다. 그리고 쌀로 만든 쌀밥이나 떡은 그들에게 있어서 단순한 음식의 차원을 넘어서 숭배의 대상이 되었다. 『한국의 음식생활문화사』의 저자인 김상보는 이렇게 밝히고 있다.

> "쌀은 실로 오랫동안 민중을 매료시키는 곡물로 대접 받아오면서, 의례 음식으로서 최상의 것으로 여겨졌으며, 쌀을 이용한 각종 떡은 당연히 의례 음식의 주인공이 되어져 왔다."

한편 벼는 권력과 부의 상징이 되었으며, 쌀은 지역 수장들의 권위 계승을 위한 의례식의 상징적인 식품이 되었다. 때로는 쌀로 만든 음식을 제례음식으로 또는 신에게 바치는 영적음식으로 신비하게 사용하였던 것이다. 시대가 바뀌면서 점차 벼의 재배 면적도 늘어나고, 삼국 시대에 이르러 벼가 주곡의 위치에 오르면서 쌀은 백성들이 가장 소중히 여기는 생명의 양식이 되었다.

쌀이 우리 식생활의 기본이 되다

■

쌀은 크게 인도형과 일본형으로 나누며, 우리나라는 여러 가지 이유로 일본형을 더 선호하고 있다. 일본형은 인도형과 비교할 때 대체로 쌀알이 약간 둥글고 길이가 짧은 편으로, 밥을 지으면 부드러우면서도 점성이 높다.

벼(열매)의 구조를 보면 크게 그림 1-7에서와 같이 왕겨(가락을 포함하여 전체 낟알의 약 20%)와 현미(전체의 80%)로 구성되어 있다. 그리고 현미는 과피와 종피(5%), 배아(3%), 배유 (92%)로 구성되어 있다.

왕겨를 벗겨 낸 현미를 다시 도정기로 도정할 때 배유 부분만 남기고 과피와

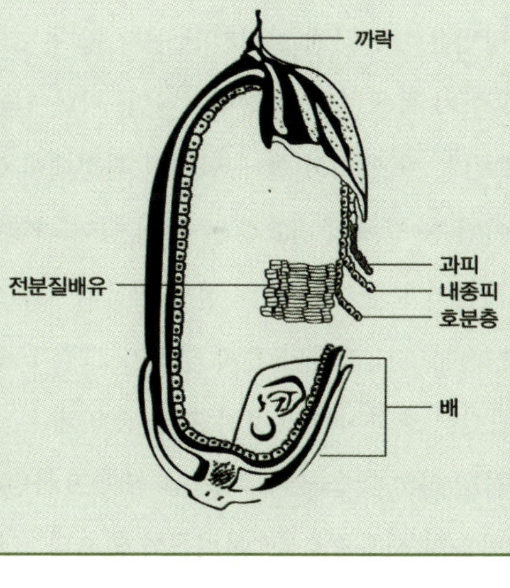

■ 그림 1-7 · 벼 낟알의 기본 구조 ■

종피 그리고 배아 등 쌀겨 부분 전부를 깎아 제거하여 얻은 것을 도정율 100%의 10분도미(10分搗米), 즉 백미라고 한다. 그러므로 도정율 90%이면 9분도미, 50%이면 5분도미가 된다. 보통 10분도미를 많이 먹고 있으나 최근에는 5분도미와 현미도 건강을 이유로 일부 먹고 있다. '쌀' 또는 '쌀알' 이란 용어는 도정율과 관계없이 현미와 도정한 것 모두를 뜻한다.

앞에서 살펴본 것처럼 고대의 우리 선조들은 원시적인 도정 방법으로 얻어진 쌀가루 또는 쌀알을 이용하여 죽, 찐 밥, 찐 떡, 밥 등의 음식을 만들어 먹었다. 이외에도 쌀은 다양한 떡류의 기본 재료, 양조 재료, 장류식품의 발효 재료 등으로 사용되었다. 이것은 쌀의 주성분인 전분을 최대한 활용하는 것으로, 전분 자체는 호화 과정을 거친 후 식용 또는 양조나 발효 재료로 이용된다. 이 부분에 대해서는 앞으로 이 책의 다른 부분에서 자세히 살펴볼 것이다.

쌀밥을 짓는 조리 방법은 단순하게 보이지만 쉽지 않다. 조리는 쌀 씻기-물에 담그기-가열-뜸들이기 등의 순서로 진행되지만, 기본 원리는 수화 작용(흡수)과 전분 호화 작용이다. 쌀 씻기와 물에 담그기 과정에서 쌀 내부로 수분을 충분히 흡수시키고, 이어 솥 안에서 필요한 물을 더 넣어 가열하고 뜸 들이면서 호화시킨다. 쌀에는 전분이 보통 75~80% 정도 함유되어 있으므로 쌀알 외부는 물론, 내부에 있는 전분까지 그들의 분자 구조가 그림 1-8에서처럼 물리화학적으로 팽윤되어 완전히 호화시키는 것이 가장 중요하다. 쌀 전분의 호화는 우리 몸에서 소화를 쉽게 하고 맛을 좋게 하는 등 꼭 필요하면서도 중요한 작용이다. 최근에는 전기밥솥의 사용으로 큰 어려움이 없으나, 옛날 전통사회에서는 밥 짓기가 조리의 첫걸음이자 기본이었다.

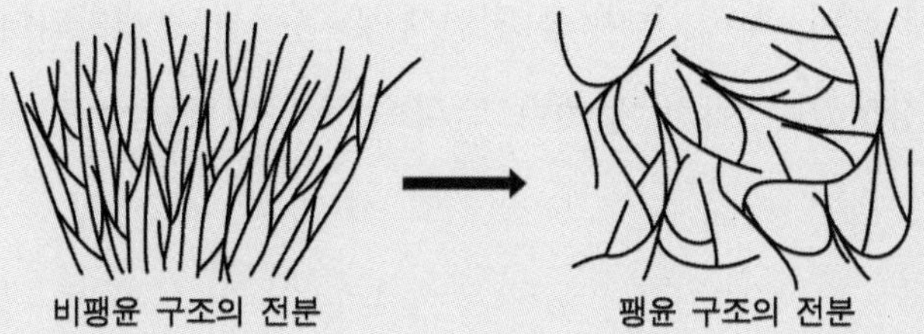

■ 그림 1-8 · **밥 짓는 과정에서 일어나는 쌀 전분의 호화** ■

규칙적으로 치밀하게 배열되어 있는 쌀 전분의 분자 구조[미셀, micelle]는 수화 작용(흡수)과 가열 작용에 의해 그들 사이에 물 분자가 침투하여 원래의 구조가 붕괴되면서 팽윤 구조의 호화 전분이 된다.

오늘날 우리 식생활의 변화를 살펴보면, 국민 1인당 쌀 소비량은 해마다 감소하는 경향을 보이고 있다. 이것은 사회경제적인 변화가 주요 원인으로, 특히 식생활의 다양화와 간편화에 의하여 빵, 라면, 시리얼(가공품), 잡곡 소비가 급격히 증가한 것에 따른 현상이라고 할 수 있다. 그리고 건강상의 이유로 다이어트, 채소나 과일 섭취 그리고 아침 결식 등이 많아진 것도 쌀 소비 감소에 부분적으로 영향을 주었다.

그러나 아직도 우리나라 1인당 쌀 소비량은 연간 73 kg 내외(2010년도 기준, 통계청 자료)이며, 이를 환산하면 하루 200 g 내외가 된다. 전체 곡물 소비량에서 쌀이 차지하는 비율은 매년 다르지만, 대체로 70~85%의 범위이다. 쌀은 우리 식생활에서 여전히 주식의 위치에 있으면서 영양 공급의 원천이자 국민의 건강을 지켜 주고 있다.

최근에는 백미나 현미 외에 건강에 좋은 다양한 상품이 시판되고 있다. 발아 현미를 비롯해서 흑미, 적미, 녹미 등 천연색 쌀 품종들도 개발되어 건강식품 상품 코너에 등장하였다. 이 밖에 케이크, 국수 등의 가공 상품도 시장에 많이 나오고 있다.

쌀밥의 매력, 담백한 맛 그리고 왕성한 에너지의 원천

■

쌀밥의 관능적 매력은 과연 무엇일까?

먼저 담백한 맛을 꼽아야 할 것이다. 여기에서 맛은 단순한 미각만을 의미하지 않으며, 넓은 뜻의 맛으로 후각과 시각 그리고 미각을 통합한 음식 맛이라고 할 수 있다. 특히 은근한 향기와 맛이 우리의 후각과 미각을 매료시킨다. 구수한 향은 있는 듯 없는 듯 하는 것이 특징이다. 그리고 혀에서 느끼게 되는 고소한 맛과 담백한 맛이 있다.

또한 색깔은 쌀알 하나하나가 투명한 흰색이다. 특히 우리나라 사람들은 흰색을 좋아한다. 더욱이 음식의 흰 색깔은 화사하고 고급스러워 보이며 식욕을 돋우어 준다. 그리고 입안에서 씹히는 조직감은 밥알 하나하나에서도 오고 또 밥 한 순갈에서도 느껴지는 것으로, 점조성을 지니면서 안으로 응집되는 단단함이 있다. 밥이 질면 이러한 특성이 없고, 또 지에밥 역시 이런 묘한 입안의 촉감을 느낄 수 없다.

이러한 것들이 바로 쌀밥의 통합적인 감각으로 느끼는 관능적 매력이다. 그래서 쌀밥은 김치나 된장(또는 국) 그리고 불고기나 생선초밥에 잘 어울린다. 갖가지 채소들, 특히 나물류와도 정겨운 밥과 반찬의 관계가 성립된다. 우리의 전통적인 밥상차림에서는 쌀밥을 중심으로 하여 된장(또는 국)과 김치는 기본 차림이고, 여기에 불고기 또는 생선 또는 나물류가 상 위에 오른다.

이제 쌀밥의 다음 매력에 대해서 생각해 보자.

쌀밥은 우리 인체가 필요한 힘의 원천이다. 힘은 열량에서 오고 열량은 바로 활동 에너지이다. 우리나라 사람은 전체 열량의 58~70%를 탄수화물(주로 전분) 식품인 쌀밥으로부터 얻고 있다.

쌀밥 100g의 에너지는 약 140kcal이다. 탄수화물은 32 g, 단백질은 2.7 g, 지방질은 0.2 g 내외를 함유하고 있으며 나머지는 거의 수분이다. 우리가 먹는 밥 한 공기는 크기에 따라 차이가 있지만, 그 양은 약 245 g이다. 밥 한 공기의 에너지는 약 343 kcal이고, 조금 수북하게 담은 밥 한 공기의 에너지는 약 410 kcal이다. 우리는 도시의 일부 사람을 제외하면 하루 세 끼 밥을 먹는데, 여자의 경우 하루 세 공기이면 1,230 kcal, 남자 네 공기이면 1,640 kcal가 된다. 밥으로부터 섭취하는 에너지는 성인 여자(20~29세) 하루 필요 에너지(2,100 kcal) 및 성인 남자 하루 필요량(2,600 kcal)의 약 60% 내외가 되는 셈이다. 우리 한식은 밥 외에 여러 가지 반찬도 먹게 되므로, 이 정도의 밥을 먹는 것은 영양학적으로 합리적이며 권장하는 에너지 섭취 비율이다.

쌀과 같이 탄수화물이 많은 음식은 지구력과 노동력을 향상시킨다고 한다. 수북하게 담은 고봉밥 한두 그릇을 단숨에 먹어 치우는 젊은 사람들의 놀라운 힘과 지구력을 보면 알 수 있다. 이러한 사실은 동물을 이용한 운동 능력 실험을 통하여 밝혀지고 있다. 쌀밥이야말로 왕성한 에너지 식품인 것이다.

행복한 진실,
쌀의 영양과 건강기능성

■

지난 1970년대를 기준으로 하여 30년 동안 우리 국민의 식품 섭취 변화를 살펴보면, 흥미 있는 결과를 발견할 수 있다. 즉 쌀 소비량은 약 60% 수준으로 감소하였고, 동물성 식품은 약 300% 증가, 밀가루 소비량은 약 200% 증가 현상을 보였다. 쌀 소비 감소 현상은 젊은 층에서, 그리고 중간 소득 계층의 전문직이나 사무직의 사람들에서 더 높게 나타났다. 특히 이들은 아침식사에서 밥 식단 대신 빵 중심의 식단을 선호하는 경향을 보였다. 이러한 변화는 소득 수준의 향상, 서구 문화의 유입, 국민의 가치 기준의 변화 등에 의한 것으로 판단하고 있다.

하지만 쌀밥 중심의 전통 식단이 서구 식단에 비해 만성질환 예방에 더 우수하다는 결과들이 여러 학자들에 의해 발표된 바 있다. 그들 가운데 이 두 식단의 영양 특성을 비교한 흥미로운 결과 하나를 살펴보자.

다음은 서정숙과 조성희 교수가 「식품산업과 영양」 학술지(2008)에 발표한 '쌀 중심 전통식사와 만성질환 예방' 이라는 논문의 내용이다.

이들은 하루 식단의 에너지(열량) 필요량을 동일하게 하되, 밥 중심 1일 식단과 이에 상응하는 서구식 1일 식단의 영양 특성을 비교하였다. 단백질 함량은 두 식단이 서로 비슷하였지만, 지방질 섭취의 경우에는 양과 질에서 크게 차이가 났다. 즉 밥 중심의 식단은 지방질 섭취가 낮아서 지방질 에너지 비율이 전체의 15.3~19.7%이지만, 서구식 식단의 경우는 그 섭취가 대단히 높아서 35.5~42.3%나 되었다. 지방산의 구성에서는 밥 중심에서는 불포화지방산이, 서구식 식단에서는 포화지방산이 편중되어 있었다. 콜레스테롤 섭취는 밥 중심의 식단이 서구식 식단의 1/4~1/5 수준으로 낮았다. 철분의 섭취는 밥 중심의 식단에서, 칼슘은 서구식 식단에서 각각 높았다. 그리고 거의 모든 종류의 비타민들은 밥 중심의 식단에서 높았다.

이와 같이 "밥 중심 식사는 다양한 반찬을 통해 영양소 섭취의 균형을 이룰 수 있으며, 서구식 식사에 비해 총지방질, 포화지방질, 콜레스테롤 섭취가 현저히 낮고 식이섬유소와 비타민 섭취가 많아서 혈관계 질환과 관련된 만성질환 예방에 효과적인 것으로 생각된다."라고 결론 내리고 있다.

다만 밥 중심의 식사에서 칼슘 섭취가 부족할 수 있으므로 매일 우유 또는 유제품을 1~2회 섭취한다면 전체적으로 균형 잡힌 식사가 될 수 있을 것이라고 하였다.

이제 쌀의 영양 성분에 대하여 살펴보자.

백미의 경우, 전분이 75~80%, 단백질이 6~8%, 지방질과 섬유질 그리고 미네랄 등이 각각 1~3% 정도 함유되어 있다. 미네랄은 인, 칼륨, 칼슘, 마그네슘, 철분 등이며, 비타민은 B1과 B2 등 B 복합체가 함유되어 있다.

쌀은 전형적인 에너지 식품으로, 단백질 함량이 높지는 않지만 구성 아미노산이 비교적 균형을 이루고 있어서 양질의 단백질이라고 할 수 있다. 옥수수나 밀가루에 비해서 단백가가 훨씬 높으며 지방질 함량은 낮으나 거의 불포화지방산으로 구성되어 있다. 또한 백미에 비해서 7분도미, 5분도미, 현미의 순서로 (도정율이 낮을수록) 단백질, 미네랄, 식이섬유질, 비타민 등의 함량이 높아지는 경향을 나타낸다.

쌀의 건강기능성에 대하여 알아보자.

최근 20여 년간 쌀의 건강기능성에 대한 연구 결과가 꾸준히 발표되고 있다. 이 중에서 「식품산업과 영양」(2008)에 실린 하태열의 논문 외에 몇몇 문헌을 바탕으로 간단히 살펴보기로 한다.

쌀은 콜레스테롤 대사 조절 기능이 있다. 동물 실험 결과, 현미 급식이나 백미 급식은 밀 또는 옥수수 전분 급식 등에 비하여 생체 내의 지방질을 낮추어 주는 효과가 있으며, 특히 혈액이나 간의 콜레스테롤 저하 효과가 뚜렷하다. 이러한 결과는 쌀겨[미강, 米糠] 급식 및 현미 급식에서 더 높은 효과가 나타났다. 이와 관련된 건강기능성 성분들로는 감마오리자놀, 헤미세룰로스 등의 식이섬유소, 식물성 스테롤, 쌀단백질 등이 있다.

또한 쌀은 혈당 조절 기능이 있다. 건강한 성인에게 쌀밥, 감자, 식빵, 옥수수 등을 각각 섭취시킨 후 식후의 혈당과 인슐린 반응을 조사한 결과, 쌀밥의 경우는 완만한 증가 현상을 보인 반면에 다른 것들은 급격하게 빠른 증가를 보였다. 이러한 경향은 당뇨병 환자에게서 더 뚜렷하게 나타났다. 이와 관련된 성분은 페루릭산 외에 쌀단백질 성분인 것으로 추정하고 있다.

쌀의 기타 기능성으로는 항산화, 혈압 조절, 면역력 증강 등의 기능이 있다.

피부 노화 현상 등과 관계가 있는 항산화성은 토코페롤, 페루릭산 등의 페놀물질, 감마오리자놀 등에 의한 것이다. 혈압 상승을 억제하는 성분에는 GABAgamma aminobutyric acid 성분과 쌀 특정의 펩타이드, 식물성 스테롤 등의 성분이다. 이 밖에도 면역력을 증강시키는 피틴산이나 아라비노자이란 등이 함유되어 있다.

이처럼 쌀은 에너지를 공급하고 각종 영양소의 공급원이 되면서 체내 콜레스테롤 조절 기능, 혈당 조절 기능, 항산화 기능, 혈압 조절 기능, 면역력 증강 기능 등이 있다. 이러한 기능은 여러 가지 건강기능성 성분에 의한 것으로 추정되고 있다. 대체로 전분을 제외한 각종 영양소 및 건강기능성 성분들은 백미보다 5분도미나 현미에 더 많이 함유되어 있다. 그러므로 현미(혹은 5분도미)를 백미에 혼합하여 먹는 것도 바람직하다.

지금까지 쌀에 대한 많은 이야기 중에서 핵심적인 내용만을 가려서 살펴보았다. 한때 영적식품이기도 하였던 쌀은 오늘날 웰빙 식품으로 동서양 널리 각광을 받고 있다. 옛날은 물론, 오늘날에도 쌀은 우리에게 있어서 축복의 식품이다. 또한 백미와 현미가 혼합된 쌀밥(혹은 5분도미 밥)의 소중함에 대해서도 모두 재인식해야 할 것이다. 진정으로 쌀은 한국인의 생명과 같은 존재이며 우리 행복의 원천이 되는 신비로운 식품이다.

2

삼국 시대의 우리 음식문화에서 찾는 행복

행복한 우리 음식문화

행복 코드 05

식품위생관리

—고구려 고분 벽화의 여성들 그리고 식생활 관리의 주역들—

고분 벽화는 우리에게 무엇을 이야기하는가

■

만주 집안(輯安)에 있는 5세기 후반의 고구려 무용총 고분 벽화에는 흥미로운 그림이 있다. 바로 주실 북쪽 벽에 그려진 '접견도(接見圖)' 이다. 비록 희미하고 일부 지워진 부분도 있지만, 그림에서는 주인이 손님을 맞이하여 잘 차려진 음식을 함께 즐기고 있는 모습을 볼 수 있다.

실내에서 주인 남자와 손님이 서로 마주보며 의자에 앉아 있다. 서로 이야기를 나누며 음식을 먹고 있는 것처럼 보인다. 아이는 식탁에 무엇을 올리고 있으며 시중 드는 여인들도 보인다. 주인과 손님 앞에는 각자 개인 밥상과 곁상 두

개가 자리 잡고 있으며, 곁상 하나는 과실 상이고 다른 하나는 술상인 듯하다. 밥상 위에는 밥과 반찬이 잘 차려져 있다. 과실 상의 굽다리 고배(高杯)에는 과실이 가득 담겨 있고, 둥근 모양의 술상에는 술 주전자가 놓여 있다.

삼국 시대에는 신분에 따라 식사 방법과 그 내용이 서로 달랐다. 이 벽화에서 우리는 고구려 왕가 또는 상류층의 식생활 풍속을 분명하게 엿볼 수 있다. 특히 우리가 여기서 흥미를 갖는 것은 이 그림이 보여 주는 고구려 사람들의 손님맞이 식사 풍습이다. 손님용과 주인용 식탁은 각각 따로 마련된 입식(立式)이다. 식탁은 혼자 먹는 독상이며, 밥과 반찬 그리고 술과 과실 등의 차림 내용이 풍성하고 정중하다. 전체적으로 고구려 사람들의 주식과 부식 그리고 과실, 식탁과 식기의 종류와 모양, 상차림의 기본 등 손님을 접대하는 식사 풍습을 잘 살펴볼 수 있다.

삼국 시대에는 이미 농경이 정착되었고 식생활이 다양화된 시기였다. 고구려는 지역적 환경의 영향으로 밭농사와 논농사가 함께 발전하였으며 벼 외에 여러 가지 종류의 잡곡이 재배되었다. 또한 채소류와 과실류가 다양하였고 조리법과 저장법도 크게 발전하여 소금과 양념류들이 널리 활용되었다. 이 밖에도 장(醬)과 술과 김치류가 상용화되었다. 즉 주식과 부식이 분리되고 각종 식기와 세간의 이용이 확대된 시기였다, 따라서 접견도는 이와 같은 식생활 상황이 잘 반영된 상류층 사람들의 식생활을 살펴볼 수 있는 소중한 그림이다.

또 다른 고구려의 고분 벽화가 있다. 만주 집안에 있는 5세기 후반에서 6세기 초의 것으로 알려진 각저총 고분 벽화인 '실내생활도'이다. 주인공인 남자는 의자에 앉아 밥상과 술상을 받고 있으며 두 명의 여자는 방바닥에 앉아 각각 소반을 받고 있다. 남자는 입식 개인 밥상 형식(독상)을, 여자는 좌식 개인 밥상 형식을 취하고 있는 것을 알 수 있다. 또한 식탁과 소반 그리고 주전자의 모양도 자세히 살펴볼 수 있다.

'실내생활도'는 앞의 '접견도'와 마찬가지로 고구려 상류층의 식사 풍속을 이야기해 주듯이 자상하게 보여 주고 있다. 삼국 시대는 부족국가 시대와는 달리 강력한 국가 체제가 확립되고 또 세력의 확장과 경제적 부강을 위하여 농경이 크게 권장되었다. 또한 왕권이 강화되고 차츰 중앙집권화되면서 권력을 행사하는 왕족과 권력 계층이 형성되었다. 이들은 식생활에 있어서도 특권을 가졌으며 사치스런 식생활을 영위하였다.

또한 상류사회에서는 손님 접대와 연회를 열어 함께 즐기는 일이 많았다. 손님을 접대할 때는 항상 지극하고 정성을 다 해야 한다는 기본적인 풍습을 지니고 있었다. 그리고 집에 온 손님을 정성껏 대접함으로써 자기 가족이 밖에 나가 있을 때 인정을 받으며 대접도 받을 수 있다고 생각하고 있었다. 따라서 전반적인 식사 관리가 여유롭고 풍요로우면서 품격과 위생적인 면이 있었다.

한편 서민들의 식탁은 음식 내용이 빈약하였다. 쌀은 귀한 것이었으므로 잡곡을 먹을 수밖에 없었고, 그것마저도 갖추어 먹는 것이 극히 어려웠다. 이러한 서민들의 상황은 부엌세간이나 그릇의 내용에서도 상류사회 사람들과는 확연하게 구별되었다. 또한 서민들은 가족이 함께 모여 앉아 먹는 공공(公共) 식사를 해야 하는 형편이었다.

전체적으로 서민의 식생활 자체는 풍요로움과는 거리가 멀었고, 생존의 식생활이었다. 극빈자들의 식생활은 곡식 구경도 어려웠으며 초근목피로 연명하였다는 기록도 보인다. 따라서 위생적인 면은 그들에게는 아예 고려 대상도 되지 않았다.

식사 관리와 위생 관리, 그 주역은 여성인가

■

앞에서 고분 벽화를 통해 고구려 상류사회 사람들의 식사 풍습을 살펴보았다. 손님맞이 상차림이나 가족의 상차림이 이 정도이면 음식도 여러 가지이고 조리한 밥과 반찬도 다채로웠을 것이다. 음식이 다양하다는 것은 결국 각종 재료를 이용하여 좋은 조리법으로 음식을 마련하였다는 의미이다. 그렇다면 음식은 누가 조리하고 식탁은 누가 준비하였을까?

고구려 무용총의 고분 벽화 '접견도'에서 시중을 드는 두 사람은 모두 여자이다. 무용총 벽화에는 흥미로운 그림이 또 있다. '음식을 나르는 모습'의 그림인데, 이 그림에는 반(盤, 상과 같은 것)을 사용하여 음식을 담아 운반하는 사람들이 보인다. 조리한 음식을 손님이나 어른께 올리기 위하여 주방에서 식당으로 막 옮기고 있는 모습이다. 이 그림에서 볼 수 있는 세 사람도 모두 여자이다.

이러한 고분 벽화들의 내용을 간단히 정리해 보자.

부엌에서 조리하고 음식을 나르고 식당에서 시중을 들고 하는 사람은 모두 여성으로 보인다. 아마도 상차림의 주역은 여성일 것이다. 고분 벽화들은 여성이 식생활 관리를 주관하고 있다는 것을 말해 주고 있다.

일부 학자들은 이와 같은 여성의 식생활 관리 관습이 신석기 시대에 이루어졌다고 주장하고 있다. 이전 시대에는 남성들이 제사 음식을 비롯하여 가족들의 음식을 준비하는 경우가 많았다. 신석기 시대에는 남성들이 사냥을 나가면 여성들은 비록 원시적인 농경이지만 농사를 짓고 수확을 하고 먹을거리를 조리하였다. 후에 남성들이 사냥 대신 농업에 직접 관여하면서 비로소 여성들은 남성들의 농사일을 돌보거나 조리하는 일을 맡게 되었다. 이후 여성들은 음식 조리, 식량 관리, 의복 관리, 아이들 양육 등의 집안일을 책임지게 되었던 것이다.

시대가 바뀌면서 식사와 부엌의 관리는 완전히 여성들의 몫이 되었다. 이에 따라 부엌은 남성의 출입이 제한되어 있는 여성 전용 공간으로 변해갔다. 우리 선조들은 그 공간에서 각종 식품 재료, 다양한 세간과 그릇들을 이용하여 독특한 우리 음식문화를 발전시키고 완성하였다고 할 수 있다.

특히 음식을 준비하는 사람들은 정성을 다해 가족들의 식생활에 임하였다. 식품과 의약품은 그 근원이 같다는 식약동원의 사고방식과 중국에서 전래된 유교의 사친효양 사상으로 음식을 통한 가족의 건강 증진에 정성을 다하였던 것이다. 즉 오늘날의 영양과 위생의 개념이 담긴 식생활 관리에 여성들이 그 주역을 담당하였다.

이러한 생활관습의 상당 부분은 오늘날까지 이어져 내려오고 있다. 그러나 오늘날 그 상황은 크게 달라지고 있다. 현대인의 식생활은 그 내용이 더욱 다양해지고 역동적이며 화려하고 개별적인 것으로 계속 변하고 있는 중이다. 분명하게 나타나고 있는 특징은 (1) 기호성과 개인 지향의 식생활, (2) 식품위생을 고려한 안전성 지향의 식생활, (3) 간편성과 외식 지향의 식생활, (4) 건강식품과 가공 식품 지향의 식생활이다.

이에 따라 식사 관리에 있어서도 식생활 계획의 수립, 그에 의한 식단 작성, 재료의 구입, 조리, 식탁 차림 등에 대하여 진지하게 계획되고, 실행되고 있다. 또한 가족을 위한 소규모의 식사 단위뿐만 아니라 단체 급식의 경우에는 영양 관리, 조리 관리 그리고 위생 관리가 적극적으로 이루어지고 있다. 개인의 식사에서도 자신의 위생 관리에 스스로 적극 참여하지 않을 수 없게 되었다. 그러므로 이제 여성만이 식생활의 주역을 담당하는 시대는 지나갔다. 이제 위생 관리를 포함한 현대인의 식사 관리는 각 개인의 상황과 역할에 따라 남성과 여성 그리고 온 가족이 함께 계획하고 실행해야 하는 시대가 된 것이다.

우리 스스로 식품위생관리인이 되어야 한다

■

오늘날, 생활수준의 향상과 우리 사회의 대내외적인 환경 변화로 인하여 우리의 식생활이 급격하게 변하고 있다. 국민 소득의 증가, 외식 기회의 확대, 여성의 사회 참여, 식품의 다양화, 가공식품의 대량 공급, 수입 식품의 증대, 식품안전 및 식품위생에 대한 관심의 증대, 건강에 대한 관심 고조 등으로 현대인의 식생활은 전통사회 식생활과 비교할 때 그 양상이 파격적이면서도 긍정적으로 변화하고 있다.

그러나 이러한 변화와 함께 식품 환경적 위해 요인들이 다양하게 발생하고 있다. 또 이로 인한 위생 및 안전성 문제도 점점 심각해지고 있다. 주요 위해 요인을 보면 식중독, 경구(經口) 전염병, 농약 오염, 공장폐수 오염, 방사능 오염, 식품첨가물의 불법 사용 등이 있다. 따라서 이러한 각종 위해 요인을 제거하고, 사전 예방하기 위해 식품 위생 관리가 지속적으로 이루어져야 할 것이다.

세계보건기구의 환경위생전문위원회는 "식품위생이란 식품의 생육, 생산, 제조로부터 최종적으로 사람이 섭취할 때까지의 모든 단계에서의 안전성 및 악화 방지를 위한 모든 수단을 말한다."라고 정의하고 있다. 우리의 '식품위생법의 목적'에서도 식품으로 인한 위해 방지와 식품영양의 질적 향상을 도모하여 궁극적으로는 국민 보건 향상을 성취하기 위한 것이 바로 식품위생이라고 규정하고 있다. 그리고 식품위생관리의 대상은 앞에서 제시한 위해 요인 모두를 포함한다.

위해 요인 중에서도 우리나라에서는 식중독이 큰 문제가 되고 있다. 식중독은 집단 급식과 외식 기회의 증가, 수입 식품의 급증, 지구 온난화에 의한 기온의 변화 등의 요인들 때문에 지속적으로 발생 건수가 증가하고 환자수도 늘어나는 추세에 있다. 대체로 식중독은 학교나 기업의 단체 급식소, 음식점 등에서 많이 일어나고 4~9월의 하절기에 빈번하게 발생한다. 식중독의 대부분은 주요 세균성 식중독에 의하여 일어나고, 중독 결과 여러 가지 증상으로 심한 고통을 호소하게 되며, 극히 드물지만 사망하는 경우도 있다. 식중독이 가장 많이 나타난 식품류로는 김밥, 도시락, 어패류 및 그 가공품, 육류 및 그 가공품, 지하수, 음용수 등이 있다.

따라서 식품 관련 업종에 종사하는 사람들은 물론, 모든 국민들은 개인 위생,

가공과 조리 위생, 식품 및 음식물 자체의 위생, 재료 관련 위생, 기구나 포장이나 용기 위생, 주방 및 시설 위생 등을 위하여 필요한 예방 조치를 취하여야 한다. 식사 관련 모든 일에서 우리 스스로 위생관리인이 되어야 한다는 뜻이다.

함께하는 식품위생관리

식중독은 식품 또는 음식물을 섭취할 때 일어나는 질환으로, 설사, 구토, 복통, 발열 등의 증상을 나타내며 급성인 경우가 많다. 발생 원인에 따라 세균성 식중독, 화학성 식중독, 자연독 식중독 등의 세 가지 식중독으로 분류한다. 이에 따른 식중독 형태, 주요 원인, 관련 식품을 간단히 정리하면 표 2-1과 같다.

세균성 식중독에 관계하는 주요 균들은 살모넬라균, 황색포도상구균, 장염 비브리오균, 병원성 대장균, 노로 바이러스 등이다. 세균성 식중독은 이들 유해균이 식품에 오염되어서 발생하는 감염형과 미생물이 생산한 독소에 의해서 발생하는 독소형이 있다.

화학적 식중독에는 허용되지 않은 첨가물을 사용하여 발생하는 경우, 각종 잔류 농약이 식품에 오염되어 발생하는 경우, 용기나 포장재 등에 존재하는 해로운 물질이 각종 경로를 통해서 식품에 오염되어 발생하는 경우 등이 있다.

또한 자연독에 의한 식중독은 식품 원재료가 생산 단계에서부터 곰팡이가 오

분류	식중독형	주요 원인	관련 식품
세균성 식중독	감염형 독소형	살모넬라, 비브리오 보톨리누스, 포도상구균	가공 식품, 어패류 햄, 소시지, 도시락
화학성 식중독	불량 첨가물 잔류 농약 용기, 포장	색소, 표백제 등 비소, 유기인 등 납, 포름알데히드 등	각종 식품 과실, 채소 등 각종 식품
자연성 식중독	유독 식물 유독 동물 곰팡이	독 성분 독 성분 아플라톡신	독버섯, 황변미 복어, 조개류 땅콩 등

■ 표 2-1 · 원인별 식중독의 분류 및 원인과 특성 ■

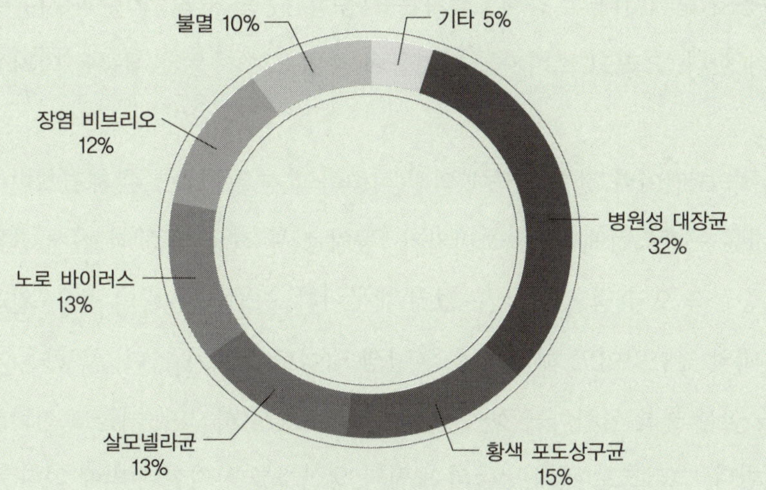

■ 그림 2-1 · 식중독 원인균에 따른 환자 발생의 분포(2005) ■

염된 식품, 유독성 동물, 유독성 식물 등을 섭취하여 일어나는 경우이다.

식중독은 무엇보다 예방이 중요한데, 특히 세균성 식중독은 철저한 위생 관리가 필요하다. 그렇지 않으면 단체 급식소나 음식점의 경우 식중독이 집단화 또는 대형화될 가능성이 있다. 그러므로 재료 구입과 유통 및 조리 단계 그리고 섭취 단계까지 위생 관리를 철저하게 수행해야 한다. 또한 소비자는 위생 관리가 잘 이루어지는 곳을 택하여 음식을 먹는 지혜를 발휘해야 한다.

한편 가정에서의 식중독 예방 다섯 가지 원칙으로는 (1) 신선한 재료 구입, (2) 청결 유지, (3) 교차 오염을 방지하기 위한 분리 후 개별 보관, (4) 철저한 가열 조리, (5) 적절한 냉장과 냉동 보관을 들 수 있다.

화학적 식중독 중에서 식품첨가물에 의한 식중독은 불량 첨가물 사용이나 과량 사용이 문제이다. 식품제조업자는 식품첨가물의 규격, 기준과 사용량에 유의해야 한다. 그리고 소비자는 첨가물이 불법으로 사용된 제품을 먹지 않아야 한다.

중금속 오염이나 잔류 농약에 의한 식중독의 경우 만족스런 해결책이 없어서 소비자를 곤혹스럽게 한다. 소비자가 '농약 잔류 허용 기준'과 실제 잔류량 그리고 중금속 오염 정도를 알 수 없기 때문이다. 농약 잔류량의 경우, 원래 허용 기준 내의 잔류량이면 해당 식품을 평생 먹어도 문제가 없다. 무농약, 저농약, 유기농산물 등을 섭취하는 것이 안정적이고 바람직하지만, 이들도 신뢰성이 있어야 한다. 그러므로 관계 당국의 노력과 생산자를 신뢰할 수밖에 없다. 무엇보다 가정에서의 각종 예방 수칙, 예를 들면 수차례의 세척, 껍질이나 의심 부분 제거, 데치기 등의 실천이 중요하다.

자연독 식중독의 경우, 식물성 자연독은 육상식물(독버섯이나 황변미 등)에서, 동물성 자연독은 바다생물(복어나 조개)에서 많이 발생한다. 이들 독 성분의 생성은 계절과 환경에 영향을 받으며 특정 독성 부위가 있다. 예를 들면 복어의 독 성분인 테트로도톡신은 5~6월의 산란 전 내장이나 알 부분에 있다. 독버섯이나 독이 있는 조개류 역시 이러한 점을 유의해서 선택해야 한다.

식품은 그 맛과 멋 그리고 건강을 위해서 먹는다. 하지만 우리 주위의 환경과 식품 자체에는 수많은 병원미생물과 기타 유해 생물, 그리고 각종 유해물질이 함께 존재할 수 있다. 이들이 여러 경로를 통해 식품 또는 음식물에 오염되어 인체에 위해를 끼치는 경우가 많다. 이러한 위생상의 결함은 식품을 먹는 의미도 상실할 뿐만 아니라 결국 건강을 해칠 뿐이다.

정부 차원에서 식품위생에 관련된 법규가 구체적으로 규정되어 있고, 이에 따른 식품위생 감시, 지도, 검사 등이 실시되고 있지만, 무엇보다 식품의 생산에서 소비(섭취)까지 모든 단계의 식품 관련자들이 관련 법규를 준수하고 식품위생에 대한 책임감과 도덕심을 가지는 것이 필요하다. 즉 식품위생적인 사고와 관리 정신이 중요하다.

또한 최종 소비자 또는 가족과 개인의 경우도 위의 식품 관련자들과 동일한 자세와 사고 그리고 식품위생관리 정신을 갖는 것이 중요하다. 이것은 개인의 건강은 물론, 가족과 국가에까지 영향을 미치는 중대한 일이기 때문이다. 개인의 식품위생적 사고와 관리는 우리 모두를 행복하게 하는 원천이다.

다시 고분 벽화 이야기로 돌아가 보자.

지난 4~6세기 것이라고 추정되는 고구려 고분 벽화는 지금 우리에게 소리 높여 무엇을 이야기하지는 않는다. 그러나 고구려 사람들의 식사 풍습과 식생활 관리 모습을 보여 주고 있다. 그들의 식생활 모습에서 현대를 살고 있는 우리의 모습을 되돌아본다. 식생활의 주역은 누구인지, 식생활 중의 식품위생은 또 무엇인지 등을 생각하며 작은 깨달음을 얻는 것이다. 식품위생, 그것은 바로 나 자신과 우리의 행복을 위해서 필요한 일이며, 반드시 실천해야 하는 중요한 일이다.

행복 코드 06

콩

— 원산지에서 콩의 화려한 변신과 영양 및 건강기능성 —

우리 땅이 원산지인 콩, 그들의 화려한 변신

■

과연 콩의 원산지는 어디인가, 그리고 언제부터 식용으로 재배하기 시작하였을까? 이러한 문제는 콩을 다양하게 먹고 있는 우리로서는 당연히 갖게 되는 의문이라고 할 수 있다. 물론 정설이 있거나 정답이 쉽게 나올 수 있는 문제는 아니다.

세계적인 관련 학자들의 연구 결과에 의하면 콩의 원산지는 동북아시아, 특히 만주와 한반도 북쪽 지역이라고 한다. 이 지역 일대에서 콩의 원종이라고 할 수 있는 야생종이 널리 자생하고 있으며 야생형과 중간형이 많이 발견되고 있기 때문이다. 식물유전학자와 콩에 관해 전문적으로 연구하는 국내의 몇몇 학자들도 중국의 동북 지역, 만주와 한반도 북쪽 일부를 콩의 원산지로 보았다. 이들 학자들이 원산지로 지적한 지역들의 상당 부분은 모두 우리 조상들인 고조선, 부여, 고구려 등의 사람들이 살던 곳이다. 이성우 교수는 자신의 저서 『한국식품문화사』(1984)에서 다음과 같이 지적하고 있다.

> "콩의 원산지란 야생 콩의 자생 지역이면서 야생형, 중간형, 재배형의 각 형이 가장 많은 곳이라고 보고 있다. 만주 지방은 이 조건에 가장 잘 부합하여 만주를 콩의 원산지로 보는 것이 통설로 되어 있다. 게다가 우리나라 내의 남한 북한 할 것 없이 콩의 야생종과 중간종이 많이 발견되고 있다. 결국 콩의 원산지는 우리나라인 것이다."

한편 이러한 주장과는 달리 중국의 운남과 귀주설 그리고 화남설도 있다. 콩 원산지가 세계 여러 곳일 것이라는 복수설 역시 알려지고 있다. 또한 콩을 처음 재배하기 시작한 지역은 중국 동북부에서부터 아무르 강 유역의 넓은 지역이라는 학설도 있다. 하지만 처음 재배한 시기는 지금부터 4, 5천 년이라는 학설이 거의 대부분이다.

우리나라의 고고학자들은 부족국가 시대에 이미 한반도에서 여러 가지 종류의 곡물이 생산되었다고 보고하고 있다. 이때의 곡물 종류는 기장, 피, 수수, 조, 보리, 벼, 콩, 팥 등이다. 흥미로운 것은 서기 2천 년대 말에 해당하는 콩 관련 유적의 발견이다. 경기도 양평 유적지에서는 콩과 팥에 눌린 자국이 분명하게 나타난 무문토기 유물이 발견되었고 함경북도 회녕과 평양 남경 유적지에서도 콩의 유물이 각각 발견되었다. 또한 『삼국지』 '위지동이전'에는 부여, 옥저, 마한 등에서 이미 오곡이 생산되었음을 말해 주는 기록이 보인다. 이때의 오곡은 피, 기장, 조, 수수 그리고 콩(혹은 보리)이었다. 이들의 재배 시기는 대체로 지금부터 4천여 년 전일 것으로 추정하고 있다.

삼국 시대에 들어와서는 원시 농경 시대 때부터 먹어 왔던 곡물들이 널리 재배되었고 그 가운데 콩도 포함되어 있다. 이는 백제의 군창지 유물에서도 증명된다. 또한 『삼국사기』 '고구려조'에는 상산왕 25년에 우박이 내려 콩과 보리가 상하였다는 기록이 있다. 같은 책 '신라조'에도 비슷한 기록이 보인다. 이 시대에 와서 벼 다음으로 콩과 보리가 중요한 곡식임을 추측하게 한다.

이와 같은 기원과 재배 역사를 가진 콩이 동북아시아 지역에서 유럽에 전파된 것은 17세기 후반이다. 그러나 그 지역에서 본격적인 재배를 시작한 것은 19세기인 것으로 알려지고 있다. 그리고 현재 세계 콩 생산량의 50%를 차지하고 있는 미국에 전파된 것은 그 후의 일이다. 미국은 콩 재배를 시작한지 겨우 100여 년 만에 콩 생산 대국이 되었다.

이제 콩 자체에 대해서 좀 더 알아보자.

콩은 콩과에 속하는 식물의 씨앗으로, 대두(大豆)라고도 한다. 같은 두류이지만 팥이나 녹두와는 생김새와 성분 그리고 먹는 방식이 확실히 다르다. 콩의 꼬투리에는 보통 2~3개의 콩알이 들어 있으며, 종류에 따라 노랑, 검정, 흰색을 나타내고 있다. 우리나라와 세계 여러 나라에서 가장 많이 생산되고 있는 것은 담황색 계열의 콩이다.

콩은 원래 동북아시아가 원산지이며 이 지역 사람들이 즐겨 먹었던 농산물이

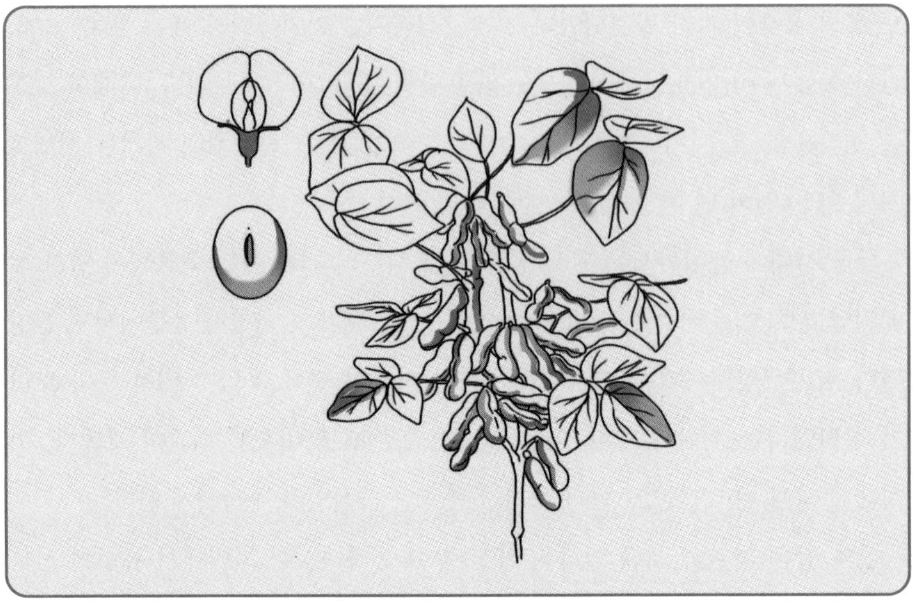

■ 그림 2-2 · 콩 작물 · 꼬투리 · 콩의 생김새 ■

다. 식물성 위주인 이 지역 식생활에서 콩은 필수적인 먹을거리였다. 특히 우리는 옛날이나 지금이나 세계 어느 지역 사람들보다 더 다양한 식품 형태로 더 많은 콩을 먹어 왔다. 그런 점에서 우리 선조들은 콩의 식용에 관해서 선구자적 역할을 해 온 셈이다.

지금은 그 소비량이 줄었지만 한때는 우리나라 성인 1인당 하루 콩 공급량이 22.7g(‘식품수급표’ 기준, 1990)이나 되었다. 이 추정 수치는 장류(된장, 간장, 고추장 등), 두부, 콩나물, 두유 기타에 이용된 것을 모두 합친 값이다. 그리고 그 시기에 권장하였던 ‘식품군별 구성량’ 을 보면 성인 1인당 하루 30g을 기준으로 하고 있다(제5차 개정, ‘한국인의 영양권장량’ 참조).

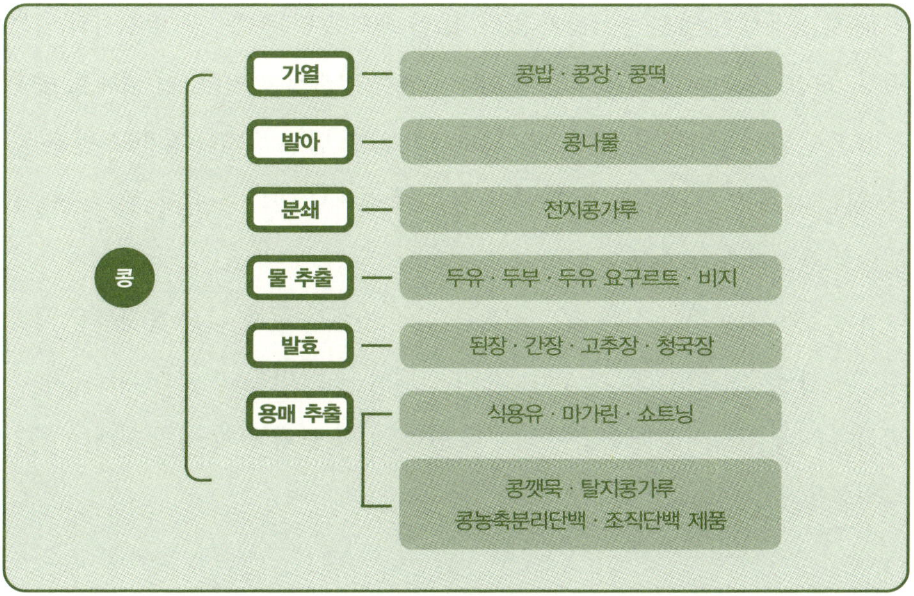

■ 그림 2-3 · 콩의 조리 가공 방식에 따른 다양한 식용 형태 ■

이것은 쌀, 보리 등 전체 곡류 공급량의 10% 내외에 해당된다. 우리나라 사람들에게 콩은 식품 공급과 소비 면에서 매우 중요한 먹을거리라는 것을 알 수 있다. 이전에는 우리가 먹는 콩 대부분을 국내에서 생산된 것으로 자급하였다. 그런데 최근에 와서는 안타깝게도 국내 생산량이 크게 줄어 현재 콩의 자급률은 겨우 10% 내외에 머물러 있는 형편이다.

한편 콩은 먹는 방식에 따라 다양하고도 화려하게 변신한다. 콩밥, 콩장, 콩떡, 콩엿 등에 직접 콩을 넣어 먹기도 하며, 가공 조리 방식과 식용 형태에 따라 다양하게 이용된다. 콩에는 단백질과 지방질(기름)이 많고, 특히 단백질의 조리 가공 특성이 좋다. 식용 방식에는 먼저 콩을 발아시킨 콩나물이 있으며, 가열

건조 후 분쇄해서 먹는 콩가루가 있다. 또한 콩으로 만든 메주를 발효시켜 얻는 간장, 된장, 고추장 그리고 직접 발효시켜 얻는 청국장이 있다. 이 밖에도 콩을 용매 추출해서 얻는 콩기름〔대두유(大豆油)〕이 있고 남은 콩깻묵〔탈지대두분〕은 각종 식품 재료로 사용된다. 콩을 직접 물로 추출해서 얻는 두유와 물 추출액을 간수로 응고시킨 두부 등도 있다.

이와 같은 전통적인 식품 또는 식료품 외에 기름을 얻고 남은 콩깻묵을 적절히 2차 가공하여 콩고기(조직 단백), 분리 단백질 등을 만들고, 이를 다시 3차 가공하여 고급 건강식품을 만들어 먹기도 한다. 이와 같이 콩의 식용 형태는 매우 다양함을 알 수 있다.

콩에 함유된 놀라운 영양 성분들

■

콩은 영양학적으로 대단히 소중한 곡물로, 중요한 영양 성분이 매우 많이 들어 있다. 콩은 100 g 당 총열량이 420 Kcal 내외이며, 수분 함량은 11%, 단백질은 약 38%, 지방질은 약 20%, 탄수화물 중 당질은 약 22%, 섬유소는 약 4%, 회분과 기타 성분은 약 5%이다. 이 성분 함량은 산지와 품종에 따라 차이가 있으나 쌀과 비교할 때 콩에는 단백질 5배 이상, 식물성 지방질 함량 20배 이상이 더 많이 함유되어 있다. 그러므로 콩은 가장 소중한 영양소인 단백질과 식물성 지방질 덩어리라고 할 수 있다.

콩 단백질에 대해 좀 더 자세히 살펴보자.

우선 양적인 면에서 콩 단백질은 38%로, 다른 곡류(밀 · 보리 · 쌀은 7~13%)에 비해 함량이 매우 높다. 우리가 콩을 단백질 식품이라고 말하는 이유도 이 때문이다. 콩 단백질은 물이나 약한 무기 염류에 잘 녹는 알부민이나 글로불린 성분이 많아서 거의 85% 이상을 차지하고 있다. 이 두 가지 성분이 많기 때문에 두유를 쉽게 만들어 먹을 수 있으며, 이들이 간수(칼슘이나 마그네슘이 많음.)를 만나게 되면 응고하여 두부가 되기도 한다.

한편 단백질 영양은 양적인 것뿐만 아니라 질적인 면도 대단히 중요하다. 모든 단백질은 대체로 20개의 아미노산으로 구성되어 있으며, 이 가운데 우리 인체가 꼭 필요로 하는 필수아미노산은 메싸이오닌, 라이신, 트레오닌 등 8가지(어린이는 9가지)이다. 단백질의 양양학적 평가(단백가 등)는 바로 이들의 질적 구성에 의하여 결정된다.

가장 이상적인 필수아미노산 구성에서 제일 부족한 필수아미노산을 우리는 제한아미노산이라고 하는데, 콩 단백질에는 필수아미노산 중에서 라이신과 트레오닌이 풍부하게 함유되어 있으나 메싸이오닌(제한아미노산)이 부족하다. 하지만 쌀 등의 곡류는 메싸이오닌은 많으나 상대적으로 라이신과 트레오닌(제한아미노산)이 부족하다. 그러므로 콩과 쌀 단백질은 필수아미노산 구성이 좋은 우유나 고기 단백질보다는 질적으로 떨어지며 단백가도 낮다.

그러나 다행히 우리는 콩과 함께 항상 쌀을 많이 먹고 있다. 따라서 두 가지 종류, 즉 쌀 단백질과 콩 단백질의 조합이 이루어지면 필수아미노산 구성이 더 높은 수준으로 향상될 수 있다. 그림 2-4와 같이 콩에서 보다 많은 라이신과 트

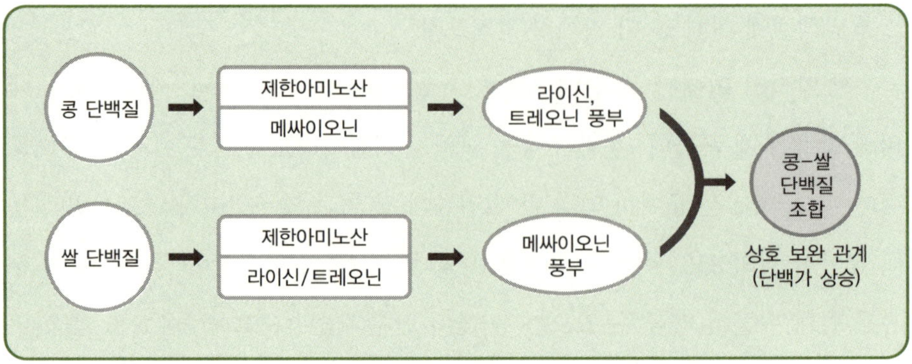

■ 그림 2-4 · 쌀과 콩 단백질의 제한아미노산과 상호 보완 관계 ■

레오닌을, 쌀에서 보다 많은 메싸이오닌을 함께 섭취하면 좋다. 그리고 서로 부족한 것을 보완하면 단백가도 높아진다. 이와 같이 콩 단백질과 쌀 단백질의 필수아미노산들은 영양학적인 면에서 서로 보완 관계에 있다.

그러므로 우리가 즐겨 섭취하는 밥과 콩으로 구성된 식단은 필수아미노산 구성이 비교적 균형을 이루고 있는 셈이다. 더욱이 콩 단백질은 동물성 식품에서 염려되는 포화지방산 및 콜레스테롤을 동반하지 않는다는 점에서도 대단히 유리하다. 다행스럽고 행복한 일이 아닐 수 없다.

한편 콩의 지방질 함량은 약 20%나 된다. 대부분이 중성지방질이며 인지방질도 소량 들어 있다. 인지방질 중 레시틴은 세포막 성분의 하나이다. 그리고 지방질을 구성하는 지방산은 거의 대부분(85% 이상)이 리놀레산 등의 불포화지방산이다. 동물성 지방질에 많은 콜레스테롤은 콩 지방질에는 거의 없으며 포화지방산도 적은 편이다. 영양학적으로 콩 지방질을 섭취하도록 권장하는 이유도 여기에 있다.

콩의 탄수화물은 26% 내외이다. 콩에는 전분이나 설탕은 거의 없다. 탄수화물의 상당 부분은 올리고당 등 수용성 탄수화물이며 불용성 탄수화물에는 섬유소와 반섬유소 그리고 펙틴이 있다.

불용성 탄수화물은 최근 크게 각광을 받고 있는 식이섬유소로, 다이어트 및 쾌변을 돕는 물질들이다. 또한 미네랄 성분으로는 칼슘, 포타슘, 인 등이 있으며, 비타민 성분으로는 물에 잘 녹는 수용성의 B1, 나이아신, 판토텐산 등이 있다. 그리고 지방질에 녹는 지용성 A(베타카로틴 형태로 존재)와 E(토코페롤 성분)가 많이 함유되어 있다. 이와 같은 비타민은 일반 곡류에는 함유량이 적은 것들이다.

흥미로운 것은 콩이 발아하여 콩나물이 되면 수용성 비타민이 증가한다. 콩에는 원래는 비타민 C(아스코르브산)가 없지만 발아하는 동안에 올리고당으로부터 생성되어 100g 당 8~12 mg나 된다.

따라서 콩나물은 비타민 C의 좋은 급원이라고 할 수 있다. 비타민 C 성분인 아스코르브산은 비타민으로서의 역할 외에 항산화 작용이 있어서 여러 가지 건강기능성도 함께 지니고 있다.

결론적으로 콩은 단백질 등 여러 가지 영양 성분으로 가득 채워진 소중한 식품이다. 그리고 우리가 주곡으로 식용하고 있는 쌀과 부식으로 먹는 콩을 함께 섭취할 때 보다 바람직한 영양 균형을 이루면서 영양가도 크게 향상시킬 수 있는 장점이 있다.

질병 예방과 치료에 도움을 주는
콩의 탁월한 건강기능성

■

오늘날 유럽이나 미국 등에서 심각한 질환으로 꼽히는 성인병이 이제는 우리나라에서도 크게 문제가 되고 있다. 여러 가지 원인이 있는데, 그 중에서도 열량의 과다 섭취와 동물성 식품의 과잉 섭취가 주요 원인으로 꼽히고 있다. 또한 인스턴트 식품의 대량 섭취도 주요 원인 중의 하나이다.

콩은 각종 영양 성분이 풍부하게 들어 있지만 귀중한 건강기능성 성분들도 다양하게 함유하고 있다. 대표적인 것으로 이소플라본, 사포닌, 피틴산, 콩 단백질, 트립신 저해물질, 피니톨 등이 있다. 이들 성분들은 질병 예방과 치유에 유익한 것들로, 특히 현대인의 만성적 질환인 성인병에 특별한 효능이 있다. 이러한 이유로 미국식품의약국이나 미국 국립암센터에서는 콩을 꾸준히 먹을 것을 권장하고 있다.

앞에서 소개한 몇 가지 건강기능성 성분 중에 특히 이소플라본이 중요한데, 최근에 밝혀진 것에 의하면 이 성분은 여러 가지 탁월한 건강기능성을 지니고 있다. 콩 속의 이소플라본 함량은 품종과 재배 조건에 따라 차이가 있지만, 약 0.2~0.3%로 조리나 가공 중에도 크게 손실되거나 파괴되지 않는다.

이소플라본 성분 중에는 화학 구조에 따라 제니스테인, 다이드제인, 글리스테인 등의 몇 가지 종류가 있다. 흥미 있는 사실은 이 성분이 호르몬 의존성 질병에 관여하는 에스트로겐과 대단히 유사한 화학 구조를 가지고 있다는 점이다. 이 때문에 유방암이나 골다공증 등의 치료에 에스트로겐의 대체 물질로 사

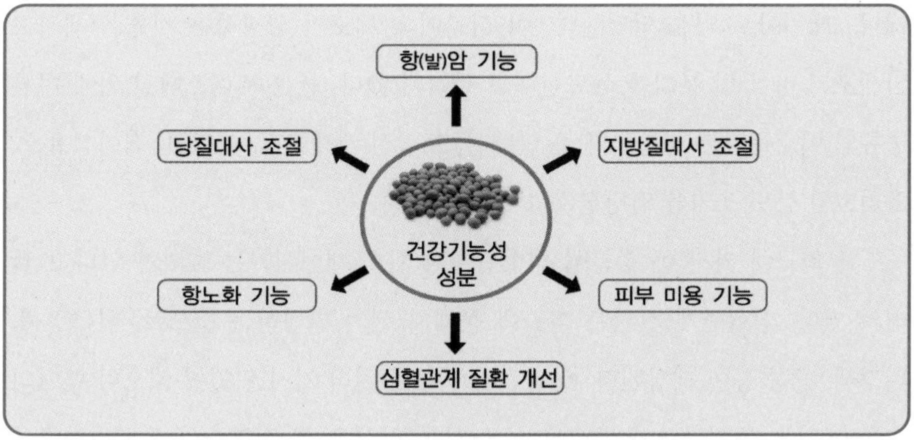

■ 그림 2-5 · **콩의 중요한 건강기능성** ■

용되고 있다. 콩의 이소플라본을 식물성 에스트로겐이라고 하는 것도 이 때문이다. 그리고 이 성분은 당이나 지방질의 대사를 활성화하는 작용이 있으며, 비교적 강한 항산화성도 지니고 있는 만능의 건강기능성 성분이다.

콩의 건강기능성에 대해서는 최근에 수없이 많은 논문이 발표되고 있다. 그리고 실제로 그 결과들이 일부 임상적으로 응용되고 있다. 그림 2-5에서와 같이 여러 가지 기능성이 있으나, 여기에서는 중요한 몇 가지만 간단히 살펴보자.

먼저 콩에는 암세포의 생성과 성장 억제 기능이 있다. 콩 속에 들어 있는 특정 성분이 암세포의 생성과 성장을 억제하는 탁월한 효능을 지니고 있는데, 특히 유방암이나 전립선암의 발병률을 현저히 낮추어 주는 것으로 알려져 있다. 암 발생 및 암의 성장 억제에 관여하는 성분은 여러 가지가 있지만 대표적인 항암 물질은 항산화성 등을 가진 이소플라본이다. 이소플라본 성분 중에서, 특히 제니스테인이 주역을 담당한다. 이 성분이 암세포가 성장하는 것을 억제하고 암세포의 자살 및 분화를 유도한다고 알려져 있다. 물론 제니스테인 외에 다른 종류의 이소플라본 성분이나 콩 단백질, 트립신 저해물질, 사포닌, 식이섬유소, 올리고당 등도 조역을 담당한다고 알려져 있다.

또한 최근에 와서 콩 성분이 심혈관계 질환을 개선시키는 효과가 있다고 알려져 있다. 심혈관계 질환은 혈관에 문제가 생겨 발병하는 것으로, 심근경색, 뇌경색, 중풍 등이 해당된다. 심혈관계 질환은 여러 가지 원인이 있으나 혈액의 흐름을 막는 동맥경화가 주범이다. 놀라운 사실은 콩 성분들이 동맥경화증을 개선하는 데 크게 관여한다는 것이다. 이에 관여하는 주요 성분은 콩 단백질과 이소플라본이라고 보고 있다.

콩 단백질은 혈액 중의 나쁜 콜레스테롤이라고 하는 LDL(저밀도 지단백) 콜레스테롤의 수치를 낮추어 주는 효과가 있다. 또한 이소플라본은 콜레스테롤의 생성을 억제하기도 하지만 나쁜 콜레스테롤의 산화를 막아 주기 때문에 상대적으로 심혈관계 질환 개선에 도움을 준다. 콩에는 이들 성분 외에도 심혈관계 질환을 억제하는 다른 성분들도 있다. 미국식품의약국도 "하루에 25g의 콩 단백질을 섭취하면 심혈관계 질환을 예방할 수 있다."는 문구를 콩 제품에 부착할 수 있도록 승인한 바 있다.

이 밖에도 당뇨병 환자의 인슐린 조절 기능이 있다. 오늘날 많은 사람들이 고생하고 있는 당뇨병에도 콩이 좋은 것으로 나타나고 있다. 당뇨병에는 인슐린 의존형과 인슐린 비의존형이 있는데, 당뇨병 환자의 대부분(약 90%)이 인슐린 비의존형으로 40대 이후 인슐린에 대한 저항성이 증가하면서 발병한다. 콩에는 인슐린 기능을 조절하는 피니톨이 함유되어 있다. 이 물질은 인슐린 신호 전달 체계에 영향을 주어 혈당을 낮추는 효과가 있다. 또한 인슐린에 대한 감수성 저하(인슐린 저항성)가 큰 원인일 경우에는 이소플라본의 기능이 크게 기대된다. 이 밖에도 콩 단백질과 식이섬유소 등이 혈당 조절에 기여한다고 알려져 있다.

이와 같이 콩은 항암 작용, 심혈관계 질환의 개선, 당뇨병 환자의 인슐린 기능 조절 외에도 갱년기 장애 개선, 노화 억제, 탈모 예방, 피부 미용 등의 효능이 있다. 그래서 서양에서는 콩을 '기적의 식품' 이라고 부르고 있다. 우리가 여러 가지 콩 음식을 매일 꾸준히 먹어야 하는 이유가 여기에 있다. 콩이야말로 건강을 위한 가장 경제적인 영양식품이자 기능성 식품이며 대표적인 웰빙 식품이다.

행복 코드 07

발효

— 일본에 전한 백제의 발효 식품, 지금은 슬로푸드 —

일본에서 신(神)이 된 백제의 발효 기술자 수수보리

■

한 지역의 문화는 마치 물이 높은 곳에서 낮은 곳으로 흐르듯 다른 지역으로 흘러 들어간다. 그리고 높은 수준의 문화 요소는 긴 세월을 두고 교류라는 과정을 거쳐 낮은 곳으로 전파된다. 삼국 시대에 한반도에서 일본으로 건너간 많은 문화들도 이에 해당한다. 음식문화도, 술 문화도, 슬로푸드를 만드는 발효 기술도 예외는 아니다.

일본 교토의 타나베쵸 지역에는 사가(佐牙) 신사가 있고, 그 가까운 곳에 사카야(酒屋) 신사가 있다. 사가 신사는 술 만드는 사람을 모신 신사이며, 사카야 신사는 술을 만든 장소를 성역화한 곳이다. 이 두 신사는 새로운 술 빚는 기술을 일본에 전한 백제 사람과 관련이 있다. 도대체 이들은 백제와 무슨 관계가 있는 것일까?

옛날의 문헌기록을 살펴보면 대단히 흥미로운 사실을 발견할 수 있다. 일본의 『코지키〔古事記〕』에 의하면 오진〔應神〕 천황 시대에 백제에서 수수보리(須須保理)라는 사람이 일본에 와서 새로운 술 빚는 기술을 가르치고 후에 일본의 주신(酒神)이 되었다는 것이다. 그리고 그때 오진 천황은 그가 빚은 술에 취하여 흥겨운 가운데 다음과 같은 노래를 불렀다고 한다.

> "수수보리가 빚어 준 술에 내가 취했네.
> 내 마음을 달래 주는 술, 미주(美酒)에 내가 취했네."

이 노래는 수수보리라는 사람이 빚은 아름다운 술을 마시고 취하였다는 내용이다. 설화와 같은 이 이야기는 아다치 이사무〔足立勇〕가 지은 『일본식품사日本飮食史』에서, 그리고 다른 학자들이 지은 일본 음식문화 서적들에서도 찾을 수 있다. 말하자면 양질의 술 빚는 기술이 백제 사람인 수수보리라는 발효 기술자에 의해서 일본으로 전해졌다는 내용이다. 주신이 되었다는 수수보리는 백제 사람으로, 일본으로 이주하였다고 알려져 있다. 그리고 그의 이름은 수수보리 외에 수수코리, 수수허리, 스스호리 등으로 불려졌다는 것이 일본 사가〔滋賀〕현립대학 인간문화학부의 정대성 교수의 주장이다. 수수보리는 술 만드는 기술뿐만 아니라 발효 식품 특히, 새로운 술과 채소절임식품도 일본에 전하였다고 한다.

■ 그림 2-6 · 일본의 목간(나라 시대)에 나타나 있는 수수보리의 이름 ■

수수보리가 전한 새로운 발효 기술과 발효 식품

■

천황이 그처럼 맛있는 술, 미주라고 칭송하였던 술을 빚는 기술은 과연 어떤 내용일까? 그 기술은 누룩을 사용해서 술을 빚는 발효 기술로, 지금의 일본식 양조법의 원조라고 할 수 있다. 물론 그 당시 일본에도 이 방법이 아닌 다른 술 빚는 기술이 있었고, 따라서 술이 있었다.

당시 일본의 술 빚는 기술은 아주 원시적인 방법이었다. 술이 진하지 않으며 맛도 좋지 않았다. 무엇보다 대량 생산이 어려웠다. 쿠치〔口齒〕카미 사케〔酒〕라고 하는 이 술은 찐쌀을 입안에 넣고 잘 씹어서 이것을 항아리에 모아 술을 만든 것이다. 입안의 소화 효소를 이용하여 전분을 당화시킨 다음 자연 발효 과정을 거쳐 당이 알코올로 변하게 하는 방법이었다. 정대성 교수는 '이와 같은 양조 방법은 타이나 동남아시아 지역에서 옛날에 있었던 방법' 이라고 증언하고 있다.

이렇게 술을 빚었던 일본에 누룩의 미생물 효소로 당화와 알코올 발효를 행하는 새로운 양조 기술이 전해졌던 것이다. 이 기술은 술 빚는 기간이 짧고 대량 생산이 가능하며 술의 향기가 좋고 알코올 농도도 높았다. 이 방법은 완전히 새로운 발효 기술이었던 것이다. 일본어로 술은 '사케' 라고 하는데, 이 말은 우리의 양조 발효 용어인 '삭다' 와 '삭아' 에서 왔을 것이라는 주장이 있다.

백제의 발효 기술이 일본에 전해진 것은 독특한 술과 술 빚는 기술뿐만 아니다. 채소절임기술을 일본에 전한 것도 백제 사람이다. 고대 삼국 시대의 문화, 특히 백제의 화려한 음식문화가 일본으로 건너가 그곳에 씨를 뿌리고 꽃을 피웠다. 일본의 사가 신사의 신이 백제 사람이거나 백제인과 관련이 있다는 것은 우리가 그들에게 가르친 발효 식품 문화의 한 부분이 얼마나 소중한 것이었는지 증명해 주고 있다. 시간을 두고 발효시켜 얻는 오묘한 발효 식품, 이것은 오늘날의 건강식품 측면에서 볼 때 전형적인 슬로푸드이기에 더 큰 의미가 있다.

발효로 완성되는 슬로푸드

■

요즈음 유럽이나 미국은 물론, 우리나라에서도 슬로푸드 바람이 불고 있다. 21세기는 웰빙 시대이니 어쩌면 당연한 일인지도 모른다. 즉석 햄버거나

라면과 같은 패스트푸드 대신에 슬로푸드를 먹기 위한 운동이 번지고 있는 것이다. '자연의 재료를 천천히 장시간 숙성시키고 또 조리해 먹자.' 라는 트렌드가 바로 슬로푸드 먹기 운동의 기본자세이다.

슬로푸드는 여러 가지 방식으로 만들어지지만, 가장 중요한 것은 긴 시간 천천히 발효시키는 방법이다. 발효가 지니고 있는 아주 특별하고도 오묘한 작용에 의해 자연의 재료로부터 소중한 슬로푸드가 만들어지게 된다. 김치나 된장, 그리고 요구르트나 포도주, 막걸리 등이 모두 발효에 의해서 얻어진다. 특히 우리나라의 주요 전통식품은 거의 발효 식품이다. 앞에서 소개한 백제의 술 빚는 기술 역시 발효 작용이 기초가 된 것이다.

그러면 발효란 무엇일까? 발효는 유익한 미생물이나 효소가 관여하는 생체 반응이다. 특히 미생물이 분비하는 효소에 의해서 식품 재료에 함유되어 있는 당이나 다른 유기물질을 차례로 분해 또는 변화시켜 유익한 물질을 생산한다. 미생물은 이때 얻어지는 에너지를 그들의 생명 활동에 이용하고, 생산된 물질은 발효된 식품으로 인간에게 제공된다.

이와 같이 발효는 유익한 미생물을 이용하는 것이며, 그들의 활동에 의하여 진행된 거대한 반응 체계이다. 또한 발효는 식품을 가공하거나 저장하기 위한 아주 중요한 수단이 되고 있다. 전통적인 방법에는 식품 재료에 자연적으로 부착되어 있는 여러 가지 미생물을 이용하였으나 최근에는 바람직한 미생물만을 따로 분리한 후 순수 배양하여 이용한다.

이때 사용되는 미생물은 주로 곰팡이, 효모 그리고 세균들이다. 이들 중에 하나의 미생물이 관여하면 단용(單用) 발효 작용, 두 가지 이상의 미생물이 관여하면 병용(倂用) 발효 작용이라고 한다. 이러한 발효 작용은 여러 가지 조건, 즉 시간, 온도, 수소 이온 농도pH, 산소, 영양 성분, 염의 농도 등이 관련 미생물의 생육에 적당해야 하는데, 특히 시간이 많이 소요된다. 발효 과정 중, 또는 그 결과에 의해 유해한 미생물의 생육을 억제하여 식품의 저장성을 높이거나 새로운 물질을 생산하여 전혀 다른 특성의 새로운 식품이 만들어진다. 또한 재료 성분을 분해하거나 향미 물질도 생산하여 해당 식품의 품질을 크게 향상시키기도 한다.

발효는 식품 가공 저장 방법 중에서도 아주 오래된 전통적인 방법인 동시에 가장 현대적인 방법이기도 하다. 또한 삼국 시대 이전부터 시작하여 오늘날까지 이용되고 있는 가장 이상적이면서도 자연 친화적인 방법이다.

발효는 관여하는 미생물의 종류와 그들이 분비하는 효소의 작용에 따라 여러 가지가 있는데, 젖산이나 식초산 등을 생성하는 유기산 발효, 알코올을 만드는 알코올 발효, 된장과 간장을 숙성하게 하는 장류 발효 등이 있다. 그리고 발효

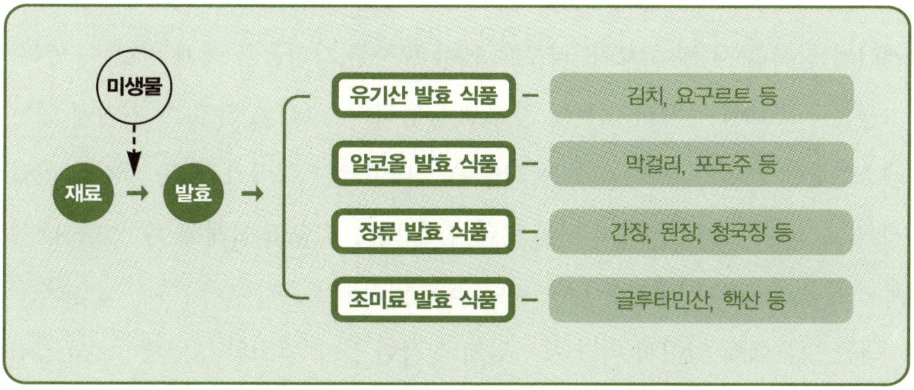

■ 그림 2-7 · 발효 작용에 의해 생산되는 여러 가지 발효 식품 ■

식품에는 유기산 발효 식품(김치, 식초, 사워크라우트, 요구르트 등), 알코올 발효 식품(막걸리, 포도주, 맥주 등), 장류 발효 식품(간장, 된장, 고추장, 청국장 등), 조미료 발효 식품(글루타민산, 핵산 등)이 있다.

발효는 천천히 그리고 장시간 숙성되면서 자연적으로 저장성을 높여 주고 맛과 향기를 내게 하며 영양학적으로 소화 흡수율을 향상시키는 새로운 특성의 식품을 만든다. 또한 매우 중요한 건강기능성 물질도 생산한다. 이와 같은 유익한 점 때문에 발효 식품은 전형적인 건강 슬로푸드로서 오늘날 크게 사랑받고 있다. 이제 우리는 발효 그리고 발효 식품에 보다 더 주목해야 할 때이다.

건강식품으로 거듭난 발효 식품

■

오늘날 미국 사회에서는 비만이 심각한 사회 문제가 되고 있다. 뉴욕 거리에 잠시만 서 있어 보라. 극도로 몸이 뚱뚱한 사람들을 쉽게 만날 수 있다. 그들은 스스로를 주체하지 못할 정도로 뚱뚱하다. 그리고 바로 그 거리에 있는 레스토랑에 들어가 보자. 그들은 커다란 스테이크나 햄버거, 또는 피자를 맛있게 먹고 있다. 마가린이나 버터를 빵과 함께 먹는 모습도 쉽게 볼 수 있다. 대체로 그들은 고기와 지방질을 너무 많이 먹고 있다.

최근 그들에게 있어서 비만 못지않게 심각한 문제는 소위 성인병(고혈압, 심근경색, 동맥경화, 당뇨 등)이다. 비만과 성인병은 잘못된 식생활에서 오는 대표적인 식원병(食源病)이다. 즉 잘못된 식생활 습관에 연유한다. 고기와 지방질로 만든 패스트푸드 그리고 인스턴트식품을 너무 즐겨 먹기 때문이다. 미국영양학회에서는 지난 1992년부터 고기나 버터를 적게 먹을 것을 호소하지만 쉽게 식성이 바뀌지 않는다.

이제 우리나라와 일본도 예외는 아니다. 그동안 서양에서 밀물처럼 들어온 육식과 기름진 음식 그리고 인스턴트 식품을 너무 많이 먹게 됨에 따라 우리의 식생활이 어느새 서구화되고 있는 것이다. 이 때문에 최근 들어 우리나라 역시 비만과 성인병이 큰 문제가 되고 있다. 특히 청소년 비만과 여성 비만이 늘어가고, 겉으로는 멀쩡하지만 속으로는 성인병으로 고생하고 있는 사람이 많아지고 있다.

이러한 사실에 대하여 우리나라와 일본의 영양학자들이나 의사들은 우려를 표방하고 있다. 『의식동원(醫食同源)』이란 책을 쓴 일본의 아라이 히로히사[新居裕久]는 '일본은 성인병 대국'이라고 우려하였다.

앞에서 소개하였지만 건강을 위한 금쪽같은 말을 여기서 다시 한 번 소개한다.

"음식의 적절한 선택과 섭취가 나의 아름다운 외형미를 만든다."

필자의 『김치 미인』

"내가 먹은 것이 나의 건강을 만든다."

도나 텔러 저, 『토털 건강 혁명』

발효 식품,
슬로푸드이자 건강식품

우리는 전통적인 식생활을 효과적으로 영위해야 할 필요가 있다. 특히 슬로푸드이자 건강식품인 발효 식품을 즐기면서 더 많이 먹어야 한다는 것은 너무도 당연한 일이다. 김치, 된장, 요구르트, 청국장, 고추장 등의 발효 식품은 세계가 공인한 건강식품이다. 특히 김치와 콩 식품(일본의 된장인 미소와 청국장인 낫도) 그리고 요구르트는 세계 5대 건강식품에 속한다.

미국의 저명한 건강전문지 「Health」의 2006년도 3호에는 '세계적으로 건강에 크게 기여한 식품 다섯 가지', 즉 '세계 5대 건강식품'을 특집으로 실었다. 선정위원들이 택한 세계 5대 건강식품에는 스페인의 올리브(올리브 오일), 일본의 콩 식품(발효된 미소와 낫도, 두부), 그리스의 요구르트(우유발효 식품), 한국의 김치(채소발효 식품) 그리고 인도의 렌즈콩이 뽑혔다. 이 다섯 가지 세계 최고의 건강식품 중에 발효 식품 세 가지가 들어 있다.

김치는 우리나라의 전통 채소 발효 식품이다. 배추와 무 등을 마늘이나 고추와 같은 여러 가지 양념으로 버무린 다음 발효시킨 것이다. 유산균에 의한 유기산 발효가 주된 발효 작용이다. 김치는 우리 식탁에 하루도 빠짐없이 오르는 발효 식품으로 건강식품 중의 건강식품이라고 감히 말할 수 있다. 이 책의 '행복코드 17: 김치' 편에는 김치에 대한 자세한 내용이 나와 있다.

콩 식품 특히, 일본의 미소와 낫도는 우리나라의 된장과 청국장에 해당된다. 오랜 역사를 지닌 우리 전통식품의 하나이다. 일본은 이 음식을 먼저 현대화하여 자기의 전통식품이라고 세계에 알렸다. 그러나 콩은 우리 옛 고구려와 부여 등의 영토가 원산지이고 콩 발효 식품은 고구려 시대 때부터 널리 먹어 왔던 건강식품이다. 자랑스러운 발효 식품이며, 우리나라와 일본에서 특히 많이 먹고 있는 건강식품인 것이다. 이에 대해서는 '행복 코드 19: 장' 편에 잘 나와 있다.

한편 그리스의 요구르트는 우유 발효 식품으로 유럽 사람들이 많이 먹어 왔던 음식이다. 김치와 같이 유산균에 의한 유기산 발효 작용에 의한 것으로 크림과 같은 점질의 성질을 지니고 있다. 이미 장수 식품으로도 잘 알려져 있으며, 우리나라에서도 쉽게 먹을 수 있다. 이 식품은 장 내에서의 정장 작용 그리고 면역 증강 작용이 잘 알려져 있으며, 단백질을 비롯하여 다양한 영양 성분을 함유하고 있다.

이들 건강식품들은 모두 비만 예방 치료 효과, 항(발)암 작용, 항노화와 항산화 작용, 동맥경화 예방 기능, 면역력 증강 효과 등의 건강기능성을 함께 갖고

■ 그림 2-8 · 세계 5대 건강식품에 속하는 세 가지 발효 식품들 ■

있다. 그 기능은 주로 발효 작용에 의해 생성 또는 강화된 것이다. 발효 식품에는 포도주나 막걸리, 고추장 등도 있다. 그리고 이 책 여러 곳에서 우리 전통 발효 식품들의 영양과 건강기능성에 대하여 자세히 살펴볼 것이다.

이제 21세기는 복지사회이자 건강장수를 기약하는 사회라고 할 수 있다. 우리의 건강을 위해 비만과 성인병의 예방과 치료는 대단히 중요한 일이며, 이것이야 말로 행복의 알파요 오메가라고 할 수 있다. 따라서 이에 바탕이 되는 발효 식품에 대해 관심을 가지고, 가능한 이를 즐겨 먹어야 할 것이다.

행복 코드 08

소박한 식사

— 육식에 대한 신라인의 지혜와 소박한 식사 —

삼국 시대의 육식 식생활에 바람이 불다

■

삼국 시대 사람들은 유목민의 후예답게 사냥과 가축 사육을 중히 여기고, 고기 다루는 솜씨도 좋았다. 고기 음식, 특히 맥적(貊炙)과 같은 맛있는 불고기 요리도 즐겼는데, 육류는 부족국가 시대와 같이 목축과 사냥을 통해서 주로 얻었다. 고구려 무용총 고분 벽화의 '수렵도'에서처럼 사냥은 흔한 일이었다.

고문헌에 의하면 신라에서는 방목장까지 있었고, 고기를 다루는 육전이 있었다. 백제에서도 소, 돼지, 닭 등이 사육되었다. 그리고 안악 3호분의 고분 벽화에 외양간과 마구간 그림이 있는 것으로 보아 고구려에서도 가축 사육이 성행

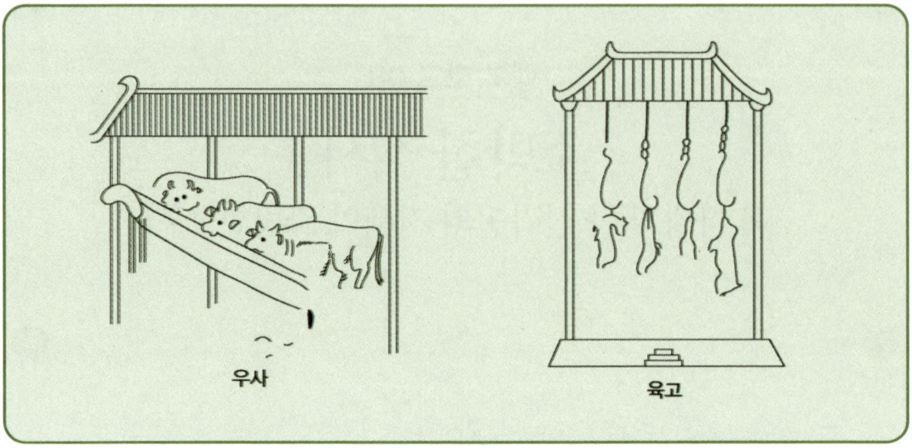

■ 그림 2-9 · 고구려 안악 3호분 고분 벽화의 우사(牛舍) 및 육고(肉庫) 그림 ■

하고 있었다는 것을 알 수 있다. 서민들은 주로 사냥에 의해서 육류 식품을 먹었으며, 가축 사육이 일반화됨에 따라 상류사회에서는 주로 가축에서 얻어진 다양한 식육을 이용하였던 것이다.

이러한 삼국 시대에 새로운 종교의 바람이 불어왔다. 한반도에 불교가 전래된 것이다. 불교라는 새롭고도 강한 바람은 삼국 시대의 식생활에 큰 영향을 미쳤다. 이에 대하여 좀 더 알아보자.

삼국 시대의 세 나라가 차례로 불교를 받아들였는데, 고구려는 소수림왕 때, 백제는 침류왕 때 각각 불교가 들어왔다. 신라의 경우 처음에는 배척하는 듯하였으나 이차돈의 이적(異蹟)에 따라 법흥왕 때 비로소 불교가 공인되었다.

처음에는 왕실과 상류사회 중심으로 불교를 믿기 시작하였으나 국가가 불교의 대중화를 선도함에 따라 불교는 국교에까지 이르게 되었다. 이후 불교는 삼국 시대의 사상과 문화의 바탕이 되었다. 따라서 고구려, 백제, 신라는 불교라는 공통의 사상적 체계를 지니게 되었으며 긴 역사를 통해 불교와 관련된 문화가 크게 발달하는 계기를 만들었다.

불교는 의식주에서는 식생활에 매우 큰 영향을 주었다. 더욱이 북방 불교 권역에 속하는 삼국의 세 나라는 불교 경전의 가르침에 따라 육식의 이용을 금하였다. 원래 불교는 자비를 근본으로 하고 있으므로 생명이 있는 동물을 죽여 육식을 하지 않도록 하였던 것이다.

특히 육식계에 의거하여 신라의 법흥왕 16년(서기 529)에는 살생금지령이 내려졌고, 백제의 법왕도 살생을 금하고 사냥이나 가축 사육 도구, 고기잡이 기구를 모조리 불태워 버리게 하였다. 드디어 고기나 생선이 거의 없는 식생활 문화, 즉 소식(素食) 문화가 시작되었다. 새로운 문화는 세 나라 국민들의 식생활 속으로 강하게 스며들었다.

신라인의 지혜,
소식(素食)에서 소박한 식사로

■

불교가 우리 식생활에 미친 영향은 육식뿐만은 아니었다. 당시 삼국의 식생활은 불교 문화의 영역 속으로 빠르게 변하여, 결국 곡류 음식과 채소 음식을 기본으로 하여 식사를 하고, 여러 가지 떡과 과자류와 차를 즐기는 소식(素食) 풍습이 탄생하게 되었다. 채소 중에서도 상추, 무, 미나리, 오이 등이 주요 부식 재료로 이용되었다. 상추는 쌈으로 즐겨 먹었고, 무와 오이는 나물로 먹거나 소금에 절인 장아찌와 동치미 형태로 먹었다. 조미료로는 소금 외에 천초(川椒)와 생강 등이 이용되었다.

또한 여러 가지 곡류로 만든 떡이 애용되었다. 지금의 시루떡, 인절미, 절편, 증편, 전병과 같은 다양한 떡들을 일상적으로 즐겼으며 제사나 의례에도 이를 이용하였다. 사람들이 많이 모이는 행사의 잔치음식에도 떡이 나왔다. 그 외 곡물 음식으로 미숫가루와 단술이 있었다.

당시 상류사회에서는 맛이 화려한 유밀과와 강정을 만들어 다과상에 올려놓았다. 이들은 차와 함께 먹는 일종의 특별 음식이었다. 또한 일부 상류층의 가정과 사원에서는 차를 마시는 풍습이 성행하였다. 이러한 문화는 주로 상류사회 계층을 기반으로 유행하였다. 삼국 시대 중기 이후에 와서는 소식 문화가 주된 식생활로 사회 전반에 걸쳐 널리 자리 잡게 되었다.

한편 신라는 세월의 흐름에 따라 차츰 순수한 소식 문화에서 벗어나고 있었다. 신라의 조정과 백성들이 숭배하는 원광법사는 범국민적 계율인 '세속오계'를 제시하였고, 다섯 가지 계율 중 마지막 계율을 '살생유택(殺生有擇)'으로 하였는데, 이 계율은 '산 것을 죽일 때는 반드시 가려서 할 것이다.'라는 가르침이었다.

원래 불교의 가르침은 살생엄금이었는데, 당시 신라는 불교의 계율을 전적으로 수용하지 않았다. 살생을 하되 가려서 하라는 것이었다. 원광법사는 구체적으로 살생유택의 날짜를 지정하였으며, 정해진 날에는 가축을 죽이지 말라고 권고하였다.

이와 같이 신라의 육식 금지는 결코 절대적인 것이 아니었다. 불교의 가르침에 대해 신라는 합리적인 살생유택의 정책을 선택하였던 것이다. 불교의 정신을 이어가면서 적절하게 축산과 사냥을 권장하고 가능한 도살을 규제하는 최적의 방법을 택하였던 것이다. 이로써 국민의 식생활도 식물성 식품을 기본으로 하는 '소식'에서 벗어났는데, 생선과 고기 반찬을 적절히 곁들인 '소박한 식사'를 즐기면서 건강도 지켰던 것이다.

식생활 문화는 오랜 시일을 두고 서서히 변화하게 마련이다. 소식 위주의 삼국 시대 식생활 역시 큰 변화를 겪게 된다. 육식의 풍습은 고려 시대 말기에 이르러 다시 복원되었고, 조선 시대에 와서는 불교를 멀리 하고 유교를 국교로 삼았으니, 차를 마시고 고기를 먹지 않는 소식의 음식문화는 차츰 쇠약의 길을 걸을 수밖에 없었다. 그리고 조선 시대 후기에 이르러 조리 방법이 크게 발달하면서 비로소 오늘날과 같은 한식 문화가 완성되었다.

소식(素食)은 장수식인가
세계 장수촌 사람들의 식생활

■

소식은 우리나라뿐만 아니라 동서양 일부 사람들을 중심으로 지속적으로 행해지고 있다. 고기나 생선을 먹지 않는 채식주의자들이 이 부류에 속한다. 자신의 건강이나 웰빙을 특별하게 추구하는 사람들도 소식주의를 몸소 실천하고 있다.

유명한 자연주의자이며 채식주의자이기도 하였던 헬렌 니어링은 채소, 과실, 씨앗 그리고 견과를 먹고 사는 것이 가장 이성적이고 지각 있는 사람이 사는 방식이라고 믿고, 이를 실천하였다. 그녀는 "채식이야말로 간단하고 가장 타당성 있는 식이요법이다. 인간에게 있어서 육식은 전혀 불필요하고 비합리적이며 건강한 식사법이 아니다."라고 주장하였다.

제레미 리프킨도 자신의 저서 『육식의 종말』에서 인류는 육식문화를 초월해야 하고 인간의 음식에서 육식요리를 제외시켜야 한다고 주장하였다. 그렇게 하는 것만이 인간이 지구 위의 다른 생명체들과 유대감을 다질 수 있으며, 새로운 인류 의식을 향한 중요한 계기가 될 것이라고 하였다.

이제 다음 이야기로 넘어가 보자.

세계적으로 널리 알려진 장수촌은 동서양 여러 곳에 있다. 일반적으로 장수촌이라면 인구 10만 명당 100세를 넘긴 노인들의 인구가 20명 이상 되는 곳을 말한다. 때로는 장수도(長壽度, 85세 이상의 인구/65세 이상의 인구) 6.0% 이상을 기준으로 삼기도 한다. 지금은 달라졌지만, 한동안 장수촌으로 세계에 널리 알려진 훈자Hunza 지방 사람들의 식생활을 한 번 살펴보자.

훈자 지방은 파키스탄의 북동부 카라코룸 산맥의 넓은 계곡 지역에 위치하고 있다. 이 지역 사람들의 조상은 약 2천 년 전 알렉산더 대왕의 동방정벌 때 따라온 병사들이다. 그들은 페르시아 여자들을 약탈하다시피 아내로 맞이한 후 훈자 지방의 깊은 산 속으로 도피하여 살면서 정착하였고, 고산 지대에서 주로 밭농사에 의존하며 살고 있다.

이곳 장수자들의 주요 식생활과 생활환경에 대하여 인도, 미국, 영국 등의 연구팀들이 개별적으로 조사를 하였는데, 모리시타 게이이치의 저서 『세계의 장수식』(1993)에 의하면, 조사 결과 훈자 지방 사람들의 기본식사는 통밀가루로 구운 빵(차파티의 일종), 채소 그리고 과실로 구성된 채식이었다고 한다. 총 섭취 에너지(열량)는 1,200 Kcal에 지나지 않았고, 당분을 별도로 섭취하는 경우도 발견되지 않았다. 이러한 식사는 에너지가 절감된 절식(節食)이자 식물성 식품 중심인 소식(素食)의 식생활이었다. 그리고 식품 재료 대부분이 그 지역에서 생산된 것을 이용하였다. 결과적으로 열량이 낮은 채식, 오염되지 않은 자연환경, 그리고 농사 등 육체노동 등이 장수의 기본 조건이었던 것이다.

조사 당시에 훈자 지방 장수자의 나이가 다소 과장되었다는 사실도 일부 있었지만 더 심각한 것은 최근에 이르러 이 오지에도 도시문화가 빠르게 침투되고 있다는 사실이다. 따라서 그들의 식생활, 생활문화, 자연환경이 모두 훼손되어 장수촌의 진실도 이젠 옛날이야기로 전락할 위기에 놓여 있다고 한다.

이제 세계적인 장수촌, 오키나와 사람들의 식생활도 알아보자. 오키나와 섬은 최근에 와서 널리 알려진 전통장수촌으로, 섬 중심 지역보다 변두리 지역에 장수자가 더 많다. 인구 10만 명당 100세 이상의 인구를 기준으로 할 때 20명 범위이므로 장수 지역인 셈이다. 한때 오키나와 장수자의 통계도 다소 과장되었다는 조사 결과가 있었지만 장수 지역임에는 틀림이 없다. 미야기 시게지가 지은 『일본인의 장수 비결-오키나와 장수촌』(1996)에 제시된 그들의 식생활을 한 번 살펴보기로 한다.

이 지역에서는 두부와 돼지고기를 즐겨 먹으며, 녹황색 채소와 다시마 등 해초를 많이 먹는다. 주식은 구경(球莖) · 구근(球根)류의 감자, 고구마, 토란 등이다. 그리고 상대적으로 염분을 적게 먹으며 차를 많이 마신다.

오키나와 장수자들의 식품 섭취량에 있어서 가장 흥미 있는 것은 자신들이 직접 사육한 돼지고기를 즐겨 먹는다는 사실이다. 주민들은 매일 약 40g(1982년 통계) 내외를 먹는다고 한다. 비록 많은 양은 아니지만 돼지고기는 대표적인 동물성 식품이며, 포화지방산 및 콜레스테롤 섭취를 높일 수 있다.

오키나와 돼지고기 요리는 쇼-키탕, 아시티비치, 내장 장국탕 등이 있다. 미야기 시게지는 자신의 저서를 통해 '쇼-키탕과 아시티비치는 장시간 여러 가지 재료를 넣어 푹 끓인 것으로, 기름을 제거하고 젤라틴 질로 섭취하는 경우가 많으며 반드시 무와 다시마, 갈조류의 해초 등을 넣고 푹 끓인다.' 라고 밝히고 있다.

이와 같이 오키나와 사람들은 돼지고기를 2시간 정도 오랫동안 푹 삶고, 기름을 제거한 후 여러 가지 해조류를 넣어 끓여 먹는다. 가능한 지방질 섭취를 줄이면서 단백질 섭취를 위해 두부 외에 돼지고기를 적당량 먹는 지혜를 발휘하고 있는 것이다.

이곳 장수자들의 식사에서 발견할 수 있는 또 하나의 특징은 에너지(열량)를 절감한 절식(節食)을 한다는 것이다. 감자, 돼지고기, 채소, 해조류, 두부 등의 식단으로 꾸며진 저에너지 식단이다. 오키나와는 원래 육지에서 멀리 떨어진 섬으로 식량이 귀해 소박한 식사가 기본적인 식습관이었던 것이다. 실제로 현재 많은 장수자들이 어릴 때 제2차 세계 대전을 겪으며 전쟁으로 인한 식량 부족을 체험하였던 사람들이다. 따라서 그들에겐 소박한 식사의 식생활이 일상화되어 있다.

이제 지중해 연안의 장수 식단을 살펴볼 차례이다. 이를 백인경의 논문 「식품산업과 영양」(2011) 및 기타 논문들을 중심으로 간단히 정리해 보자. 최근 20여 년간 건강장수식단으로 알려진 지중해식 식단은 이탈리아 남부 지방, 크레타, 그리스 등 지중해 연안 일부 지역에 살고 있는 사람들의 전통적이면서도 독특한 식단이다. 이들의 영양학적 기능성이 과학적으로 규명됨에 따라 2010년에 유네스코UNESCO는 지중해식 식단을 이 지역의 무형문화유산으로 지정하였다.

미국 하버드 대학교의 월터 윌레트 교수가 조사 연구한 이 식단의 특징을 요약하면 다음과 같다.

> "지중해식 식단은 신선한 과일과 채소(비타민과 미네랄 그리고 식이섬유소 급원), 생선과 콩(단백질과 일부 지방질 급원), 올리브 오일(주된 지방질), 가금류 고기, 치즈와 요구르트, 포도주로 구성되어 있다. 특히 이 식단에서는 올리브 오일과 오메가 지방산 등이 강조되고 있다. 총 칼로리의 25~35%는 지방질, 포화지방질은 8% 미만으로 하고 있다. 포도주는 선택 사항이며 남성은 296ml 이하, 여성은 148ml 이하로 마시는 것이 바람직하다고 권장하고 있다."

네덜란드 마스트리흐트 대학교 연구팀은 이 지역의 해당 주민에 대한 장기간의 영양 및 역학 조사를 실시하였다. 1986년에 발표한 결과에 의하면, 이러한 전통적인 식단을 유지하며 살아가는 사람들의 수명이 일반 식단을 하는 사람들보다 훨씬 길며, 심혈관계 질환, 암, 파킨스병, 치매 등의 위험도 낮다고 하였다. 또한 이와 관련된 다른 논문에 의하면, 지중해식 식단이 모든 사망 원인에 의한 사망 위험을 23% 감소시키고, 심혈관계 질환으로 인한 사망 위험은 29%나 감소시킨다고 보고하였다.

이와 같은 일련의 식품영양학적 기능을 고려하여 하버드 대학과 세계보건기구는 '지중해식 식단 피라미드Mediterranean Diet Pyramid'를 제안하여 세계적으로 많은 화제가 되고 있다. 이를 간단히 설명하면, 피라미드의 제일 아래쪽에 있는

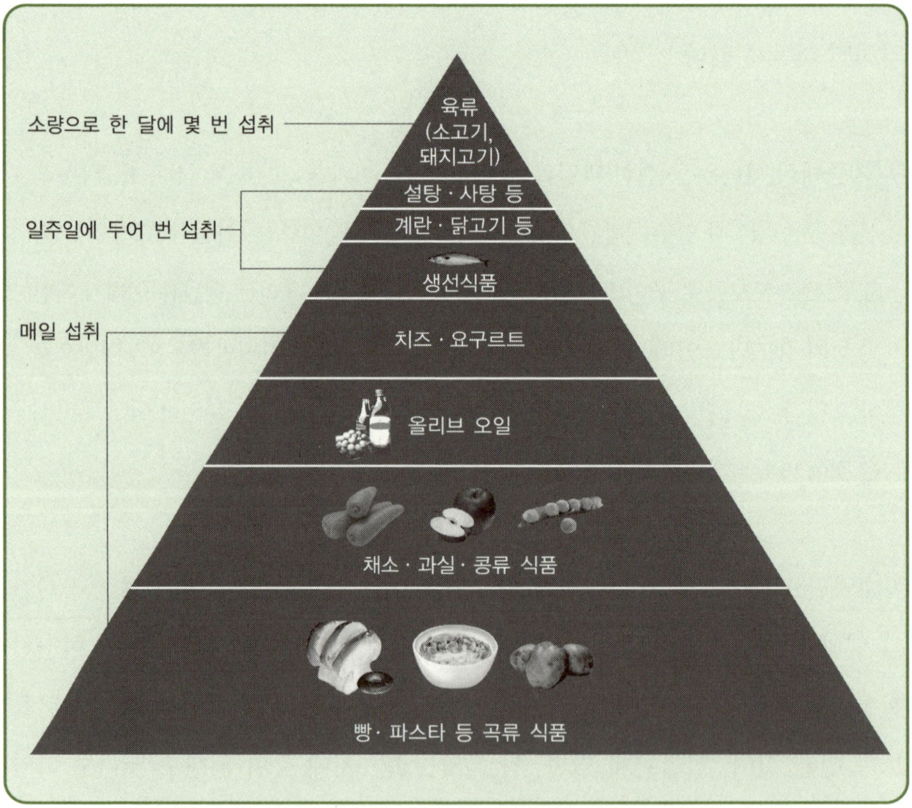

■ 그림 2-10 · 세계보건기구와 하버드 대학이 제안한 '지중해식 식단 피라미드' ■

통 곡물 가루음식(빵 등)은 매일 다량 섭취, 그 다음의 채소, 콩류, 과일도 매일 다량 섭취, 올리브 오일과 치즈는 매일 적당량(중간 정도의 양) 섭취, 생선과 계란 그리고 닭고기 등은 일주일에 2~3회 소량 섭취, 삼각형의 꼭지 부분의 육류 등은 아주 작은 양으로 한 달에 2~3회씩 먹도록 권장하고 있다.

우리가 지중해식 식단에 관심을 갖는 것은 지중해식 식단과 우리의 전통 한식이 서로 유사하다는 점 때문이다. 그러나 한식에 발효 식품이 더 많다는 점에서 우리 식단이 더 발전된 식사라고 주장하고 싶다. 대체로 다량의 곡물, 다량의 콩 식품(발효 식품 포함), 다량의 채소류(김치 포함) 및 과일류, 소량의 육류, 소량의 동물성 지방질 및 중간 정도의 식물성 지방질, 생선의 권장 그리고 육류의 제한 등에서 서로 유사한 점이 많다. 결국 지중해식 식단은 약간의 육류와 생선이 있는 우리의 소박한 식사와 비슷하다고 할 수 있다.

이제 우리나라의 사정을 한 번 돌아보자.

우리나라는 지난 2000년대에 65세 이상의 노인 인구 비율이 7.2%가 되면서 고령화 사회로 접어들었다. 이후 2005년에는 9.1%, 2009년에는 10.7%로 노인 인구 비율이 증가하였다. 특히 농촌에는 그 비율이 전국 평균보다 3배 이상 높았다(통계청, 2010). 따라서 우리나라 농촌에는 장수도(長壽度) 6.0% 이상 되는 지역, 즉 장수 지역이 여러 곳에 분산되어 있다.

이러한 상황을 고려하여 정혜경과 김미혜 연구팀이 수행한 전라남도 구례와 곡성의 장수 지역에 살고 있는 고령자들의 음식문화 특성에 대한 연구 결과가 있다. 최근 「한국식생활문화학회지」(2012)에 발표된 내용이 대단히 흥미롭다.

이들의 음식 특성은 바로 평범한 우리 전통 한식이었다. 잡곡밥 위주의 밥과 다양한 발효 식품(김치, 된장, 고추장, 젓갈 등)이었고, 수분을 매개로 조리한 국, 찜, 나물, 무침들이었다. 그리고 향신료를 풍부하게 사용하여 음식 맛이 깊고 풍성하였다. 다음에서 이 연구 결과의 일부를 소개한다.

> "장수 노인들은 매일 일정한 양의 세 끼 식사를 규칙적으로 하고 있었다.… 또한 대부분 균형을 이룬 식생활을 하고 있었으며, 특히 단백질의 급원은 일일 단위의 일상식에서는 콩과 된장 위주의 식생활이며, 주 단위의 특별 식에서는 생선찜과 구이로 그리고 월 단위의 행사 식에서는 육류로 단백질을 보충하는 것으로 나타났다."

이와 같은 식생활은 중간 정도 양의 생선(주 단위)과 작은 양의 육류(월 단위)가 있는 소박한 식사임을 알 수 있다. 그리고 단백질 등의 영양 공급 면에서나 기호적 측면에서 보면, 앞에서 살펴본 지중해식 식단 피라미드와 기본적으로 비

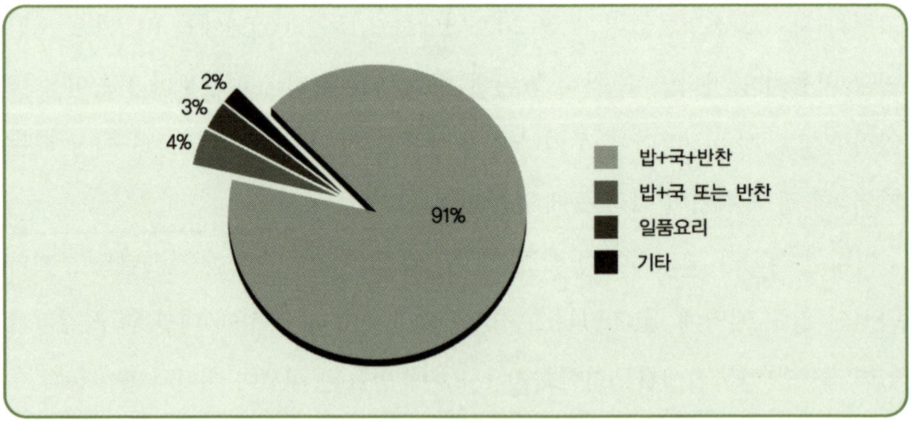

■ 그림 2-11 · 우리나라 백세인들의 식사 형태 ■

슷한 개념이라는 것을 알 수 있다. 지중해식 식단에서도 주 단위에서 두어 차례에 걸쳐 중간 정도의 생선 등을, 그리고 월 단위에서 두어 차례 적은 양의 육류를 먹도록 권고한 것이다.

한편 우리나라 장수인의 식사 특성을 조사 연구한 다른 논문(이미숙 등, 참고 문헌 참조)을 보면 백세인의 식사 형태가 우리의 관심을 끈다. 이 조사는 건강하게 장수한 우리나라 10개 군 지역의 백세인 71명을 각각 방문하여 건강 상태, 식품 섭취 실태, 식습관 및 식품 기호도 등을 조사한 내용이다. 이들 역시 전원(100%)이 규칙적인 식사를 하고 있었고, 대부분(92.1%)이 세 끼 식사를 하고 있었다. 이 결과 중에서 백세인들은 거의 대부분(91%)이 그림 2-11에서와 같이 '일품요리' 나 '밥+국' 또는 '밥+반찬' 의 형태보다는 '밥+국+반찬' (김치 포함)으로 구성된 형태를 선호하였다. 그리고 이 조사에서 나타난 백세인의 에너지(열량) 섭취량은 남자 1,718 Kcal, 여자 1,247 Kcal로서 보통 수준이었다.

'소식(素食)' 보다는 '소박한 식사' 에서 행복을 얻는다

■

우리는 식사를 할 때 단순히 배고픔과 영양소만을 위해 먹는다고 생각하지는 않는다. 맛과 멋 그리고 건강을 함께 생각하며 즐겁게 먹는데, 그런 점에서 우리는 소식(素食)과 소박한 식사에 대하여 좀 더 신중하게 생각해 볼 필요가 있다.

당연한 이야기이지만 동물성 식품이 포함된 과식은 몸에 좋지 않다. 오히려 먹는 양과 에너지(열량)를 절감한 절식이 건강을 위해 더 바람직하다. 그런 점에서 소식과 소박한 식사는 음식문화의 행복을 위한 요소 중에서 중요한 요소라고 할 수 있다.

우리가 식물성 위주의 소식을 하는 것은 비록 완전하지는 않지만 바람직한 식생활이라고 할 수 있다. 동물성 위주의 서구식 식문화가 갖는 건강상의 문제점을 많이 보았기 때문이다. 하지만 지속적인 소식이나 적은 양의 음식으로 절감된 에너지(열량)를 권하는 절식(節食)은 모두 영양부족, 건강기능성 부족 그리고 면역 기능 저하를 초래할 가능성이 있다.

소박한 식사를 즐겨 먹는 것이 보다 더 바람직한 방법인데, 여기서 말하는 소박한 식사에 대해 특별하게 규정된 것은 없다. 쉽게 말하면 소식에 비해 상대적으로 생선과 고기를 적당량 곁들여 먹는 식사라고 할 수 있다. 이 내용을 다시 간단히 정리해 보자.

고기와 생선이 없는 식물성 식품(곡류, 콩류, 채소, 과실 등) 위주의 소식을 먹는 것도 좋은 식사 방법이다. 하지만 고기와 생선이 적당한 수준으로 곁들인 '소박한 식사'를 준비하여 즐겨 먹는 것이 더 좋은 방법이다.

실제로 보통 사람들이 소식의 식사를 매일 매끼 실천하는 것은 마치 수련을 하는 신앙인처럼 어려운 일이다. 또한 소식만으로 모든 영양소나 건강기능성 성분을 골고루 섭취하는 것도 결코 쉽지 않다.

우리는 반드시 하루 세 끼 식사를 규칙적으로 즐겁게 해야 한다. 보통 사람의 경우 하루 세 끼 식사 가운데 두 끼는 식물성 식품 위주로, 그리고 남은 한 끼는 적절한 양의 생선 또는 육류가 포함된 식사, 즉 소박한 식사로 하는 것이 바람직한 식생활이라고 할 수 있다. 또한 개인의 식습관이나 노동량에 따라서 적절히 조정할 수도 있다.

소식과 소박한 식사는 오래된 우리의 전통적인 식생활이다. 그러나 우리 몸에 알맞은 맞춤형 음식 구성을 위해 소식보다는 소박한 식사가 한국인을 위한 가장 이상적인 식사문화라고 할 수 있다. 이러한 식사를 하되 가능한 두 사람 이상의 가족 또는 여럿이 함께 즐거운 마음으로 식사를 하는 것이 좋다. 그 자체가 맛을 이야기하며 먹을 수 있고, 멋이 있어 즐거우며, 스트레스가 해소되기 때문이다. 이렇게 식사를 할 경우 먹은 음식은 자연스럽게 소화 흡수되고 건강에 기여하게 될 것이다.

우리가 한국인이기 때문에 이러한 식사를 고집하는 것은 아니다. 이러한 식단이 세계적인 웰빙 식단이며 건강 장수 식단이기 때문이다. 즉 맛과 멋 그리고 건강을 얻고, 먹는 즐거움을 만끽할 수 있기 때문이다. 따라서 생선이나 고기가 없는 소식보다는 그들을 약간 곁들인 소박한 식사가 보통 사람들을 위한 가장 행복한 밥상이라고 할 수 있다.

3

고려 시대의
우리 음식문화에서
찾는 행복

행복한 우리 음식문화

행복 코드 09

차(茶)

— 고려 시대의 음다(飮茶) 풍습과 차 한 잔의 여유 —

이 땅에 차의 향기가 은은하게 퍼지다

■

우리나라 사람들은 언제부터 차를 즐겨 마셨을까? 몇 가지 자료를 중심으로 간단히 살펴보자.

차가 우리나라에 전래된 것은 신라 27대 선덕여왕 때라고 한다. 그러나 불교와 함께 차가 들어왔다면 이 보다 훨씬 앞서 들어왔을 것이라고 보고 있다. 차나무를 심어 재배하기 시작한 것은 신라 42대 흥덕왕 3년(828년)이라고 하는데, 당나라에 사신으로 갔던 김대렴(金大廉)이 당에서 차 종자를 들여와 심은 것이 시초이다. 이후 사찰을 중심으로 차를 재배하여 이를 마시는 풍습, 즉 음다(飮

茶) 풍습이 왕실과 상류사회를 중심으로 확대되었다고 한다.

이러한 신라의 차 마시는 풍습은 사찰의 승려들에게는 수행 정진을 위해서 숭상되었고, 왕실과 상류 계층의 사람들이나 화랑도에게는 풍류나 정신수양을 위해서 장려되었다. 특히 신라의 화랑들은 경치가 좋은 곳에서 차를 마시는 풍류를 즐겼다고 한다. 앞의 '행복 코드 08: 소박한 식사' 편에서 이야기한 것처럼 불교의 융성과 더불어 삼국 시대 세 나라 모두 차를 끓여 마시는 풍습이 널리 성행하였다.

이러한 풍습은 고려 시대에 이르러 불교의 융성과 함께 음다의 풍습이 절정을 이루었다. 특히 고려 시대에는 불교가 국교였기 때문에 불교 의식에는 음다 절차가 필수적이었다. 또한 국가적인 의식 행사에서는 임금이 신하에게 차를 내리는 사다식(賜茶式)과 신하가 임금에 차를 올리는 헌다식(獻茶式)이 있었으며, 그 절차가 호사스러웠고 까다로웠다.

이러한 사실은 다양한 다기들이 세계적인 고려청자로 구성되었다는 사실로 미루어 짐작할 수 있다. 그리고 차를 관리하는 관청이 있었고, 사원에서는 다촌(茶村)을 두어 차 재배를 맡아보게 하였다. 이러한 고려의 풍습은 상류사회는 물론, 일반 서민에게까지도 널리 퍼진 듯하다. 고려의 대문장가인 이규보(李奎報)는 불교에 있어서 선(禪)을 중요시한 사람으로, 그 시대의 '다선일치(茶禪一致)의 경지를 개척하였다.

차의 종류도 뇌원차(腦原茶), 대차(大茶), 유차(孺茶) 등이 있었으며 중국에서 수입한 것들도 인기가 있었다. 이규보의 『동국이상국집』에는 지리산 자락의 화계 산중에서 자란 차로 만든 유차가 소개되어 있다. 송나라 사람 서긍(徐兢)이

고려에 머물면서 쓴 기행문인 『고려도경』에는 고려의 토산제품들이 품질이 좋지 않았다고 기록되어 있다.

또한 고려의 차 문화와 관련하여 다식과 이를 만드는 다식판이 발달하였는데, 다식은 떡의 형태를 가진 일정 모양의 차 덩어리인 단다(團茶)를 말하며, 다식판은 다식을 만드는 판을 말한다. 다식판은 찻잎가루를 모아 압착하여 일정한 크기와 모양의 떡처럼 고형의 단단한 차, 즉 단다를 만드는 데 쓰였다. 다식판의 한 면에는 꽃무늬 등의 문양이 있어서 다양한 무늬가 만들어진다. 다식판은 후에 쌀가루, 밀가루, 꿀 등을 반죽한 다음 한과류를 만들 때 더 다양하게 사용하게 되었다.

■ 그림 3-1 · 다식판의 여러 가지 무늬 ■

고려 시대의 상류사회에서는 차와 함께 유밀과, 강정과 같은 다과들이 상에 올랐다. 이러한 다과는 차를 마시면서 먹는 과자로, 당시에는 일종의 특별 음식이었다.

강정은 면견(麵繭)이라고도 하였는데, 떡을 누에고치처럼 만들어서 기름에 튀긴 것이었다. 유밀과는 지금의 약과와 같으며, 고려 시대에 이르러 사람들에게 특히 사랑을 받았다. 『한국식생활사』(1991)에는 "다과가 음다 풍습이 성행한 시기에 유행한 것은 차를 마시며 간편하게 먹을 수 있기 때문"이라고 기록되어 있다.

고려 시대까지 성행하였던 음다 풍습은 조선 시대에 들어와서 많이 쇠퇴하였다. 은은하게 이어지긴 하였지만 고려 시대와 비교하면 극히 미미하였다. 조선 시대에는 궁중의 제례나 연회에서, 사찰에서 그리고 일반인들의 제사나 혼사에서 일부 이용하였을 뿐이었다.

당시 음다 풍습이 쇠퇴한 것은 국가의 숭유배불 정책 때문만은 아니었다. 중국과 달리 우리나라에는 수질이 좋은 음료수가 모든 지역에 쉽게 공급되었는데, 이러한 사정도 쇠퇴의 요인이 되었다. 널리 숭늉을 즐겨 마셨고, 수정과와 식혜가 발달하였으며 음주의 성행 등 여러 가지 식생활 상황도 일부 작용한 것으로 알려지고 있다. 또한 차 재배도 부진하였다.

그러나 차의 향기는 이 땅에 계속 이어지고 있었다. 스님뿐만 아니라 일부 선비나 학자들이 차를 즐겨 마셨다. 조선 시대의 명승 서산대사는 "밝은 달과 흰 구름을 벗한 자리에 / 차 솥 물 끓는 소리 하염없이 들리네."라는 차의 향기와 정취가 물씬 풍기는 시를 남겼다. 이율곡도 "스님은 물을 길러 절로 가는데 /

숲 속에는 차 끓이는 연기 오르네."라고 하는 유명한 시를 남겼다.

조선 시대 후기에 차에 대하여 조예가 깊은 세 사람이 있었는데, 초의(草衣) 장의순, 다산(茶山) 정약용 그리고 추사(秋史) 김정희가 바로 그들이다. 초의 스님은 전라남도 해남 출신이며, 다산은 당진 도암, 추사는 제주도에 각각 귀양살이를 하고 있었다. 이 세 사람은 한때 함께 어울려 인생을 논하며 차를 즐겼다고 한다.

초의는 조선 시대 제일의 다인(茶人)으로, 다성(茶聖)으로 추앙받았던 정조 때의 승려이다. 그는 『동다송(東茶頌)』과 『다신전(茶神傳)』이란 유명한 책을 저술하기도 하였다. 또한 전라남도 해남군의 대흥사에 '일지암'이란 암자를 짓고 그곳에서 차를 재배하며 우리나라의 다도를 크게 일으켰다. 그의 암자 주위에는 사시장철 차의 향기가 은은하게 펴져 그 향기가 계곡의 맑은 물에까지 녹아 있었다고 한다.

다산은 도암에서 귀양살이를 하면서 대흥사의 아암(兒庵) 스님에게 차와 차 다리는 법을 배웠으며, 다산을 자기의 호(號)로 삼기도 하였다. 도암에는 야생차가 성하였기에 그는 초당에서 차를 끓이고 저술 작업을 하며 긴 세월을 보냈다. 추사 역시 대흥사의 초의 스님과 친교를 유지하였는데, 초의는 제주도의 추사에게 죽로차를 보내고, 추사는 답례로 서예작품을 보내기도 하였다고 한다. 초의, 다산, 추사 이 세 사람을 통해서 조선 시대의 차 마시는 음다 풍속이 계속 이어져 왔다고 해도 과언이 아니다.

음다,
멋이 있고 풍미가 있다

■

다음은 고려 말기의 충신 정몽주의 시 '석정전차(石鼎煎茶)'이다.

"나라의 은혜도 보답 못한 늙은 서생(書生)이
차 마시는 일 버릇되어 세상 물정 모르도다.
눈보라 치는 겨울, 고요한 집에 홀로 누웠으니
돌차 솥 물 끓는 소리, 정답게 들리는구나."

이 시에서는 차 한 잔의 여유와 그 분위기가 은근하게 느껴진다. 차를 끓이는 선비의 멋이 향기롭고 정겹다. 밖은 춥지만 방 안은 차 향기로 가득할 것이다. 그 매력 그리고 이를 즐기는 풍류가 눈에 선하다.

차를 마시는 일은 멋과 맛의 문화이다. 어쩌면 멋의 문화일지도 모른다. 그 멋에는 품격이 있으며, 격식 또한 까다롭다. 일상적인 격식이 아니라 그것을 뛰어 넘는 여유가 있다. 그래서 차를 마시는 일 자체는 여유에서 오는 아름다움이라고도 할 수 있을 것이다. 또한 차 한 잔에는 풍류의 멋이 있으며 고상하고 우아하다. 다도에서는 잘 우려 낸 차 한 잔에 담긴 마음과 이를 마시는 우리 마음과의 조화와 일치를 중요하게 생각한다.

최범술은 『한국의 다도(茶道)』(1973)에서 "… 차 생활을 … 단적으로 표현하면, 곧 '멋의 생활'이라고 할 수 있다. 차 생활의 목적은 무엇보다도 우리들 인간의 기호나 취미에 있고, 이는 바로 무한한 멋을 동경하고 추구하는 것"이라고 말하고 있다. 차 생활 그리고 차를 마시는 목적은 멋을 추구하는 일이라고 강조하고 있는 것이다.

시인 송수권도 차는 정신의 기운을 맑게 씻어 활력을 주는 데 그 참뜻이 있을 것이라고 하였다. 그리고 차는 선매나 선경을 타는 맛과 멋의 운치로서 즐기는 기호식품이라고 하였다. 최근 우리 주변에도 차를 즐기는 사람들이 많다. 아마도 이 시대의 다인(茶人)도 적지 않을 것이다. 꼭 다인이 아니더라도 진정으로 차를 사랑하는 보통 사람들도 많이 있다. 시인 김현승은 한때 광주 무등산에서 지내며 호를 다형(茶兄)이라고 짓고, 다음과 같은 '무등차'라는 시를 읊었다. 시인이 그 곳에 있었던 계절은 아마도 늦가을이었을 것이다.

"가을은 / 술보다 / 차 끓이기 좋은 시절
갈가마귀 울음에 / 산들 여위어 가고 씀바귀 마른 잎에 / 바람이 지나가는
남쪽 십일월의 긴긴 밤을 / 차 끓이며 / 끓이며 / 외로움도 향기인 양 마음에 젖는다."

얼마나 정겨운 시인가! 차 끓이기 좋은 가을날, 시인은 긴긴 밤을 차를 끓이며 외로운 마음을 달래고 있다.

한편 중국의 유명한 철학자 린위탕은 그가 쓴 『생활의 발견』에서 차 마시기 좋은 때와 분위기를 다음과 같이 소개하고 있다. "마음과 손이 다 같이 한가할 때, 시를 읽고 피곤할 때, 머리가 복잡할 때, 귀를 기울여 노래가 듣고 싶을 때, 한밤중에 이야기를 나눌 때, 멋있는 친구나 사랑하는 사람이 옆에 있을 때, … 하늘이

맑고 바람이 없을 때, 가벼운 소나기가 내릴 때, 여름 날 연꽃을 한 눈에 내다 볼 수 있는 누각에 있을 때, 아이들이 학교에 간 뒤 … 차를 마실 지어다."

도대체 차의 매력은 무엇일까? 잘 달여 낸 녹차는 색깔이 투명하면서도 엷은 녹색을 띄며, 오묘한 향기가 나고 독특한 맛이 있다. 가장 큰 매력은 바로 이것일 것이다. 최범술의 『한국의 다도(茶道)』에서는 '간이 알맞게 된 차'는 색과 향과 맛이 잘 어울려 있는 것으로 "그 빛깔이 녹색을 띄고 좋은 향기가 나며 들부드레한〔甘潤〕 맛이 난다."고 하였다. 아마도 그와 같은 특별한 향미 때문에 차를 마신다고 할 것이다.

실제로 차가 지닌 맛은 단순히 혀에서 느끼는 것만으로 이야기하기는 어렵다. 넓은 의미의 맛으로 설명해야 차의 진면목을 이해할 수 있다. 즉 색깔, 향기, 맛, 입안의 촉감 등을 종합한 풍미의 의미로 이야기하는 것이 더 좋을 것이다. 이러한 풍미는 차를 달일 때 용출되어 나온 여러 가지 성분들에 의해서 결정된다. 먼저 차의 색깔을 감상해 보자. 녹차를 달여 낸 차의 색깔은 순백을 나타낼 때 상품이라고 한다. 하지만 사실은 투명하고 은은하면서도 아주 엷은 초록을 나타낸다. 색깔의 주성분은 클로로필이나 카로티노이드 등의 색소 성분에서 유래한다. 그러나 홍차의 경우는 발효에 의하여 클로로필 등이 분해되고 다시 형성된 데아플라빈 등의 맑고 은근한 등적색이 주를 이루고 있다.

잘 달여 낸 차의 맛은 쓴맛, 떫은맛, 단맛, 신맛, 매운맛의 다섯 가지 맛이 조화를 이룬 것으로, 가히 표현하기 어려운 오묘한 맛이다. 여기에 중요한 또 다른 맛은 감칠맛이다. 이들이 서로 균형을 이룰 때 비로소 차의 오묘한 맛이 드러나게 된다. 즉 혀에 머물 때 느껴지는 맛, 목구멍으로 넘길 때의 느낌, 그리고 그 후에 입안에 남아 있는 맛이 결정되기 때문이다. 주된 쓴맛은 주로 카페인과 타닌, 떫은 맛은 타닌, 감칠맛은 각종 아미노산, 단맛은 포도당과 설탕 등의 당류에 의하여 각각 그 특성이 나타난다. 이들 외에도 정유 성분 등 다른 여러 가지 종류의 성분들이 조화를 이루고 있다.

한 잔의 차에서 느껴지는 향내에는 진향(眞香)이 있다고 한다. 진향은 방 안이 금방 좋은 차 향기로 가득하고 마음이 상쾌해지는 기묘한 향이다. 차 향기는 핵사놀, 알데하이드나 에스테르 등의 많은 휘발성 성분이 관여하고 홍차에는 이들 외에 발효에 의하여 생성된 2차 성분들이 있다. 홍차는 맛보다는 향기가 더 강조되고 있다.

한 잔의 차에 녹아 있는 여러 가지 성분들은 차의 종류, 제조 방법, 발효 방법, 생산지, 잎의 채취 시기, 사용한 물의 종류, 끓이는 방법에 따라 달라진다. 차에는 발효 정도에 따라 네 가지 종류가 있다. 녹차와 같이 발효를 하지 않은 불발효차, 홍차처럼 발효 과정을 거친 발효차, 그 중간의 반발효차 그리고 적절하게 전처리를 한 후 발효시킨 후발효차 등이다. 전처리, 발효의 시기와 방법

분류	발효 정도	종류
불발효차	발효되지 않은 차(덖거나 찐 것)	녹차
반발효차	어느 정도 발효시킨 차	백차, 포종차, 오룡차, 자스민차
발효차	거의 다 발효시킨 차	홍차
후발효차	전처리 후 발효시킨 차	황차, 흑차

■ 표 3-1 · 발효 정도에 따른 차의 종류 ■

등에 따라 색깔과 맛, 향기가 크게 달라진다.

발효 경과에 따라 효소에 의하여 타닌 등의 폴리페놀 물질들의 산화가 진행되어 떫은맛은 점점 감소하고 색깔은 서서히 데아플라빈 및 데아루비겐의 등적색 또는 적갈색으로 변한다. 그리고 향기도 녹차 잎에서 나는 독특함이 다소 사라지고 새로운 홍차의 향이 형성된다. 우리나라는 주로 발효하지 않은 불발효차인 녹차를 즐겨 이용한다.

일찍이 초의 선사는 『동다송(東茶頌)』에서 "우리나라의 차는 색깔과 향기가 좋다. 그리고 중국의 육안차는 맛으로, 몽정산차는 약효로 이름이 높다. 하지만 우리 차는 이 두 가지를 모두 겸비하였다."라고 우리 차를 칭찬하였다.

차를 사랑하고 즐겨 마신 사람이 어찌 초의 선사뿐이겠는가! 전통적으로 우리는 차를 즐겨 마셨던 민족이다. 차를 재배하기 좋은 땅이 여기저기에 있고, 차를 끓이기 좋은 물이 여러 곳에서 넘쳐났기 때문이다. 그리고 무엇보다 우리나라 차의 품질이 갖는 오묘한 풍미 때문이라고 할 수 있다.

차는 우리 몸에 좋은 건강음료인가

■

차에는 앞에서 설명한 성분 외에도 멋과 맛을 이끌어 내는 기본적인 성분들이 있다. 과연 그 성분들은 무엇일까? 녹차의 성분은 차의 품종, 기후, 재배 지역과 채취 시기, 가공 방법 등에 따라 함량에 차이가 많이 난다. 녹차의 중요한 성분과 그 함량(건조한 것)을 보면 폴리페놀(9~27%), 카페인(0.8~3%), 단백질(15~25%), 당질(25~33%), 지방질(4~7%), 식이섬유소(11~25%), 미네랄(5~6%) 등으로 되어 있다. 미네랄에는 칼슘, 포타슘, 인 등이, 비타민에는 A, C(90~120mg%) 등이 함유되어 있다. 그리고 플루오린이 함유되어 있고, 이미 앞에서 이야기한 수많은 종류의 색깔 성분, 맛 성분, 향기 성분 등이 존재한다.

이들 성분 중에 가장 많은 관심을 갖는 차의 성분은 폴리페놀이다. 이 성분은 차의 쓴맛과 떫은맛을 나타내며, 홍차의 적갈색의 색을 내는 데 기여한다. 또한 뒤에서 설명하겠지만 건강기능성을 지닌 중요한 성분이기도 하다. 여러 가지 종류의 카테킨 유도체들이 모여서 타닌이 되고 이어 폴리페놀이 된다. 즉 폴리페놀은 이러한 유사한 화학적 구조와 성질을 가진 구성물의 총칭이다. 폴리페놀은 입안에 남아 있는 바람직하지 않은 냄새나 입안의 기름기를 제거하는 역할을 하는데, 철분이나 지방질 등의 흡수를 방해하는 바람직하지 않은 성질도 있다.

다음으로 우리가 관심을 갖는 성분은 카페인이다. 녹차 한 잔의 카페인 함량은 차의 종류나 끓이는 방법 등에 따라 20~90mg 정도이다. 우리가 먹고 마시는 음식 중에 가장 높은 편으로, 커피에 들어 있는 함량보다 약간 더 많다고 알려져 있다. 카페인은 피로회복, 강심 작용, 이뇨, 근수축 등의 여러 가지 작용이 있다. 특히 각성 작용이 있어서 중추신경을 자극하여 흥분시키는 작용을 하며, 때로는 불면증을 유발하기도 한다. 또한 과량 섭취하면 일부 영양성분의 섭취를 방해하고 각종 부작용이 일어난다.

이외의 특별한 성분들로는 클로로필, 카로티노이드, 식이섬유소, 비타민 C ,

사포닌 그리고 플루오린 성분 등이 있다.

그렇다면 차에서 얻는 건강기능성은 무엇인가?

초의 선사는 『동다송』에서 자신이 즐겼던 차의 효능을 다음과 같이 시로 읊었다.

> "여든이 넘은 늙은이는 / 동안(童顔)이 되어 신기(神氣)가 넘치고
>
> 노인의 뺨이 / 홍도처럼 붉어지네."

대체로 차를 마시면 졸음이 사라지고 정신이 맑아지며 마음도 즐거워진다. 또한 피로감을 덜어 주고 이뇨 작용을 도와준다. 식후에 마시면 입안이 개운해지고 입안의 냄새도 없애 준다. 이것은 신경을 안정시켜 주거나 바람직하지 않은 성분을 제거시켜 주는 카페인이나 타닌 성분의 작용이라고 할 수 있다. 승려나 일반인들이 차를 즐겨 마시는 것은 아마도 차가 지닌 이러한 특별한 효능이 크게 작용하였을 것이다.

최근에 알려진 것에 의하면, 차에 함유되어 있는 카테킨류 등의 폴리페놀 물질, 클로로필류, 사포닌, 적갈색 등의 성분들은 피부 노화나 기관 세포 노화의 억제, 그리고 암의 발생과 예방에 효능이 있다고 한다. 그 외에도 다른 몇 가지 질병의 예방과 회복에도 도움을 준다고 한다. 녹차나 홍차 할 것 없이 이들의 건강기능성은 우리에게 소중한 것이다.

이들의 건강기능성에 대해 좀 더 자세히 살펴보자. 이에 대한 연구 결과는 실험실 수준, 동물실험 그리고 일부 임상적인 수준에서 실시되어 수없이 많이 보

고되고 있다. 이들 참고 문헌을 근거로 간단히 정리해 보자.

먼저 항산화와 항노화성이다. 이 작용에는 차 성분 중 주로 폴리페놀 물질의 카테킨류가 관여하고, 부분적으로 클로로필, 비타민 C(아스코르브산), 카로티노이드 성분들이 작용한다. 항산화성은 우리 몸에서 생성된 유해한 활성산소들을 불활성화시키는 것으로, 결국 피부 세포나 기관 세포의 산화적 노화를 막아 주는 것으로 알려져 있다. 활성산소로 인하여 일어나는 돌연변이는 암 발생의 원인이 되므로 이의 제거는 암의 유발을 억제하고 암의 진전을 막을 수 있다. 또한 활성산소의 공격에 의한 세포의 손상으로 일어나는 동맥경화, 치매, 당뇨 등도 일부 막을 수 있다.

두 번째는 발암 및 항암성이다. 앞에서 이야기한 활성산소 불활성화 메커니즘이 바로 발암 및 항암에 관여한다. 또한 암세포 영양 공급에 필요한 새로운 혈관의 형성을 차단하는 역할이 있다고 밝혀졌는데, 이 성분은 폴리페놀 중에서 카테킨류의 에피갈로카테킨갈레이트Epi Gallo Catechin Gallate, EGCg라고 한다. 이는 항산화성도 아주 높은 물질이다. 실제로 동물실험에서도 강한 항산화성과 일부 종양의 성장이 억제되는 것으로 확인되고 있다. 또한 EGCg 성분이 많이 함유되어 있는 녹차와 암 예방약을 동시에 복용하면 효과가 더 커지는 것으로 발표되었다.

이 외에도 녹차의 항균 작용, 항당뇨 작용, 혈압 강하 및 심장질환 예방 효과도 보고되고 있다. 한편 카페인은 앞에서 살펴본 것처럼 중추신경계를 자극하여 흥분 작용이 일어나고 근육의 긴장을 완화시키며 피로를 회복시키는 등 여러 가지 대사 작용을 촉진한다. 이에 따라 심장을 활성화시키고 맥박도 증가한다.

그러나 어떤 것이든 과량을 섭취하면 문제가 생길 수밖에 없다. 폴리페놀이나 카페인 섭취를 위해 지나치게 차를 많이 마시게 되면 철분이나 칼슘 등의 영양분 손실이 일어난다. 특히 임산부나 여성 그리고 성장기 아이들이 차를 과량 마시게 되면 단백질, 칼슘, 철분 등의 영양 결핍이 생길 수도 있다. 그리고 카페인에 의한 가슴 두근거림이나 말초혈관의 지나친 확장, 수면장애 등이 나타날 수 있다.

우리 선조들은 다식과 함께 지혜롭게 차를 마시며 맛과 멋을 함께 즐겼다. 자신의 몸에 알맞게 하루에 차 몇 잔을 마시는 여유, 그것은 우리에게 진정으로 맛과 멋과 건강을 약속하는 바람직한 행복의 길이라고 할 수 있다.

행복 코드 10

음주

— 고려 시대의 음주 풍속과 행복한 음주문화 —

고려 시대 사람들은 먼저 술의 맛을 즐겼다

■

술은 원시 사회에서부터 먹어온 것으로 보이며, 부족국가 시대에는 큰 행사 때마다 무리들이 함께 어울려 가무음주를 하였다는 기록이 있다. 아주 오래전 책인 중국의 『주서(周書)』나 일본의 『고사기(古事記)』에는 삼국 시대에 이르러서는 주류문화가 그 꽃을 피워 다른 나라 사람들도 이를 칭송하였다고 전하고 있다. 이때부터 술은 기호식품뿐만 아니라 제사나 향연 그리고 손님 접대에 필수불가결의 음식이 되었다.

고려 시대 중국의 송나라 사람 서긍(徐兢)은 한때 개성에 머물며 고려 사람들의 생활 이모저모를 기록한 『고려도경』이라는 책을 펴냈다. 이 책에는 고려인들이 주례(酒禮)를 중히 여긴다고 되어 있으며, 다음과 같은 글이 쓰여 있다.

> "고려에서는 찹쌀 대신 멥쌀과 누룩으로 술을 빚는다. 술의 맛이 진하여 쉽게 취하고 빨리 깬다. 일반적으로 고려 사람들은 술을 즐긴다. 서민들은 양온서에서 만든 좋은 술을 얻기 어렵기 때문에 맛이 박(薄)하고 색깔이 짙은 것을 마신다."

여기서 나오는 양온서는 궁중에서 술을 빚던 부서로, 양질의 술인 청주 같은 것을 제조하였을 것으로 추정된다. 양반들을 비롯한 상류사회 사람들은 청주를 마신 듯하다. 서민들도 술을 즐겼지만, 술을 구하기 어려웠으므로 알코올 도수와 맛이 엷은 박주(薄酒), 즉 막걸리를 즐겨 마신 것으로 추측된다. 청주는 향기가 좋고 맛이 진하며, 막걸리는 은은하고 담백하다. 어쨌든 상류사회 사람이나 서민 모두 술을 즐겨 마셨다는 것을 알 수 있다. 서긍은 고려인의 주례, 술의 품질, 술에 대한 애정을 부러워하였다.

『고려도경』에는 또 다른 흥미 있는 음주 풍속이 기록되어 있다. 화려한 연회의 음식상에는 여러 가지 음식을 차려놓고도 많다고 하지 않으며, 관기(官妓) 제도가 있어서 기녀들이 접대하였다고 한다. 신분에 따라 좌석을 달리하는데, 신분이 높으면 식탁의 의자에 앉아서 먹고 신분이 낮으면 바닥에 앉되 겸상해서 먹는다고 하였다. 또한 술을 서로 많이 권한다는 기록도 있다. 이러한 일련의 내용을 보면 지금의 음주 풍속이 이미 고려 시대에 있었다는 것을 알 수 있다.

중국인 서긍의 눈에 비친 고려인의 술 마시는 풍습은 이처럼 흥미롭다. 『고려도경』은 고려인들의 생활 기록으로, 특히 고려의 음식과 음주풍속을 이해할 수 있는 귀중한 자료가 되고 있다.

고려인들은
다양한 술을 즐겼다.

■

고려 시대에는 이미 주식과 부식이 완전히 구별되고 음식 내용이 다채로워진 시기이다. 따라서 조리 기술도 크게 발전하고 식기도 다채로웠다. 아름다운 고려청자 술병이 등장한 것도 이때였다. 고려 시대에는 누룩으로 술을 빚는 기술도 보편화되었으며, 막걸리와 청주를 즐겨 마셨다.

고려가요 '청산별곡'은 술에 대한 애정과 품질을 예찬한 노래이다. '지나가다가 배가 불룩한 술독을 보았는데 술이 막 익어 가고 있어서, 밑술의 윗부분이 서리처럼 괴고 있다. 조랑박꽃 향내의 누룩 향취가 내 발길을 꼭 붙잡으니 어찌 할까보냐'란 내용이다.

"가다가 배부른 독에
설진 강술을 비조라
조롱곳 누로기 매와 잡사와니
내 어찌 하리 있고?
얄리얄리 얄라성 얄라리 얄라."

이 노래는 술을 좋아하는 사람의 마음을 잘 묘사하고 있다. 예나 지금이나 술이 막 익는 것을 보고 그냥 떠날 사람이 얼마나 있겠는가!

한편 고려 시대 상류사회 사람들의 생활과 서민이나 천민의 생활은 서로 완전히 다른 이중적인 사회상을 보인다. 귀족과 무신들은 화려한 식생활인데 반하여 서민들은 어렵고 궁핍한 생활을 한 것으로 나타나고 있다. 따라서 음주 생활도 당연히 신분에 어울리게 하였을 것으로 보인다.

'한림별곡' 에 나온 것을 보면 화려한 술 이름이 하나둘이 아니다. 황금주(黃金酒), 백자주(柏子酒), 송주(松酒), 이화주(梨花酒) 등이 있다. 그 이름만 들어도 구미가 당길 정도이다. 이들은 모두 상류사회의 사람들은 위한 술일 것이다. 궁중에서는 양온서에서 빚은 품질이 좋은 청주와 법주 등을 질항아리에 넣어두고 마셨다고 한다.

그러나 서민들은 이와는 다른 술을 마셨다. 『동문선』에 실려 있는 고려 명종 때의 김극기의 시에는 들에 나가는 찬합에 탁주가 채워져 있다는 구절이 있다. 고려 후기의 유명한 문인 이규보 역시 "나그네 창자를 박주로 푼다." 고 하였으며 가난할 때 그 자신도 박주를 마셨다고 하였다. 박주나 백주는 술의 도수가 엷어서 또는 그 색깔이 백색이어서 부른 막걸리를 말한다. 막걸리는 서민이 즐겨 마셨던 술로, 가정에서 빚어 먹는다고 하여 가주(家酒) 또는 농민이 먹는다 하여 농주(農酒)라고도 불렀다.

한편 고려 시대에 술과 관련된 특기할 만한 것은 주막의 개설이다. 개성에 공설 주막을 세우고 상인들이나 서민들도 이용하게 하였다. 또한 기녀를 두고 술 시중을 들게 하였다. 숙종 때에는 지방에도 주식점(酒食店)을 열게 하였으며, 술을 파는 표시를 하였다. 여기에 사람들이 어울려 술을 마시며 사교를 하는 풍습이 시작되었으며, 주막에서 음주풍습이 발달하는 계기가 되었다.

청주, 탁주, 증류주[소주]의 3대 계열의 술 종류들은 고려 후기에 완성되어 우리나라 전통주로써 정착되었다. 시문(詩文) 속에 나타나고 있는 고려의 술을 헤아려보면 '한림별곡'에는 앞에서 소개한 것 외에 죽엽주, 오가피주 등이, 이규보의 시집에는 앞에서 소개한 것들 외에 백주, 화주, 춘주 등이, 『파한집』에는 청주, 국화주 등 모두 30여 가지가 소개되고 있다.

술의 멋
그리고 풍류를 아는 사람들

■

예나 지금이나 많은 사람들이 술을 즐겨 마신다. 음주를 일방적으로 나쁘다고 비난하는 사람들은 술을 왜 마시냐고 묻는다. 이는 술의 맛과 멋을 모르기 때문에 하는 질문이므로, 이 질문에 대한 답은 쉽지 않다. 술의 맛과 멋을 제대로 즐기려면 술을 마구 마시는 것이 아니라 음미하면서 마셔야 한다. 다른 음식처럼 씹어 먹듯이 천천히 마셔야 제 맛을 알게 된다. 어느 애주가는 술 한 모금을 입안에 넣고 혀 위로 굴리면서 아주 조심스럽게 음미하며 먹는다고 한다. 그 액체가 입술과 혀와 목구멍을 차례로 스쳐 지나갈 때의 순간의 느낌도 중요하다. 당연히 향기와 입안에 남아 있는 후미도 즐길 수 있어야 한다.

이때 분위기가 좋다면 그 즐거움은 한 단계 더 높아질 것이다. 아늑한 술집이나 조용한 거실 의자에 앉아 귀한 술을 마신다면, 얼마나 행복하겠는가! 마땅히 분위기는 스스로 만들어야 하며, 어떤 분위기든 마음가짐이 중요할 것이다. 술은 오감 못지않게 마음으로 먹는다고 한다. 이를 소중하게 여긴 한호(韓濠)는 시조 "짚방석 내지마라 낙엽인들 못 앉으랴 / 관솔불 켜지 마라 어제 진 달 돋아온다 / 아이야 박주산채일망정 없다말고 내어라"에서 그 분위기의 소중함을 이야기하고 있다.

분위기를 생각한다면 좋은 친구와 함께하는 자리일 것이다. 정겨운 친구야말로 술자리에 같이 있어야 할 가장 소중한 존재이다. 지난 날 우리 선조들의 술 문화에서도 이를 쉽게 엿볼 수 있다. 김육의 시조에도 잘 표현되어 있는데, "자네 집에 술 익거든 부디 날 부르시소. 초당에 꽃 피거든 나도 자네 청하옴세."하고 꽃이 피는 날 술친구를 찾았다고 표현하고 있다. 좋은 자리에서 친구와 술을 마시며 정담을 나누는 것처럼 더 멋스러운 일도 아마 없을 것이다. 즉 좋은 친구와 좋은 장소가 있다면 그만큼 행복하다고 할 수 있다.

고려의 이규보는 술 없이는 시를 짓지 않았다고 하며, 평소에 노래와 춤을 즐겼으며, 가무는 주흥에서 나온다고 하였다. 그는 자신의 저서 『동국이상국집』의 '주호명(酒壺銘)'에서 술에 취하면 춤도 추고 노래도 부르는데 이는 모두 술이 시킨 것이라고 하였다. 윤선도의 '산중신곡'에서는 술의 운치와 자연에 대한 사랑을, 정철의 '장진주'에서는 술의 철학적 사유와 인생무상을 느끼게 한다. 이러한 술의 멋과 풍류는 음악이나 미술에도 나타나고 있다. 수없이 많은 글과 노래〔창(唱)〕나 고미술이 이를 증명하고 있다. 또한 그 멋과 풍류는 술을 담는 그릇과 술 이름에서도 나타난다. 술병이나 술잔의 아름다운 색깔과 모양 그리고 이화주와 같은 유명한 술 이름이 바로 그것이다. 술은 그 자체가 풍류이자 예술이다. 술의 멋과 풍류는 술 마시기에 좋은 물질적, 공간적, 인간적 분위기를 어떻게 만드느냐에 따라 달라진다. 분위기는 우리 스스로 창조하여야 한다. 결국 술의 멋은 자기가 만들고 스스로 느끼는 어떤 것이 아닐까!

가정에서 행하는 술 담금에도 멋과 풍류가 있었다. 전통을 중요하게 여기는 집안에서는 으레 가양주를 빚어 그 집안 특유의 술맛을 유지하며 자랑하였다. 명절이나 계절에 따라 제철의 특정 재료를 사용하여 특유의 맛을 낸 것이다. 예를 들면 가을 꽃잎이나 솔잎에서 이슬을 모아 빚은 술인 추로주(秋露酒)는 그 이름만큼 맛과 멋이 있는 술이다.

또한 상류사회 가정에서는 가양주를 상비하고 있었는데, 손님을 대접할 때도 쓰였지만 주로 제사나 아침저녁의 반주를 위해서였다. 그러므로 한 집안의 주부에게는 장 담금과 김치 담금 그리고 술 담금의 세 가지가 일 년의 큰일이었다. 물론 가양주가 있는 주안상을 위해 안주도 쉽게 준비할 수 있도록 재료를 항상 갖추고 있었다.

한편 계절과 명절에 따른 음식과 술 문화는 고려 시대에 이르러 더욱 확고하게 자리 잡았다. 설날에 쓰이는 술을 세주(歲酒)라고 하는데, 세주의 하나로 도소주를 마시는 풍속이 있었다. 삼짇날은 음력 3월 3일, 중삼절(重三節)이라고 하여 진달래꽃을 따서 부친 화전과 함께 가정에서 미리 만든 술을 마셨다. 한식, 초파일, 단오, 유두일, 백중, 추석, 중양절, 동지 등의 절기에도 언제나 술이 함께 하였다. 김극기의 문집에는 유두와 관련된 술자리, 즉 유두연이라는 흥미 있는 글이 보인다. 그리고 중양절에는 국화주를 마시는 아름다운 풍습이 있었다.

전통적인 음주예절과 우리들의 음주문화

■

이제 술과 건강에 대해서 생각해 보자. 우리는 술잔을 서로 주고받는 수작(酬酌) 문화권에 속한다. 이 때문에 우리나라의 일부 사람들은 술을 마시는 속도가 빠르고 그 양도 많다. 최근에는 서구 여러 나라에서처럼 혼자 마시는 독작 문화가 확대되고 있으며 여성 음주 인구도 크게 늘어나고 있다. 또한 술을 환락이나 객기의 도구로 잘못 생각하여 과음하고 추태를 부려 개인과 가정은 물론, 건강 문제와 사회 문제를 일으키는 경우도 있다.

술은 적당히 마시면 약이 되지만 과음하면 독약이 된다. 누구나 알고 있는 것처럼 술의 주요 성분은 알코올이다. 적절한 양의 알코올을 섭취하면 혈액 순환이 좋아지고 피로와 권태감도 줄어들며 긴장감이나 스트레스가 해소된다. 그리고 정신이 안정되어 쉽게 잠이 든다. 결과적으로 편안하고 즐겁고 낭만적인 기분을 갖게 한다. 또한 적정 수준의 알코올 섭취는 소화액 분비를 촉진하고 식욕을 증진시키며 혈중의 좋은 콜레스테롤HDL-C을 높여 심장병 발병률도 낮게 한다. 요약하면, 적당량의 술은 건강에 좋은 약의 구실을 한다.

하지만 지속적인 과음으로 인한 알코올 과량 섭취가 문제이다. 지속적인 과음은 일부 비타민 등 영양소의 흡수를 방해하고 각종 질병을 유발시킨다. 또한 몸의 균형을 잃게 하며 의식 장애 현상과 혼수상태를 일으키고, 지방간, 간염과 간경변증, 위장염과 소화성 궤양, 심장 비대, 식도 손상 등의 원인을 제공하고 뇌신경 장애를 유발시킨다. 이 뿐만 아니라 취한 상태가 계속되면 정신질환이나 범죄 그리고 가정을 파괴하는 사회적 병폐의 원인이 된다.

우리에겐 아주 오래전부터 음주예법이 있었다. 술 마실 때의 예법을 일컬어 주법, 음주예법 또는 주례라고 하였다. 음주예법은 술 마시는 사람의 마음씨이며 지켜야 할 예의범절이다. 전통적으로 우리는 이를 대단히 중요하게 여겨왔다.

술은 마시는 방법에 따라 세 가지로 분류한다. 손수 술을 따라 마시는 독작, 서로 주고받으며 술을 권하는 수작 그리고 각각 술을 따라 놓고 같이 건배하며 마시는 대작이 있다. 앞에서도 이야기하였듯이 우리나라는 대체로 수작문화권으로, 술은 구성원 간에 친목을 다지고 공동체 의식을 서로 다지는 중요한 역할을 하였다. 최근에는 독작문화도 늘어나고 있다. 우리가 흔히 하고 있는 술잔을 돌려 마시는 풍습은 역사가 오래된 것이며 향음주례의 회음이란 풍습의 하나이다.

향음주례는 중국 주나라 시대의 육례(六禮)의 하나로, 『예기(禮記)』에 기초를 둔 음주예절이다. 주인과 손님이 술을 대접하고 권하는 법, 그리고 마시는 법, 술을 사양하는 법, 더 권하지 않는 법, 회음할 때의 예법 등을 가르치고 있다. 실제로 그 절차와 방법이 너무 까다롭고 의식이 지나친 점도 있어서 꼭 이를 따를 필요는 없다. 하지만 술 마시는 일에도 품격과 예절이 있어야 함을 일깨워 주고 있다.

지금까지 동서양의 고전이나 명사들이 역설한 주도, 즉 술자리에서 지켜야 할 도리는 헤아릴 수 없이 많다. 그만큼 술은 품격 있게 마셔야 한다는 것이다. 『논어』, 『소학』, 『사소절』 등에서부터 린위탕, 조지훈, 조풍연, 류병호 등의 인사들에 의한 주도론이 여러 곳에 소개되어 있다.

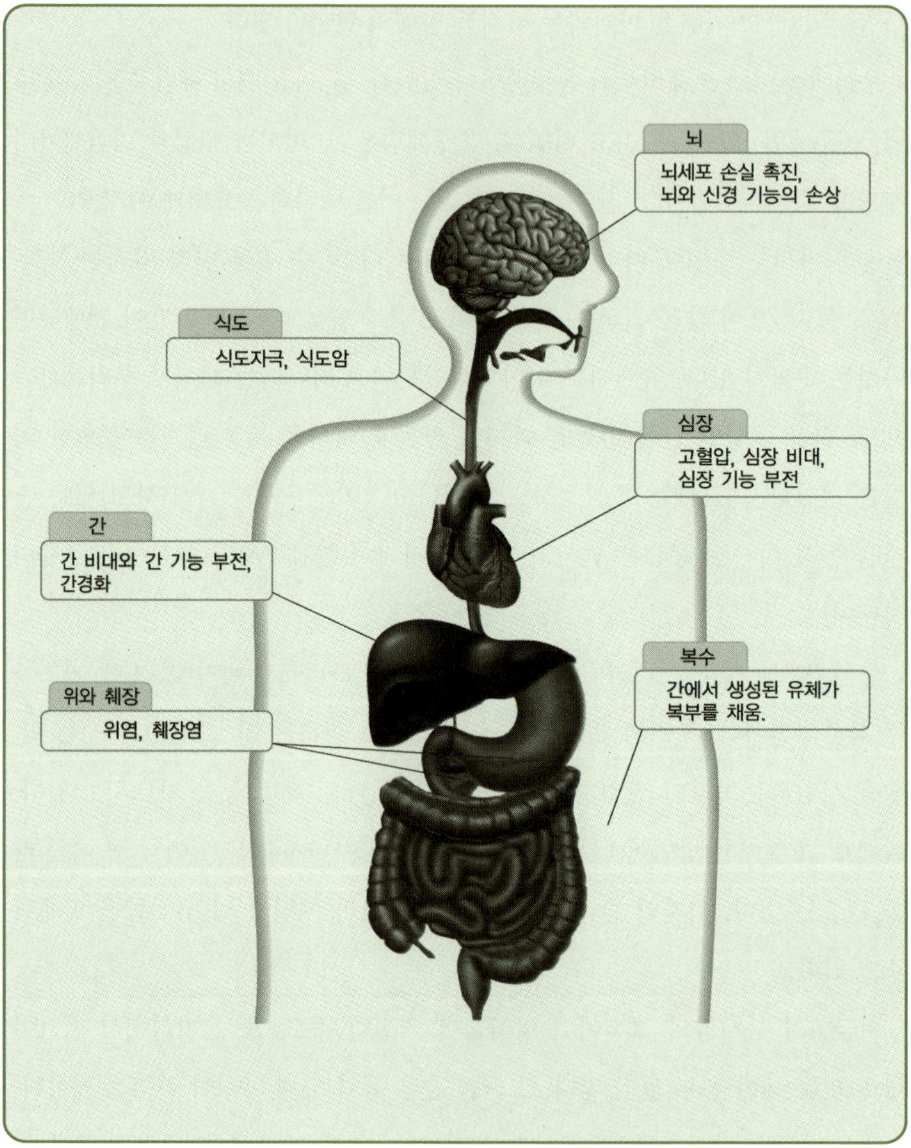

■ 그림 3-2 · 지속적인 과음에 의한 인체 기관의 손상 ■

중요한 몇 가지를 간추려 보면 다음과 같다.

술은 즐겁게 마신다. 억지로 권하지 않는다. 술주정이나 불쾌감을 주는 행동은 하지 않아야 한다. 집에 온 손님에게는 상대방이 원하는 술을 택하게 하며, 독작할 때는 자기 체질에 맞는 술을 선택한다. 어른과 함께하는 술자리에서는 공경하는 자세를 지닌다. 좋은 동료와 어울리되, 향응에 속하는 술자리는 피한다. 모든 술자리에서 취하지 않도록 자제한다.

애주가들은 이를 마음에 꼭 담아 두어야 할 것이다. 쉽진 않지만 마땅히 실천해야 할 일들이다. 어떤 이들은 술을 마실 때에도 적절한 복장과 분위기를 갖추어야 한다고 강조하고 있다. 모두 갖추고 이를 실천할 수 있다면 얼마나 좋겠는가!

오늘날 보통 사람들에겐 술을 즐기면서 건강을 유지하는 음주 방법이 큰 관심사가 되고 있다. 여기서 술 마시는 예의범절은 이미 앞에서 소개하였다. 모두 다 잘 지킬 수는 없으나 최소한의 예의범절은 꼭 지켜야 한다. 건강을 염두에 두고 실제로 '꼭 지켜야 할 가장 기본적인 것 일곱 가지 음주 방법' 을 소개하면 다음과 같다.

· 주(週) 3회 이내로 하되, 자신의 적정 음주량을 초과하지 않는다.
· 1회 음주량은 술에 따라 가능한 해당 잔으로 2~3잔 이내로 한다.
· 술잔을 돌려 마시지 않으며, 소량씩 음미하듯 천천히 마신다.
· 술 마시기 전에 약간의 음식을 먹어두거나, 안주와 함께 마셔야 한다.
· 이 술 저 술 섞어 마시는 일은 삼가야 한다.
· 반드시 1차에서 끝내고, 결코 아침에 해장술을 마시지 않는다.

· 자동차를 운전할 예정이면 한 잔이라도 마시지 않아야 한다.

위 두 번째 '…술에 따라 해당 잔으로 2~3잔 이내로 한다.'에서의 한 잔은 막걸리(알코올 6%) 180ml, 맥주(4%) 250ml, 소주(20%) 50ml, 위스키(45%) 20ml 내외로, 이들 한 잔에는 알코올 약 10g이 함유되어 있다.

아무리 좋은 술이라고 해도 술은 알코올음료에 지나지 않으므로 이를 유념해야 한다. 건강에 좋다는 막걸리나 적포도주도 술은 술일뿐이다. 먼 옛날 고려시대부터 극히 일부 사람들이지만 취하도록 마시는 음주습관이 있었다. 이 때문에 개인적으로, 사회적으로 문제가 되는 것이다.

음주는 즐거움과 건강을 동시에 얻는 행복의 길이 되어야 한다. 즐거운 분위기에서 자신에게 알맞은 분량과 자기 체질에 맞는 술을 마시는 것이 바람직하다. 그리고 꼭 지켜야 할 음주 방법을 실천해서, 행복한 음주문화를 우리 스스로 창조해 나가야 할 것이다.

행복 코드 11

김치문화

— 김치는 한민족의 위대한 문화유산 —

소중하고 위대한 문화유산,
김치

■

하얀 접시 위의 붉은색 김치가 우리를 유혹하고 있다. 잘 숙성된 김치가 맛깔스럽고 아름답게 보인다. 한번 먹어보라는 것일까? 어쩌면 겨울의 김장김치일지도 모른다. 어쨌든 한국인에게 김치는 누구나 할 것 없이 정말 소중하고 아름다운 존재라고 할 수 있다. 우리 밥상에는 언제나 김치가 있기 때문이다.

김치는 장구한 우리 음식문화의 역사 속에서 태어나고 성장한 우리 민족의 대표적인 음식이다. 그리고 우리 민족의 위대한 문화유산이다. 김치는 일본의 주게모노나 유럽의 피클과 같은 절임식품과는 확실히 구별되는 독특한 슬로푸드, 즉 전형적인 발효 식품이다. 자랑스럽게도 오늘날 김치는 세계 5대 건강식품으로 잘 알려져 있다.

이러한 김치가 우리 식생활에 등장한 것은 과연 언제부터였을까? 우선 옛날 고대로 돌아가 보자. 우리나라의 경우 부족국가 시대의 채소류에 대한 고고학적 유물이나 문헌은 거의 발견되지 않고 있다. 중국의 『삼국지』 '위지동이전'에 의하면 "마한의 금수초목이 중국과 거의 같다."라는 기록이 있다. 한반도 남쪽에 위치하고 있는 마한의 금수초목이 그 당시 중국의 것과 거의 같다는 것이다. 따라서 이 기록을 근거로 당시 중국의 채소류를 살펴보면 우리의 사정을 유추할 수 있을 것이다. 중국의 『시경(詩經)』(1000~600년경)에 의하면 그때 이미 채소밭이 있었고, 여러 가지 채소들이 있었다고 한다.

또한 『삼국유사』에 나오는 신라 시조인 박혁거세의 전설에도 박이 나오고, 단군신화에도 마늘과 쑥이 등장한다. 『삼국사기』 '고구려 본기 동명성왕'에는 주몽왕이 비류수 상류에 있는 사람들이 채소를 먹었다는 것을 알았다는 기록이 있다. 이 외에도 유사한 내용이 있는 것으로 보아 이미 부족국가 시대에 마늘, 쑥, 박, 달래 등의 채소가 있었다는 것을 짐작할 수 있다. 원예학자인 이우승 교수는 『한국의 채소』(1994)에서 원삼국 시대에 이미 우리나라에서도 채소류 재배가 어느 정도 진전되었을 것이라고 말하고 있다. 이때 농경이 시작되었고 조리법이 등장하였으므로, 여기서 우리가 흥미를 갖는 것은 이 시기에 사용되었던 식품저장법이다. 특히 조리 과정을 일부 거친 식품의 저장법인데, 이것은 천일건조와 같은 단순 저장법이 아니라는 것에 관심을 끌고 있다. 관련 학자들은 중기 그리고 후기 신석기 시대의 토기를 주목하고 있다. 곡물이나 기타 저장용 토기가 발견되었기 때문이다. 그 용도를 생각할 때 원시농경과 함께 생산된 곡물이나 채소류 등을 저장할 수 있었을 것이라고 판단하고 있다.

한편 이 시대에 널리 이용된 것으로 알려진 것 중에 가장 중요한 것은 소금이다. 특히 식품 저장을 위해서 소금이 이용되었을 것으로 추측하고 있다. 그리고 주변 국가들의 기록 등의 상황으로 보아 소금으로 절임해서 채소를 저장하였다는 추정이 충분히 가능하다.

식품학자이면서 식품문화사 학자인 김상보 교수는 『한국의 음식생활문화사』에서 부족국가 시대에도 여러 가지 채소를 먹었으며, 그때 사람들은 소금을 널리 이용하였고, 따라서 자연스럽게 원시적인 김치무리를 만들어 먹었을 것으로 판단된다고 하였다. 이와 같은 내용을 정리하면 우리나라에서의 김치무리 탄생은 2,000여 년 전이 되는 셈이다. 그리고 채소가 없는 겨울철을 대비하여 찾아낸 방법이 소금에 절여 저장하는 방법이었던 것이다. 단순한 채소 소금 절임식품으로 태어났으며, 이것이 원시적인 김치무리였다. 일찍부터 된장 등 삭히고 발효시키는 고구려의 발효 기술이 중국에까지 알려져 그들의 고문헌에도 기록되어 있다. 『삼국사기』의 기록을 보면 신라 신문왕 때 소금에 절인 식품이 많았다고 한다. 그리고 신라 성덕왕 때 설치하였다는 돌로 만든 김칫독은 속리산 법주사 경내에 지금도 남아 있다.

현재 남아 있는 문헌 중에 김치무리가 처음 나온 것은 고려 시대 이규보가 지은 『동국이상국집』의 '가포육영' 이란 시에서였다. 집안 텃밭에서 거둔 '순무'에 대하여 그는 이렇게 읊고 있다.

"담근 장아찌는 여름철에 먹기 좋고
소금에 절인 김치는 긴 겨울 반찬 되네."

순무로 담근 장아찌와 소금에 절인 김치에 대하여 노래한 아름다운 이 시를 보면, 이미 고려 시대 사람들이 김치무리를 즐겨 먹었다는 사실을 짐작할 수 있다. 처음에 등장하였던 김치무리가 고려 시대에 와서 더욱 발전하여 중요한 반찬의 위치에 오르게 된 것이다. 다행스럽게도 『동국이상국집』 외에 이색의 시, 이달충의 '산촌잡영(山村雜永)', 『고려사』의 '예지(禮志)' 등의 문헌에 김치무리에 대한 기록이 있으며, 이들을 통해 그 시대의 김치무리 내용을 추측할 수 있다.

또한 새로운 채소의 도입과 재배 기술의 향상으로 채소 종류가 다양해지고 양념류와 젓갈의 사용이 늘어났다. 따라서 김치무리도 보다 다채로워졌다. 그리고 김치무리에서 장아찌가 별도로 발전하게 되고, 김치는 다시 일반김치와 물김치로 구분하여 발달하게 되었다.

김치문화의 발전 그리고 김치의 완성

■

조선 시대 전기의 김치는 어숙권이 편찬한 『고사촬요』(1554), 허균이 편찬한 『도문대작』 등을 통하여 김치에 사용된 재료와 김치 종류를 짐작할 수 있다. 오이, 생강, 마늘, 배추, 무, 갓, 가지 등이 이용되었으며 죽순과 갓으로 만든 김치무리를 소개하였다. 이 시기에 다양한 채소들에 의한 소금 절임 식품이 일반화되었다는 것을 알 수 있다.

한편 『도문대작』의 '치농편(治農編)'에는 '숭(菘)'이라는 이름의 원시형 배추도 나오고 있다. 앞에서 소개한 이우승 교수의 『한국의 채소』에 의하면 배추는 원래 지중해에서 중앙아시아를 거쳐 700년경에 원시형이 중국에서 재배되었고 우리나라에 도입된 것은 13세기 이전이라고 하였다.

따라서 13세기경에는 원시형의 배추를 이용하여 소금으로 담갔던 배추김치무리도 있었을 것으로 판단된다. 그러나 문헌에서는 1760년에 유중임이 편간한 『증보산림경제』에서 비로소 배추의 재배와 배추김치[숭채저]에 대한 내용이 구체적으로 나오고 있다.

김치가 화려하게 오늘날의 것으로 완성된 것은 배추와 고추를 비롯하여 다양한 향신료와 조미료의 활용으로 이루어진 조선 중기 이후라고 추정하고 있다. 이러한 사실은 여러 문헌에 상세하게 기록되어 있다. 김치에 고추를 사용한 내용이 처음 문헌에 나타난 것은 실학자 이수광이 저술한 『지봉유설』(1614)에서였다. 우리나라 고추 전래에 관한 학설은 여러 가지가 있는데, 뒤의 '행복 코드 14: 고추' 편에서 상세히 알아보기로 하자.

김치에 고추를 활용한 기술은 우리 조상들의 위대한 지혜에 의한 것으로 자랑스러운 발명이라고 할 수 있다. 이것은 고추와 마늘 등 다양한 향신료를 사용한 기술로, 다른 나라의 절임식품과 확실히 구별되는 중요한 기술인 것이다. 또한 주재료, 향신료, 조미료, 기타 부재료에 의한 다채로운 발효 김치가 등장하여 오늘날의 김치문화의 기반을 조성하였다.

이와 같은 김치문화의 형성과 발전에 영향을 미친 환경 요인은 여러 가지가 있는데, 우리나라의 계절과 기후와 같은 자연환경, 농경 위주의 전통사회 환경, 선조들의 조리 과학 기술 환경, 중국이나 이웃 간의 문화 교류 등 여러 가지 요인들의 영향을 받았을 것이다. 이들 각각의 환경 요인들이 김치문화에 직접 영향을 주면서 각 요인 간에 서로 역동적으로 상호작용을 계속하여 김치문화의 기반을 조성하였을 것이다.

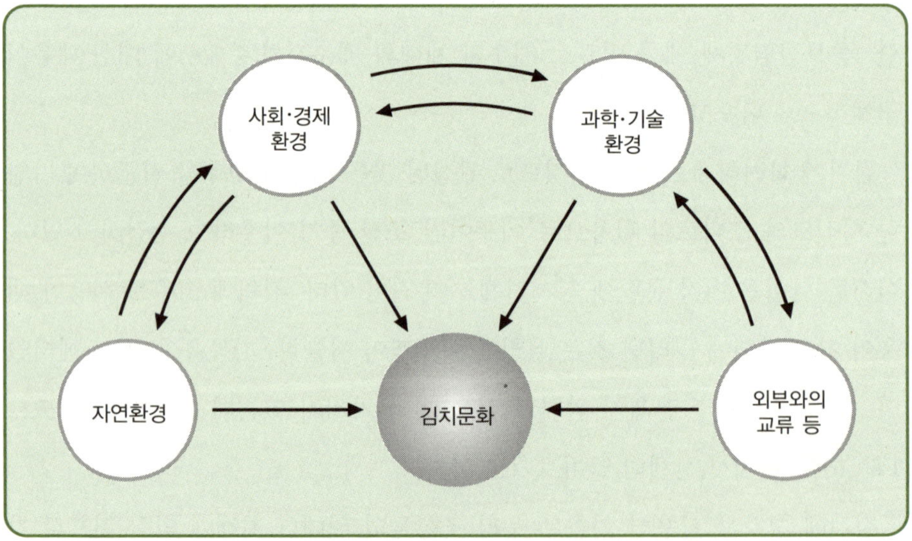

■ 그림 3-3 · 김치문화의 발전과 관련된 외부의 환경 요인들 ■
각각의 환경 요인들이 김치문화에 직접 영향을 주면서 각 요인들 간 역동적으로 상호작용을 하였을 것이다.

우리 선조들은 동서남북 어느 지역에서나 계절에 관계없이 각종 채소를 채취하여 김치를 담가서 먹었다. 북쪽 지역에서는 기온이 낮은 관계로 싱겁게 담갔기 때문에 양념 사용량이 적어 맛이 담백하였다. 그러나 남쪽은 따뜻하여 쉽게 변질될 염려가 있어 소금이나 젓갈, 양념을 많이 넣어서 조금 짜고 매웠다. 이러한 지역성 외에 계절에 따라서도 김치가 다양하였다. 조선 후기 때 정학유의 「농가월령가」(1816)에 나오는 김치의 종류만 해도 2월의 달래김치, 6월의 가지김치, 10월의 무 배추김치가 있다. 지역과 계절에 따라 여러 가지 재료와 담금 방법이 다르며, 지금까지 알려진 것만 해도 2백여 종류나 된다.

이와 같이 지역과 계절에 따라 다르게 김치를 담그는 것은 할머니와 어머니 그리고 그 다음 세대로 이어지는 가장 아름다운 김치문화로 자리 잡게 되었다. 지금은 다소 달라지고 있으나 이러한 문화는 오늘날에도 계속되고 있다.

담근 김치는 어느 지역 어느 계층 할 것 없이 우리 민족 모두가 즐겨 먹었다. 어떤 밥상에도 김치는 반드시 상 위에 올랐다. 이제 김치는 세계 여러 나라에 자랑스럽게 내 놓을 수 있는 우리 민족의 위대한 문화유산이다. 우리 마음속에 특별한 모습으로 자리 잡고 있는 김치는 결코 단순한 먹을거리가 아니다. 우리 맛의 원형이요 본질인 것이다. 그리고 김치문화는 겨레의 문화유산이면서도 가장 한국적이고 대표적인 음식문화이기도 하다.

김치는 어머니 문화의 걸작품이자 음식의 걸작품

■

입동이 지나고 김장철이 되면 전통사회의 어머니들은 무척 분주하게 하루를 보냈다. 배추와 무, 고춧가루와 젓갈 외에 다른 재료도 미리 준비하였다. 김장독과 김장 도구도 미리 깨끗이 씻어두었다. 그리고 어머니들은 할머니들에게서 배운 김치 담금 방법과 저장 방법을 꼼꼼하게 점검하였다. 김장을 하는 당일에는 가족은 물론, 이웃사람과 함께 담금 과정을 하나하나 치렀다. 김장을 모두 마친 후에는 김장독에 김치를 넣어 땅에 묻어 저장하였다. 또한 어머니들은 이와 같은 겨울 초입의 김장 외에도 계절에 따라 생산되는 여러 가지 채소를 이용하여 다양한 김치를 담그곤 하였다.

이와 같이 일반 가정에서는 가족이 먹어야 하는 일상식의 하나로 김치 담금의 관습이 대대로 이어져 왔다. 김치 담금 기술은 할머니에서 어머니로, 다시 딸과 며느리에게로 이어졌다. 즉 전통사회의 가정에서는 가족 간의 수직 관계로 이어지는 독특한 기술 전승 체계(수직적 전승 체계)가 있었다. 이뿐만 아니라 김장하는 날은 이웃사람들끼리 품앗이를 하며 서로 도왔다. 이 과정에서 김치 담금 기술이 수평적으로 서로 교류(수평적 교류 관계)되었다. 이와 같이 김치문화는 독특한 전승과 교류 관계를 통해 발전해 온 어머니의 문화이다.

옛날부터 김치를 담그는 어머니들은 대단한 정성으로 가족의 식생활에 임하였다. 어머니들은 식약동원의 사고방식과 사친효양 사상으로 노인들을 정성으로 모셨다. 그리고 음식을 통한 효도에 온갖 노력을 다하였다. 이러한 정성은

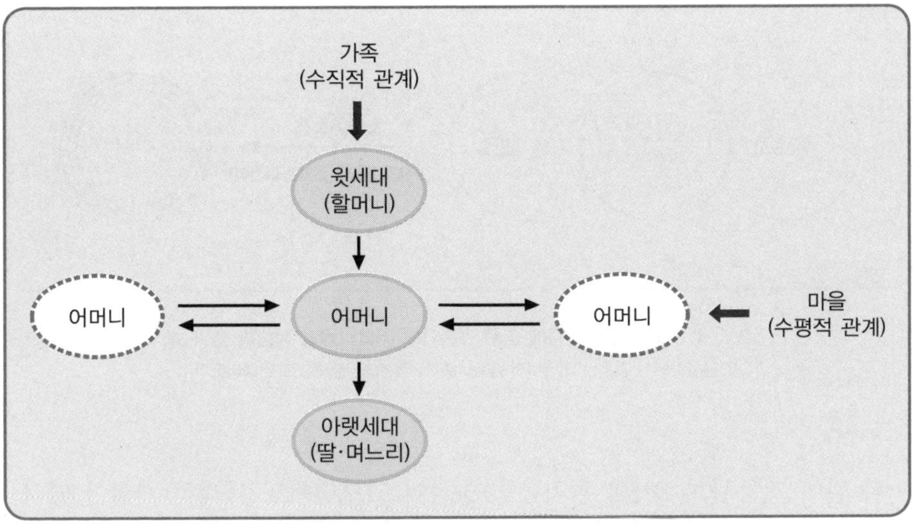

■ 그림 3-4 · 우리 전통사회에서 김치 담금 기술의 전승과 교류 관계 ■
가족 간의 수직적 기술 전승과 이웃 간의 수평적 기술 교류가 이루어졌다.
수직적인 전승은 윗세대에서 아랫세대로 일방적이지만, 수평적인 교류는 이웃사람들 간에 양방향으로 전개되었다.

여기서 더 나아가 자식들에게까지 이어졌다.

정성은 온몸과 머리로 시작하여 손에서 솜씨로 표현되었다. 김치 담금 역시 이와 같은 맥락에서 이루어졌다. 따라서 김치는 어머니의 정성과 솜씨가 결집된 어머니의 음식이자 문화라고 할 수 있다. 이 때문에 사람들은 항상 어머니가 담근 자기 집의 김치 맛을 좋아한다. 그리고 성장한 후 집을 떠나 있어도 어릴 때 먹었던 어머니의 김치 맛을 잊지 못한다.

전통사회에서 김치는 어느 것이나 공통적인 특성을 지니고 있으면서도 그 김치를 담그는 어머니에 따라 맛이 서로 다르다. 집집마다 담금하는 어머니에 따라 주재료의 선택, 부재료의 종류와 사용 방법, 담금 절차가 다르기 때문이다.

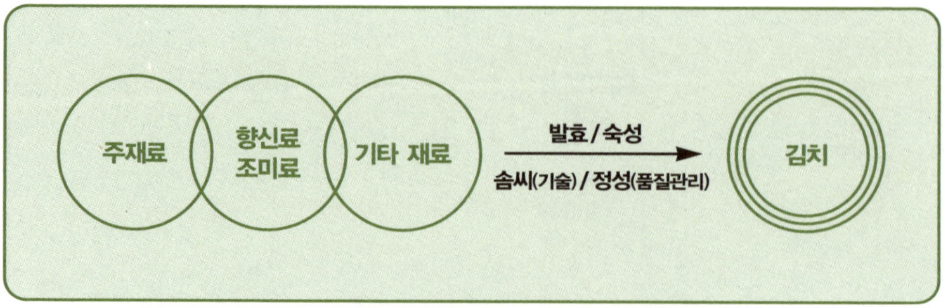

■ 그림 3-5 · 김치 담금에 쏟은 전통사회 어머니들의 정성과 솜씨 ■
전통사회에서 김치는 어머니의 솜씨(기술)와 정성(품질관리)으로 만들어졌다.

이와 같이 전통사회에서의 김치는 다양성이 있으면서도 독특한 개성이 있다. 김치가 본질적으로 예술성과 창작성을 지니고 있다고 하는 것은 바로 이러한 다양성과 개성 때문이라고 할 수 있다. 그리고 김치는 어머니의 정성과 솜씨로 만들어진 어머니의 작품이므로 김치문화는 어머니의 문화라고 할 수 있다. 어머니가 담근 김치는 우리 마음에 항상 존재하고 있는 맛의 향수이며 영원한 맛의 본향이다. 따라서 누구나 그 맛의 본향을 잊을 수 없다.

또한 김치는 음식으로서도 걸작품이 될 수 있는 특성을 모두 갖추고 있다. 비타민과 미네랄 등 여러 가지 영양소를 고루 함유하고 있으며, 여러 가지 건강기능성 성분들도 함께 갖고 있어서 우리의 생명을 지켜 준다. 더욱 중요한 것은 김치가 지니고 있는 맛과 향기와 조직감이다. 이 세 가지 관능적 특성은 다른 발효 식품이 결코 흉내 낼 수 없는 높은 품격의 수준에 있다. 그러므로 김치는 재료의 다양성에서, 발효의 정교함에서, 관능적 특성과 기호성에서 그리고 영양성과 건강기능성에서 음식의 걸작품이라고 할 수 있다.

우리는 김치문화를 사랑한다

■

우리나라 사람 대부분은 김치가 없는 식생활 그리고 김치가 없는 상차림을 생각할 수 없다. 물론 김치가 빠진 몇 끼의 식사는 할 수 있을지 모른다. 그러나 외국여행을 하고 있을 때처럼 김치를 계속 먹지 못할 때, 비로소 우리는 김치의 존재에 대한 인식을 새로이 할 수 밖에 없다. 이때 김치를 먹고 싶은 강렬한 욕구를 경험하지 않은 사람은 거의 없을 것이다.

우리에게는 이러한 김치 그리고 김치문화가 있다. 우리가 진정으로 김치를 좋아하고 사랑하는 이유는 지금 세계의 많은 사람들이 이를 주목하고 있고, 또 최근에 김치가 세계 5대 건강식품이 되었다고 해서 그런 것은 아니다. 전통적으로 김치는 우리 삶의 영원한 동반자였기 때문이다.

전통적으로 김치는 왜 이처럼 강한 존재로 우리들 마음에 각인되어 있을까? 김치가 갖는 속성이 무엇이기에 한국인은 김치를 사랑하게 되었을까? 앞에서 우리는 김치가 위대한 문화유산이고, 또한 어머니 문화의 걸작이라는 사실에 대하여 살펴보았다. 이를 이해한다면 이러한 질문에 대한 해답의 상당 부분이 그 안에 있다는 것을 알 수 있다. 여기에서는 다만 김치 사랑의 본질을 이해하기 위해 김치를 사랑할 수밖에 없는 문화적 속성을 좀 더 알아보기로 하자.

첫 번째 속성은 김치가 지니고 있는 겨레의 상징성이다. 그것은 마치 민족의 혼 아리랑과 같은 상징성이라고 할 수 있다. 이와 같이 김치는 우리 민족이 가장 사랑하는 민요 아리랑처럼 지역과 시대를 초월하여 우리나라 국민의 정서 속에 깊숙이 잠재해 있다. 아리랑이 우리 민중의 노래이고 혼이라면 김치는 우리 민중의 먹을거리요 생명의 양식이었다. 아리랑이 민족의 한(恨)을 대변한다면 김치는 겨레의 맛을 대표한다고 할 수 있는 것이다. 이처럼 김치는 민족의 노래 아리랑처럼 우리 겨레를 상징하는 문화적 속성을 갖고 있다.

한편 우리나라는 전통적으로 계절에 따라, 재료에 따라, 지역에 따라 수없이 많은 종류의 김치를 담가서 먹었다. 김치는 그 종류가 200여 종이 넘는데, 그 모두가 서로 다른 다양한 얼굴을 지니고 있으니 이것이 곧 다양성이다. 하지만 김치마다 뚜렷한 개성이 있다. 어떤 김치는 멸치젓국을 쓰는 독특한 개성이 있고, 또 어떤 김치는 푹 고아서 얻은 소고기 국물을 넣는 비법이 있다. 따라서 맛의 개성이 뚜렷하다. 재료뿐만 아니라 담금 방법이 서로 다름에서 오는 개성도 있다. 우리 집의 김치와 음식점 김치가 서로 다른 개성을 갖고 있다는 것은 누구나 경험하고 있다. 이와 같이 김치는 다양성과 개성의 독특한 문화적 속성을 지니고 있는 것이다.

두 번째 속성은 김치에는 여러 가지 재료가 사용되는데, 이때 재료의 조화와 풍미가 뛰어나다는 것이다. 김치에는 30여 가지의 재료가 이용된다. 그러나 이들을 잘 정리해 보면 크게 주재료(배추 혹은 무 등), 향신료(마늘 · 고추 · 파 · 생강 등), 조미료(젓국 · 소금 · 설탕 등), 기타 부재료(곡물류 · 채소류 · 과실류 · 육류 · 어류 등)로 나눈다. 이들 재료들 중에서 향신료와 조미료들을 보통 양념이라고 말한다. 또한 이 재료들을 다른 방식으로 분류해 보면 채소류와 과실류의 식물성 재료가 있고 젓갈과 육류(소고기나 꿩고기 등)와 어패류(젓갈이나 동태 그리고 조개류 등)의 동물성 재료가 있다.

김치는 주재료와 양념의 조화가 돋보인다.

배추김치의 경우 배추와 양념의 선택과 조합은 환상적이다. 외국의 조리 학자나 전문가들이 김치를 '양념김치' 라고 말할 정도로 우리의 김치는 양념이 강조되고 있다. 또한 김치는 다른 나라의 절임들과는 달리 젓갈이나 동태 등 동물성 재료도 중요하게 이용된다. 식물성 재료와 함께 동물성 재료의 조화로운 선택과 조합 역시 소중하다. 이처럼 재료의 선택과 조합은 환상적이고 예술적이라고까지 할 수 있다.

또한 김치는 관능적 특성이 있는 발효 식품의 전형이다.

우리는 음식을 무엇으로 먹는가? 입으로, 코로, 눈으로 먹는다. 당연히 입으로 먹으면서 다섯 가지 감각기관, 즉 오관(五官)으로 김치를 즐긴다. 식품학적으로 보았을 때 김치는 특히 그림 3-6에서와 같이 색깔과 향미 그리고 조직감의

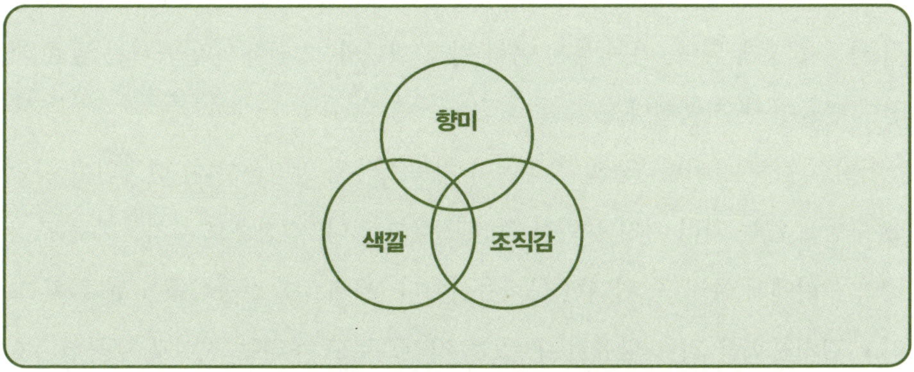

■ 그림 3-6 · 김치의 세 가지 관능적 특성 ■

색깔과 향미와 조직감의 3요소가 서로 조화를 이룬다. 시각은 색깔을, 후각과 미각은 향미를, 촉각과 청각은 조직감을 느낀다. 따라서 우리는 김치를 다섯 가지 감각기관으로 즐긴다고 할 수 있다.

관능적 특성을 먹는다고 해도 좋을 것이다.

우선 김치는 그 색깔이 화려하다. 시각적으로 빨간색과 흰색 그리고 다른 색깔의 적절한 배색이 자유로우면서도 관능적이다. 이러한 색깔이 먼저 우리의 시각을 유혹한다. 이어 향기가 순간적으로 후각을 자극한다. 양념에서 오는 향기와 발효 향기가 함께 어울려 우리의 식욕을 돋우워 준다. 그리고 그것을 입에 넣었을 때 혀에서 느껴지는 진한 맛들이 어울려 우리의 마음을 설레게 한다.

하지만 김치의 또 다른 매력은 조직감이다. 입안에 넣어 씹을 때 느껴지는 촉감과 아삭하게 느껴지는 소리, 배추김치 한 가닥에서 느끼는 조직감은 말할 것도 없이 환상적이다. 많은 사람들은 이 감각을 무엇보다 중요시하고 있다.

그래서 우리는 다섯 가지 관능적인 감각기관 중에서 시각과 후각으로 먼저 김치를 먹는다. 그리고 미각으로, 촉각으로, 청각으로 먹는다고 해도 좋을 것이다. 시각은 색깔을, 후각과 미각은 향미를, 촉각과 청각은 조직감을 각각 느끼게 된다. 이와 같이 김치는 색깔과 향미와 조직감의 3요소에 의해 독특한 관능적 특성을 갖게 되며, 이 속성은 여러 가지 재료와 그 안에서 일어나는 발효 과정이 만들어 낸 작품이다.

이처럼 김치는 어머니들의 작품이며 자랑스러운 발명품이다. 한국인이 사랑할 수밖에 없는 여러 가지 문화적 속성도 갖고 있다. 진정으로 김치문화는 조상들이 우리에게 물려 준 위대한 문화유산이다. 세계 5대 건강식품이 된 김치 그리고 김치문화를 지금 향유할 수 있는 것만으로도 우리는 진실로 행복하다고 할 수 있다.

행복 코드 12

색깔식품

— 채소 과실류의 재배 시작과 웰빙 색깔식품 —

고려 시대에 비로소 문헌에 기록된 재배채소들

■

한반도 지역에서는 언제부터 채소류가 재배되었을까? 채소는 석기 시대의 채집 식생활에서도 중요한 먹을거리였다. 그러나 재배를 시작한 것은 채집문화 단계를 지난 후였다. 앞의 '행복 코드 11:김치문화'에서 살펴본 것처럼, 삼국 시대에 곡물 위주의 농경이 시작되면서 채소류의 재배도 시작하였을 것으로 짐작하고 있다. 비록 그 시대의 관련 자료가 한정되어 있지만, 고구려 등에서 채소를 먹었다는 기록 등 몇 가지 문헌에 그 내용이 전하고 있다.

고려 시대에 와서 재배된 채소의 명칭과 식용 방법 등에 대하여 비교적 자세하게 문헌에 기록되어 있다. 대표적인 문헌은 고려 시대 이규보가 지은 『동국이상국집』의 시 '가포육영(家圃六詠)' 이다. 이 시는 텃밭에서 길렀던 외, 가지, 순무, 파, 아욱, 박 등 여섯 가지 채소들의 명칭, 생김새, 생태적 특성, 조리법 등을 시로 읊은 것이다. 그 가운데 가지에 대한 시 부분을 소개하면 다음과 같다.

가지(茄)

자주 색깔 바탕에 붉은 색 있으니 어찌 늙었다 하리.

꽃 즐기고 열매 먹으니 가지보다 더 좋은 것이 있나.

밭두둑 안에 푸르고 붉은 알(卵) 가득 차 있으니

생것으로 먹고 또 삶아 먹으니 여러모로 좋구나.

이 시는 가지의 색깔, 아름다운 꽃, 밭에서의 재배, 열매의 모양과 먹는 방법을 노래하고 있다. 여기서 주목할 것이 있는데, 바로 가지의 자주색, 붉은색, 푸른색의 색깔과 밭두둑 안이라는 사실이다.

외에서는 생태적 특성과 열매의 색깔은 다음과 같이 소개되고 있다.

외(瓜)

밭에 물 안 줘도 번성하여

누른색 푸른색 사이에 푸르게 열려 있네.

순무에서는 생육 과정과 용도를, 그리고 파에서는 조리에 사용하는 방법을 노래하였다. 또한 아욱에서는 생육의 자태를 읊었다. 박에서는 모양과 용도에 대한 내용을 시적으로 표현하고 있다. 이처럼 이규보는 당시 자기 집 텃밭에서 재배한 채소류를 생생하게 시로 기록하였다.

고려 시대 간행된 약제 관련 서적인 『향약구급방』에는 무, 배추 등 18종의 채소류가 기록되어 있다. 그 외에 다른 문헌에서도 수박, 참외, 토란 등에 대한 기록이 있다. 고려 시대에는 원산지가 한반도로 추정되는 쑥, 달래, 미나리, 도라지 등과 다른 나라에서 들어온 박, 마, 가지, 마늘, 오이, 상추, 생강, 파, 죽순, 토란, 부추, 아욱 등이 널리 재배되었다.

한편 고려 시대에는 채소 재배와 함께 과수 재배도 함께 이루어졌다. 『고려사』 '천문조' 에는 모과, 배, 자두, 살구 등 여러 가지 과실이 소개되고 있다. 그 밖에도 감, 대추, 밤, 복숭아, 앵두, 능금, 잣, 유자, 귤 등이 다른 문헌에 기록되어 있다. '청산별곡' 에는 "멀위랑 다래랑 먹고 / 청산에 살어리랏다." 라고 하여 머루와 다래가 나온다.

고려 시대의 시문에는 흥미롭게도 포도가 재배되어 열매도 먹고, 이것으로 술을 빚었다는 기록이 있다. 안축의 시에서는 포도주를 대접 받았다는 내용이 전해진다. 그리고 이색의 시에서는 "시렁에 가득 찬 포도송이가 푸른빛이 흐르는 것 같다." 라고 하였다.

이처럼 채소와 과실류가 고려 시대에 들어와서 대량 재배되어 식용되었다는 것이 문헌 기록으로 확인되고 있다. 그러나 비록 자료로서는 명확하지 않으나 삼국 시대에도 이미 채소 과실류가 재배되어 널리 식용된 것으로 추정된다.

여기서 주목할 것은 이 시기에 채소와 과실을 일상의 식생활에 필수적인 먹을거리로 이용하였다는 사실이다. 채소와 과실은 아름다운 색깔을 지닌 중요한 색깔식품이다. 우리는 지금부터 천연색소 성분을 함유하고 있는 색깔식품들에 대하여 보다 큰 관심을 가질 필요가 있다.

채소와 과실,
이들 색깔식품의 유혹과 건강기능성

■

앞에서 소개한 이규보 시인도 가지에서 자주색, 붉은색, 푸른색의 세 가지 색깔을 지적하여 노래하였다. 옛 시인의 마음에도 가지의 여러 색깔이 매력적이고 아름답게 보여서 이를 칭송하였을 것이다. 식품 중에는 천연적으로 색깔이 있는 식품재료들이 많이 있다. 검정 쌀이나 검은콩 그리고 자주감자나 자주고구마 등이 있으며, 식품 중에서도 채소와 과실들은 특히 아름다운 색깔을 지니고 있다.

이들 채소 과실류의 색깔식품을 간단히 정리하면 표 3-2와 같다. 즉 채소 과실류는 적색, 자색, 노란색, 초록색, 흰색 등의 5색, 즉 다섯 가지 색깔 그룹으로 크게 분류할 수 있다. 다른 색깔도 있지만 대체로 이 계열의 범위 내에 있다. 이들 색깔식품이 색상의 화려함과 아름다움으로 우리를 유혹하고 있다. 또한 색깔을 나타내는 성분은 표에서와 같이 적색은 안토시아닌이나 카로티노이드이고 자색은 주로 안토시아닌이다. 그리고 노란색 계열은 플라보노이드나 카로티노이드이며, 초록색은 클로로필이다. 백색은 특별한 색깔이 없는 것으로 무

색깔 식품	해당 식품과 색깔 성분
적색 식품	토마토, 빨간 고추 등의 안토시아닌, 카로티노이드 등
자색 식품	가지, 블루 베리 등의 안토시아닌 계열
노란색 식품	감, 귤, 당근 등의 플라보노이드 및 카로티노이드 등
초록색 식품	오이, 시금치, 브로콜리 등의 클로로필 계열
백색 식품	마늘, 양파 등의 특별한 색깔 성분이 없는 무색 계열

■ 표 3-2 · 채소 과실의 5색 색깔식품 ■

색이거나 흰색 투명한 것들이다.

이러한 성분들에 의한 색깔들은 인간의 정서에 큰 영향을 준다. 색에는 빛의 파장 자체를 나타내는 색상이 있으며, 이는 하나의 색과 다른 색을 구별하게 하는 색의 이름이 된다. 가장 중요한 색상인 빨강의 주요 이미지는 열정, 자신감, 활동성이다. 자색의 이미지는 우아함, 고귀함, 자존심이며, 노랑의 이미지는 밝음, 행복, 희망이다. 초록의 이미지는 신선함, 젊음, 건강이고 흰색의 이미지는 깨끗함, 순수함, 상쾌함이다.

또한 식품의 색깔은 인간의 식욕에도 많은 영향을 준다. 대체로 밝고 따스한 색(빨강과 노랑 계열의 색)은 맛있어 보이고, 탁하고 차가운 색(검정색과 진한 자주색 계열의 색)은 맛이 없어 보이는 경향이 있다. 빨강은 자극적이면서 흥분하게 하여 식욕을 증진시켜 준다. 위의 다섯 가지 색깔이 식욕에 미치는 영향을 간단히 정리하면 표 3-3과 같다.

색깔 계열	식욕에 미치는 영향
적색	자극적이고 흥분하게 하여 음식의 입맛을 돋우게 함.
자색	신비롭고 화려함. 진한 자색과 검정은 상한 것을 연상하게 함.
노란색	따스하고 신맛과 단맛을 느끼게 하여 식욕을 증진시킴.
초록색	신선하고 상큼한 느낌. 때로는 쓴맛의 느낌으로 식욕을 억제함.
백색	깨끗하고 신선한 느낌을 주어서 식욕을 돋우는 역할을 함.

■ 표 3-3 · 다섯 가지 색깔이 식욕에 미치는 영향 ■

일반적으로 표에서 보는 바와 같이 다섯 가지 색깔은 식욕에 긍정적으로 작용한다. 그러므로 접시에 담은 음식의 색깔은 아름다운 마음을 갖게 하며, 음식의 맛을 돋보이게 하여 결국 식욕을 증진시킨다. 이뿐만 아니라 전체적인 분위기를 좋게 한다. 이에 더 나아가 색깔식품은 우리의 건강과 행복을 약속하는 중요한 다른 특성이 있다. 과연 그것은 무엇일까?

색깔식품의 피토케미컬, 그 성분과 건강기능성

■

채소와 과실이 지니는 다섯 가지 색깔은 그 식품 자체가 함유하고 있는 안토시아닌, 카로티노이드, 플라보노이드, 클로로필 등의 천연색소 성분에 의해서 나타난다. 이러한 식물성 색소를 피토케미컬phytochemical이라고 하며, 식물성 생리활성물질이라고도 한다. 이들은 우리 인체에 매우 중요한 건강기능성 성분으로, 식물성 식품 중에서도 곡류나 감자보다 채소와 과실에 많이 함유되어 있다.

미국은 1991년부터 영양학자들의 경고에 따라 농무부와 국립암센터를 비롯한 여러 기관들이 참여하여 대대적으로 '5색 색깔식품 먹기 캠페인'을 전개하였다. 이 운동은 미국인들과 비슷하게 육류 등 동물성 식품을 많이 먹는 유럽 여러 나라에서도 적극 권장하고 있다.

이러한 캠페인의 배경은 채소와 과실류가 각종 비타민, 미네랄, 식이섬유소 등의 영양 성분을 많이 함유하고 있기 때문이다. 즉 비타민은 체내 대사를 원활하게 하여 특정 질병을 예방하고, 식이섬유소는 다른 음식에 함유된 영양소의 장내 흡수와 배설을 촉진하며, 미네랄은 신체의 구성과 세포의 활동에 중요한 역할을 하기 때문이다.

2000년대부터 미국을 비롯한 세계 여러 나라에서 색깔식품이 큰 인기를 얻고 있는데, 이것은 색깔식품에 있는 비타민, 섬유소, 미네랄 등의 영양소보다 더 중요한 피토케미컬 성분이 함유되어 있기 때문이다. 다시 말하면 색깔식품이 피토케미컬 때문에 더 인기를 얻고 있다는 것이다. 피토케미컬은 영양소는 아니지만 우리의 건강에 유익한 생리활성물질, 즉 웰빙 건강기능성이 있다.

채소와 과실에 많이 함유되어 있는 천연색소 성분인 안토시아닌, 카로티노이드, 플라보노이드, 클로로필 등의 피토케미컬은 산화 억제 및 노화 억제 작용, 암 예방, 심장질환 예방, 폐 기능 향상, 알레르기 염증 저하, 면역성 증강 등 각종 만성질환을 예방하는 탁월한 효능이 있다. 피토케미컬의 여러 효능이 과학적으로 다양하게 증명되고 있는데, 예를 들면 토마토, 딸기, 빨간 고추, 가지, 포도, 블루베리 등의 껍질에 많은 안토시아닌은 물에 잘 녹는 색소로서 산성에서는 적색을, 염기성에서는 보라색을 나타내며 강력한 항산화성을 지니고 있다. 적포도주는 동맥경화, 즉 저밀도지단백질LDL의 산화를 억제시키는 것으로 잘 알려져 있는데, 이 성분이 바로 안토시아닌과 레스베라톨이라는 성분이다.

또 다른 예를 들면, 감귤류와 토마토에서 등황색을 나타내는 플라보노이드와 카로티노이드 역시 항산화, 항노화, 항암 성분으로 알려져 있다. 토마토와 수박의 라이코펜, 사과 속에 있는 다양한 성분의 폴리페놀, 당근과 호박의 카로티노

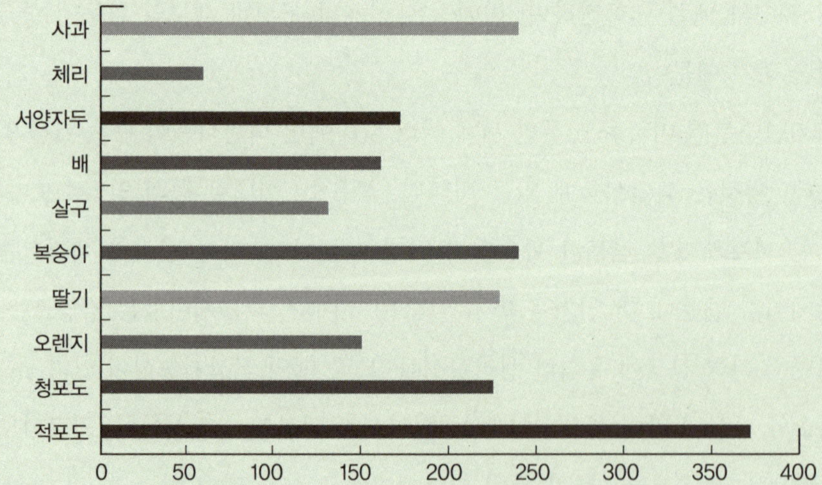

■ 그림 3-7 · 각종 과실 중의 폴리페놀 물질의 함량 단위(mg/200 g) ■

이드, 고추의 캡사이신과 캡산틴, 마늘과 양파의 알릴기 성분, 시금치와 배추와 여러 채소류의 클로로필 등이 다양한 건강기능성을 지니고 있다.

채소와 과실 중에 함유되어 있는 폴리페놀 물질은 '행복 코드 09: 차(茶)' 편에서 살펴본 것과 같이 카테킨류와 플라보노이드를 포함하는 통합 명칭으로 여러 가지 건강기능성을 갖고 있다. 특히 항산화성, 항노화성 그리고 항암성을 지니고 있다. 그림 3-7은 각종 과실의 폴리페놀 물질의 함량을 나타낸 것이다. 대부분의 과실들이 이를 함유하고 있으나 특히 포도, 사과, 복숭아, 딸기 등에 많다.

색깔식품은 비타민, 미네랄, 식이섬유소의 보물창고

■

색깔식품인 채소와 과실은 상대적으로 수분이 많이 함유되어 있다. 종류에 따라 차이가 많지만, 채소는 수분이 90~95%, 과실은 82~90% 범위이다. 그러므로 채소의 고형물은 5~10%, 과실류의 고형물은 10~18% 정도 된다. 과실의 경우는 당분이 비교적 많이 함유되어 있는데, 종류에 따라 8~18%의 범위이고, 특히 포도, 사과, 단감 등에 많다.

채소와 과실을 구성하는 성분들 중에서 일부 당질과 단백질을 제외하면 가장 중요한 성분은 비타민, 미네랄, 식이섬유소이다. 우리 인체에서 3대 영양소 다음으로 중요한 성분 역시 바로 비타민, 미네랄, 식이섬유소이다. 이 세 가지 성분이 채소와 과실에 많이 함유되어 있으므로, 이들을 충분히 섭취해야 한다.

비타민은 체내의 대사 기능에 반드시 필요한 물질이지만 체내에서는 합성되지 않는다. 따라서 꼭 음식으로 섭취해야 한다. 비타민은 각각 독특한 기능이 있어 해당 성분이 부족하면 결핍증이 생기고, 이를 섭취해서 보충하면 결핍증이 사라진다. 비타민에는 물에 잘 녹는 수용성 비타민(C, B1, B2, 나이아신 등 B그룹)과 지방질에 잘 녹는 지용성 비타민(A, D, E, K 등)이 있다. 채소와 과실에 함유되어 있는 비타민은 주로 수용성 비타민이다.

미네랄은 보통 무기질 성분으로 체내에서 조직의 구성 성분, 생리적 반응 촉매, 호르몬 작용 등의 기능을 지니고 있다. 체내에서 필요한 성분으로는 다량 무기질(칼슘, 인, 칼륨 등)과 상대적으로 미량 필요한 미량 무기질(철, 아연, 불소, 셀레늄 등)이 있다. 채소와 과실류에는 칼슘, 인, 칼륨 등이 많다.

채소의 비타민과 미네랄 성분, 예를 들어 시금치의 성분 내용을 보면, 비타민 A 8000 IU, B1 0.12 mg%, B2 0.30 mg%, 나이아신 1.0 mg%, C 100 mg%이며, 칼슘 98 mg%, 인 52 mg%, 철분 3.3 mg%를 함유하고 있다. 과실, 예를 들어 귤의 성분을 보면, 비타민 A 2000 IU, B1 0.10 mg%, B2 0.03 mg%, 나이아신 0.6 mg%, C 40 mg%를 함유하고 있고, 칼슘 16 mg%, 인 14 mg%, 철분 0.1mg%를 함유하고 있다. 대체로 비타민으로는 C가, 미네랄 성분으로는 칼슘과 인이 많은 편이다.

채소와 과실류에는 식이섬유소도 많이 함유되어 있다. 인체의 소화 효소들에 의하여 분해되지 않는 섬유질 성분을 식이섬유소라고 하는데, 표 3-4에서와 같이 물에 녹는 용해성 식이섬유소(펙틴, 검, 일부의 헤미셀룰로스 등)와 물에 녹지 않는 불용성 식이섬유소(셀룰로스, 헤미셀룰로스, 리그닌 등)가 있다. 용해성은 과실류와 일부 곡물류에, 불용성은 채소류와 곡물의 겨층에 많이 함유되어 있다.

식이섬유소는 영양학적 특정 기능보다는 생리적으로 중요한 기능을 갖는다. 식이섬유소는 수분을 스스로 흡수 보유하여 팽윤하는 성질이 있으므로 장 내용물의 부피를 크게 하고 변의 양을 증가시킨다. 따라서 포만감을 주며 소화관을 자극하여 통변을 쉽게 함으로써 변비를 예방한다. 이러한 효과는 탈장 및 치질 발생률을 낮추어 준다. 또한 대장암 등 암 예방에 효과가 있다고 알려져 있다.

한편 용해성 식이섬유소의 흡수 작용은 특정 성분의 소화 이용을 방해하는 작용을 한다. 따라서 소장의 당 흡수를 느리게 하고 혈당 조절을 쉽게 하여 당뇨병 발생의 위험을 감소시킨다. 또한 지방질 등의 흡수를 방해하기 때문에 비만 예방 치료에 효과적이다, 그리고 혈액 중의 콜레스테롤 함량을 저하시켜 관상동맥질환 예방에 도움을 준다.

이러한 식이섬유소의 생리적 기능은 음식을 먹었을 때 위를 비우는 속도를

종류	주요 구성 성분	급원 식품	주요 생리적 효과
용해성 식이섬유소	팩틴	과실	만복감 부여 혈당 조절과 당뇨병 감소 혈청 콜레스테롤 저하 심혈관 질환 발생 감소 분변 양 증대 소화관 내 체류 시간 단축 장암 및 대장암 감소
	검(gum)	곡물	
	기타	해조류	
불용성 식이섬유소	리그닌	채소류	
	셀룰로스	통밀, 현미	
	헤미셀룰로스	식물 줄기	

■ 표 3-4 · 식이섬유소의 종류, 급원 식품 및 생리적 효과 ■

지연시키는 역할, 즉 포만감을 느끼게 하여 식욕을 감퇴시키기도 한다. 너무 많이 섭취하면 영양소 이용이 다소 낮아지는 경향도 있다. 그러나 고(高)식이섬유소 다이어트에 의한 과량 섭취가 아닌, 일반 식사 방식에는 과량으로 인한 문제점은 별로 생기지 않는다. 식이섬유소의 권장 섭취 기준(한국인영양섭취 기준, 2005년)에 의하면, 1000 Kcal 당 12 g으로 정하고 있다. 이를 성인 남녀 기준으로 하루 권장 섭취량으로 환산하면 22~31g의 범위가 된다.

식이섬유소가 비교적 많이 함유된 고구마 한 개(약 240 g 크기)의 함량이 2.2 g 정도 된다. 쌀밥 한 공기의 함량은 0.4 g이다. 사과(보통 크기) 한 개 1.5 g, 양배추 2장 0.6 g, 오이 한 개 2.2 g 정도의 식이섬유소를 함유하고 있기 때문에, 관

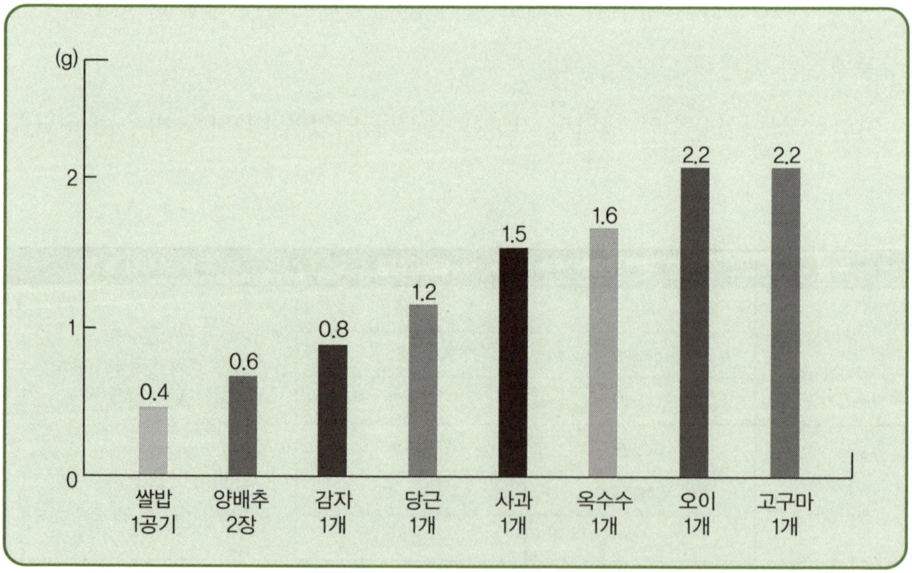

■ 그림 3-8 · 식품 중에 들어 있는 식이섬유소 함량 ■

심을 갖고 채소류 반찬과 과실을 많이 먹어야 권장량을 겨우 채울 수 있다.

식이섬유소 섭취를 높이기 위해서는 먼저 채소 과실류를 충분히 섭취해야 한다. 또한 잡곡밥, 통밀 빵, 고섬유질 시리얼, 두류 등의 식품을 포함한 식단을 효과적으로 활용하는 것이 바람직하다. 그리고 많은 양의 싱거운 김치, 껍질을 포함한 고구마, 해조류, 옥수수 등의 섭취를 높이는 것도 좋은 방법이다.

삼국 시대부터 널리 식용하였던 전형적인 색깔식품인 채소 과실류는 오늘날에도 많은 사람들이 즐겨 먹고 있다. 맛과 향기가 좋고, 비타민, 식이섬유소, 미네랄 등 영양소가 많기 때문이다. 또한 천연색소인 피토케미컬을 함유하고 있기 때문인데, 생리활성물질인 피토케미컬은 최근에 크게 문제가 되고 있는 각종 만성질환을 예방하는 웰빙 건강기능성 성분이다. 따라서 더욱 건강하고 행복하게 살기 위해서는 채소와 과실의 색깔식품을 충분히 섭취하는 것이 중요하다.

4

조선 시대의 우리 음식문화에서 찾는 행복

행복한 우리 음식문화

행복 코드 13

궁중음식

— 한식의 정수(精髓)를 보여 주는 조선 시대 궁중음식 —

조선 시대 궁중의 상차림

■

우리나라 음식문화는 긴 세월 동안 여러 왕조를 거쳐 계승되어 조선 시대에 이르러 비로소 그 모습이 잘 갖추어지고 내용도 결실을 맺게 되었다. 잘 갖추어진 내용과 맺어진 결실은 조선 시대의 궁중음식에 관한 문헌인 『진찬의궤』, 『진연의궤』 등의 문헌을 통해 자세히 살펴볼 수 있다. 특히 음식의 이름, 재료, 그릇, 조리 기구, 상차림 구성법, 식사의 절차, 주방의 제도 등 관련 의례에 대한 내용을 상세하게 읽을 수 있다.

먼저 궁중의 상차림 종류이다.

조선 시대 궁중의 상차림에는 여러 가지가 있었다. 임금님에게 매일 올리는 수라상, 왕족의 경사스러운 날에 준비하는 진연상, 외국 사신을 대접하는 영접 진연상, 가례 때 차리는 고배상, 제례 때 차리는 제례상 등이 있었다. 그 중에서 수라상이 가장 중요한 일상식이었다.

궁중에서는 평일에 일상식으로 몇 차례의 식사가 시행되었다. 매일 대전, 중전, 대비전, 대왕대비전에는 각각 이른 아침(7시경)의 초조반상, 아침수라상(10시경), 점심(낮 1시경)의 낮것상, 저녁수라상(5시경), 저녁의 야다소반(저녁 9시경) 등으로 구분하여 상을 올렸다. 초조반상이나 야다소반은 죽이나 미음 중심의 차림이고, 낮것상은 간단한 국수, 만두, 떡국을 중심으로 차렸다.

우리가 특히 관심을 가져야 할 궁중의 상차림은 바로 아침과 저녁의 수라상이다. 임금님이 일상적으로 받는 진지상을 수라상이라고 하는데, 이 수라상의 내용이 우리 음식문화에 미친 영향은 대단히 크고 의미가 있다. 이에 대해 좀 더 살펴보자.

위에서 소개한 『진찬의궤』와 『진연의궤』 외에도 조선 시대 왕실의 의례를 자세하게 살펴볼 수 있는 또 다른 문헌이 있다. 정조 19년에 정조가 아버지 사도세자와 모후인 현경황후 홍씨의 회갑과 자신의 즉위 20년의 경사를 맞이하여 화성(지금의 수원)의 현륭원(사도세자의 능)에 다녀 온 일이 있는데, 이때의 행사 절차와 행했던 일들을 자세하게 기록한 『원행을묘정리의궤』(1795)가 바로 그것이다. 이 책에는 정조와 왕의 일행이 한성의 경복궁을 출발하여 환궁하기까지 행차 중에 대접한 식사의 종류와 내용이 상세하게 나와 있다. 이를 통해 정조 임금의 수라상 그리고 조선 왕조 임금의 수라상을 간단히 정리하여 살펴보기로 한다.

조선 시대는 엄격한 신분 제도에 의한 계급 구조가 분명하였으므로 상차림 역시 계급 구조에 따른 질서 속에서 유지되었다. 즉 왕과 왕족, 양반, 중인, 평민, 천민의 구별이 분명하였다. 왕과 왕가의 상차림은 계급 구조에 따른 최고의 품격을 갖춘 상차림이었다. 정조 임금과 조선 시대 왕의 수라상을 좀 더 자세히 살펴보자.

임금의 수라상은 기본차림과 12첩 정찬으로 구성된 상차림이었다. 수라상을 왕에게 올릴 때는 세 사람의 수라상궁이 이를 거행하였다. 이때 수라상의 주된 상은 대원반이지만 곁상으로 소원반과 책상반이 있으며, 이 3개의 상에 기본차림의 음식과 12첩 찬품의 음식을 나누어 올렸다.

먼저 수라상에 올리는 기본차림과 찬품이다.

기본차림의 음식에는 수라(흰수라 백반 또는 팥수라 홍반), 국류(또는 찌개류), 김치류, 초장, 젓국류, 찜, 전골이 있다. 그리고 함께 올리는 12첩 찬품은 구이, 적, 전유어, 편육, 숙채, 생채, 조림, 젓갈, 장아찌, 마른 찬류(자반 등), 별찬(수란 등) 등이었다. 궁중의 일상식 상차림에 있어서 12첩의 정찬 차림은 왕과 왕비만이 받는 차림이며, 비록 왕족이나 벼슬이 높은 신하라고 해도 이 차림을 받을 수 없게 되어 있었다.

왕에게 수라상을 올릴 때 대원반에는 기본차림 음식 외에 9종류 내외의 정찬을 차려 놓았으며 왕은 대원반 상을 받으며 수라를 드셨다. 곁상인 소원반에는 팥수라 외에 정찬 여러 가지와 차 주전자와 수저들이 있으며, 그 옆에서 기미상궁이 음식 하나하나에 대한 검식(檢食)을 하며 도우미로 앉아 있었다.

또 다른 곁상인 책상반에는 전골 담당 상궁이 앉아 준비된 재료로 전골을 요

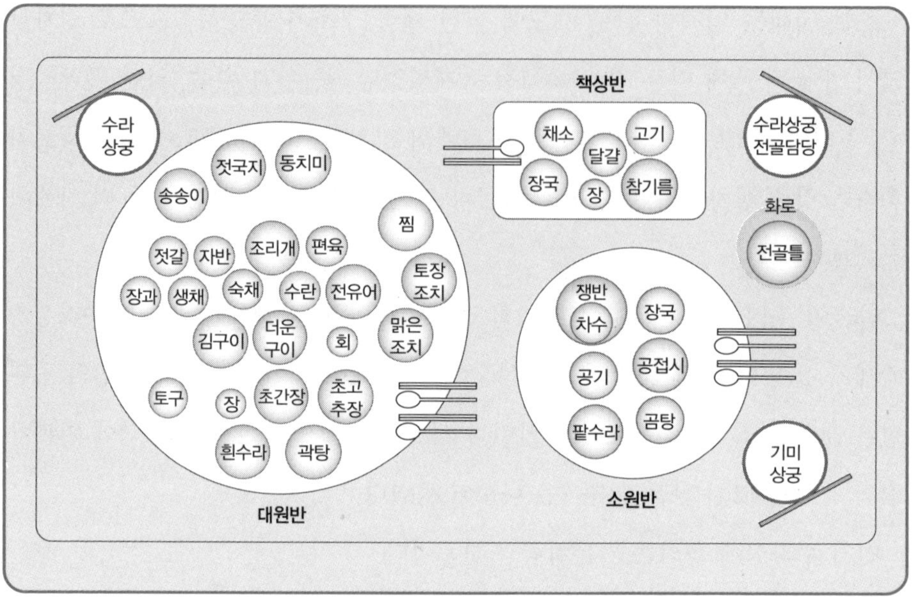

■ 그림 4-1 · **조선 시대 왕의 수라상 및 상의 위치** ■

리하여 바로 대원반에 올렸다. 이때 다른 한 명의 상궁은 음식 그릇의 뚜껑을 여닫고 다른 시중을 들었다. 왕이 은반상기(여름에는 사기반상기)에 담은 음식들을 은수저로 모두 들면 숭늉이나 차를 마지막에 올렸다.

수라상에 오르는 기본차림의 음식이나 12첩의 찬품은 우리 5천 년 음식문화에서 가장 뛰어난 음식, 즉 우리 음식의 정수라고 할 수 있다. 다양한 궁중음식 중에서도 대표적인 것은 신선로, 구절판, 전골, 규아상, 어만두, 두부선, 양동구리, 송이산적, 장김치 등의 요리들이다.

신선로는 뜨거우면서도 시원한 국물 맛 그리고 고단백이면서 채소의 여러 색깔이 내는 멋이 예사롭지가 않다. 구절판은 아홉 가지 아름다운 색깔이 마치 예술 작품을 보는 듯하고 여덟 가지 구성 음식이 내는 독특한 맛은 가히 설명하기가 어렵다. 송이산적은 그 향긋함과 씹히는 느낌이 참으로 특별한 음식이다. 다른 음식들도 맛과 멋과 건강기능성에서 진실로 으뜸가는 요리라고 할 수 있다.

이들이 명품인 이유, 그리고 우리 음식의 정수라고 감히 말할 수 있는 이유는 과연 무엇인가?

조선 시대 궁중음식은 우리 음식의 정수

■

우리가 사는 한반도는 삼면이 바다이며 넓은 평야와 높고 낮은 산들이 주변을 둘러싸고 있다. 그리고 대륙과 해양의 영향을 받아 지역에 따라 기후가 독특하고 사계절이 있다. 이러한 지역적 위치와 기후에 따라 예로부터 우리나라에서는 좋은 먹을거리가 다양하게 생산되었다. 이에 따라 우리 민족은 장구한 역사를 지닌 독특한 음식문화를 발전시켜 왔으며, 우리의 식생활문화도 거의 5천 년이나 되었다. 식생활문화는 고대, 삼국 시대, 통일신라 시대, 고려 시대, 조선 시대, 근대와 현대로 이어지면서 우리의 정치사와 민족문화사의 흐름과 거의 같이 하였다고 할 수 있다.

상고 시대는 자연 채취식에서 서서히 벗어나 농경이 뿌리내리기 시작하였으며 기원전 2천여 년에 벼농사가 시작되었다. 삼국 시대와 통일신라 시대에는 재료와 조리 방법이 발달하면서 주부식의 식생활이 정착되고 부엌과 간편한 조리 기구가 등장하였다. 그리고 원시적인 김치와 밥, 떡이 보편화되었던 시기이다. 고려 시대에는 각종 곡류식품, 두부, 술, 차 등의 음식과 의례음식이 다채로웠고 계절과 명절 음식을 즐겼다. 이때에 객관(客館), 주막, 식료품상도 생겨났다.

조선 시대는 한식이 발달하고 완성된 시대이자 식습관 정립의 시대라고 할 수 있다. 이 시기에 고추, 감자, 고구마 등이 도입되고 각종 조리 방법이 크게 발전되었으며 발효 식품이 오늘날과 같은 모습으로 탄생하였다. 조선 후기에 이르러서는 음식이 다양해짐에 따라 상차림과 식사예절이 체계화되고, 궁중음식문화를 비롯한 전반적인 한식문화가 정착되었다.

이와 같이 우리의 궁중음식문화는 시대의 변천과 왕조에 따라 계승 발전되었고 조선 후기에 이르러 그 완성을 보게 되어 우리 음식의 정수가 된 것이다. 그리고 지역의 향토음식과 함께 한식의 전형이 되었다.

궁중음식의 내용은 앞에서도 소개한 여러 가지 문헌들에 기록되어 보존되고 있으나 실제 조리법이나 절차의 세세한 부분까지 모두 알 수는 없다. 다행스럽게도 조선 왕조의 고종과 순종을 모셨던 마지막 상궁의 도움으로 그 내용이 전승되거나 재현되고 있다.

궁중음식을 우리 음식문화의 정수라고 할 수 있는 이유는 무엇인가? 또 최고 수준의 명품이라고 할 수 있는 이유는 무엇인가? 여기서 우리들이 가장 궁금한 것은 바로 궁중의 주방 제도와 조리사의 조리 기술 전수에 관한 것이다.

궁중음식문화는 궁중의 주방 제도와 조리전문 훈련 제도에 따라 가르치고 전수되었다. 조선 시대의 경우 궁중에서 음식을 장만하는 소주방에는 직책에 따라 나인들과 주방상궁 그리고 대령숙수가 있었다. 특히 주방상궁과 대령숙수가 모든 일의 주역을 담당하였다.

주방상궁의 경우, 13세에 궁중에 들어와 스승을 정하여 20년간 전수 교육을 받는다. 긴 세월이 지나 33세가 되면 비로소 첩지를 받아 주방상궁이 된다. 그리고 일평생 소주방에서 음식 만드는 일을 하게 된다. 주방상궁과 함께 음식을 만드는 대령숙수는 세습에 의해서 대대로 조리 기술을 전수받은 남자 전문조리사이다. 즉 궁중음식은 주방상궁과 대령숙수들에 의해서 대대로 발전한 음식이며, 장구한 세월을 통해서 개선되고 또 전승되었다.

따라서 궁중음식은 당대 최고의 전문조리사들인 주방상궁과 대령숙수들이, 전국 각 지역에서 진상되는 최상품의 재료를 이용하여, 가장 우수한 조리시설에서 또 좋은 조리기구를 가지고, 정성을 들여 만든 음식이다. 그러므로 음식의 색깔, 모양, 향기, 맛, 입안의 촉감 등이 당대 최고 수준의 명품 음식일 수밖에 없다.

이러한 궁중음식의 특징은 무엇일까?

식품 재료는 우리의 풍토에서 얻어진 친자연적인 것들이다. 식물성 재료를 중심으로 하되, 적절히 동물성 재료를 곁들이는 지혜를 발휘하였다. 다양한 곡물을 활용하였고, 특히 쌀과 콩 그리고 각종 채소류를 효과적으로 이용하였다.

상차림은 밥[주식]과 반찬[부식]의 상호 보완적인 구조를 유지하되, 기본적인 차림과 적절히 반찬 수를 늘리는 독특한 상차림의 식단을 구성하였다. 이에 따라 밥 짓는 방법과 다양한 반찬의 조리법이 발달하였다. 또한 고명과 양념, 김치와 장류, 술 등의 발효 식품이 개발되고 발전하였다.

이 밖에도 영양과 건강이 강조된 식단이다. 이 식단에는 식약동원의 사고방식과 음양오행설에 따른 음식문화 그리고 건강 내용이 충분히 반영되었던 것이다. 음식의 영양에 관한 논리는 음양오행설에 기초를 두고 있다. 음식의 선택, 조합, 조리 등이 모두 영양 및 건강과 관련이 있으며 그 내용이 과학적이다.

궁중음식은 맛과 멋이 강조되고 있다. 감각기관으로 느끼는 1차적인 맛 그리고 향기와 촉감이 더해진 풍미로 이해할 수 있는 넓은 의미의 맛이 있다. 이 뿐만 아니라 정신적이고 심미적이며 풍류적인 멋을 동시에 느낄 수 있다. 따라서 궁중음식은 최고라고 말할 수 있는 맛과 멋의 음식문화이다. 우리나라의 숟가락과 음식그릇 그리고 세간들이 발달하고 그들 모두가 아름다운 것은 이와 무관하지 않다고 할 수 있다.

지금 우리는 조선 시대의 궁중음식을 즐기고 있다

■

흥미로운 것은 이와 같은 궁중음식의 교류와 전파이다.

궁중음식이 궁궐 안에만 머문 것이 아니고, 궁궐 밖의 사대부나 평민들의 음식과 교류하였다는 사실이다. 왕가와 사대부와의 교제, 결혼 등의 사회적 관계가 계속되면서 음식문화도 서로 교류하게 되었다. 같은 이치로 사대부와 평민과의 교류도 긴 세월에 걸쳐 자연스럽게 일어났다. 비록 종류와 품격과 사치의 정도가 다르지만 궁중음식문화는 차츰 사대부 집안으로, 이어 긴 시간을 두고 평민에게까지 전파되었다. 그리고 지금 우리도 궁중음식의 계승과 발전을 위해 노력하고 있다.

소중한 궁중음식문화를 계승하고 발전시키면서 즐기는 것은 우리의 책무이다. 조선 시대 마지막 상궁들로부터의 전수, 주방상궁의 무형문화재 기능보유자 지정, 궁중음식의 재현 및 전시, 관련 문헌 연구, 전문조리사의 양성, 궁중음식 요리 강습 등 오늘날까지 이에 대한 다각적인 노력이 계속되고 있다. 오늘날 이와 같은 일들이 결실을 맺고 있으며, 음식의 내용도 이미 일반인에게 널리 보급되었다. 지난날의 궁중음식은 향토음식과 함께 우리나라 국민 모두가 즐겨 먹는 한식의 전형이 된 것이다.

앞으로도 지속적으로 이들의 좋은 점을 기려 계속 발전시키는 것이 중요하다. 그리고 기본적으로 궁중음식이 지니고 있는 단점이 있다면 이를 개선하고 보완해 나아가야 할 것이다. 예를 들면 반찬들의 가짓수가 너무 많은 것은 보다 영양적이고 합리적인 식단으로 개선, 발전시킬 필요가 있다. 또한 모든 음식을 동시에 상 위에 배치하는 평면전개형의 상차림도 부분적으로 개선해야 할 일이다.

지금은 음식 재료도 사시사철 좋은 것들이 나오며 조리 솜씨도 대단하다. 우리 가정에서도 궁중음식을 쉽게 먹고 있지만 품격이 있는 한식집에서 어렵지 않게 옛날의 궁중음식들을 맛볼 수도 있다. 최근 서양의 여러 가지 음식이 범람하고 있는 것도 사실이지만, 전에 없이 우리 것 그리고 건강 등의 이유로 한식이 인기를 끌고 있으며 세계적인 식품으로 자랑스럽게 먹고 있으니 이 또한 행복한 일이 아닐까!

그런 뜻에서 궁중음식 중 '구절판'을 여기서 한 입 맛보며 감상해 보기로 하자. 구절판은 산과 들 그리고 바다에서 나는 진미의 재료로 만든 8가지 음식과 밀전병으로 구성된 9가지 조합의 음식이다. 먼저 칠흑의 구절판 찬합의 뚜껑을 열면 9가지 아름다운 색깔이 감탄을 불러일으킨다. 밀전병의 약간 투명한 흰색, 쇠고기의 갈색, 달걀노른자의 노랑, 흰자의 백색, 오이의 초록색, 당근의 붉은색, 표고의 흑갈색, 해삼의 청회색, 숙주의 투명한 연 노란색 등의 색깔이 우리의 눈을 유혹한다.

구절판 찬합 바깥쪽의 여덟 칸에는 서로 다른 음식이, 가운데 칸에는 밀전병이 있다. 젓가락으로 음식들을 각각 조금씩 밀전병에 싸서 한입에 넣고 천천히 음미하면서 맛과 색깔과 멋을 즐긴다. 일찍이 우리나라를 방문했던 노벨 문학상 수상자인 펄벅 여사가 구절판 음식의 멋과 맛에 두 번 놀랐다는 일화가 있다.

구절판은 '조화'와 '균형'의 음식이다. 주재료와 양념의 조화, 식물성 식품과 동물성 식품의 조화 그리고 색깔의 조화가 우리의 코와 입과 눈을 즐겁게 한다. 그리고 영양의 균형은 다른 음식에서는 가히 찾기 힘들다.

■ 그림 4-2 · 궁중음식의 하나인 구절판 ■

여러 왕조를 통해 발전해 온 궁중음식은 한식의 정수이자 전형이며, 오늘날에는 우리 모두에게 일반화된 품격 있는 한식이 되었다. 이제 우리가 이를 즐기는 것은 맛과 멋 그리고 건강을 함께 얻는 진실로 행복한 일이 아닐 수 없다.

행복 코드 14

고추

— 붉고 매운 건강식으로 승화시킨 특별한 유혹 —

고추의 전래 경로와 그 시기에 관한 의문

지난 2010년 10월, 우리나라를 방문한 시드니 민츠Sidney Mintz 교수가 남긴 이야기는 매우 놀라운 내용이었다. 세계적인 인류학자이자 미국의 존스 홉킨스 대학교 교수인 그는 서울에서 개최된 '한국학술협의회' 주관의 '석학연속강좌'의 연사로 초빙되었는데, 음식과 역사와의 관계에 대해 특별 강연을 하면서 "한국인에게 빨간 고추는 '불의 발견' 못지않다."라고 이야기하였다고 한다.

우리가 이를 좀 더 정확히 이해하기 위해서는 고추와 관련된 중요한 음식문화 사건부터 살펴볼 필요가 있다. 고추가 한반도에 전래된 시기와 경로, 그리고 그 후에 진행된 식용에 관한 세 가지 의문이 바로 그것이다. 이 일들은 조선 시대 임진왜란(1592~1598) 전후에 일어났을 것으로 추정하고 있지만 아직도 정설은 없다.

조선 시대에는 고추를 주로 '고초(苦椒)'라고 불렀다. 궁중연회의 식단을 적어 놓은 공식 문헌 『진연의궤』에도 이렇게 표기되어 있다. 그러나 다른 여러 문헌에는 '랄가', '번초', '고초(苦草)', '남만초(南蠻椒)', '왜겨자', '고려호초', '당초' 등의 이름으로 기록된 것들도 있다.

남아메리카 페루와 볼리비아 접경지가 원산지인 고추는 이미 2,000여 년 전부터 재배되기 시작하였다. 1493년에 콜럼버스에 의해서 스페인에, 이어 16세기에는 유럽 전역에, 그리고 16~17세기에 인도를 경유하여 동북아시아에 보급되었다고 추정하고 있다. 한반도 고추 전래에 대해서는 다음과 같은 몇 가지 설이 알려지고 있다. 장지현의 『한국전래발효식품사연구』(1996) 및 다수의 문헌 자료들을 바탕으로 이들 몇 가지 주장을 간단히 살펴보자.

이수광이 1614년에 지은 『지봉유설』에는 "고추[난만초]는 일본에서 건너온 것이기에 왜겨자라고 한다."라는 내용이 있다. 이에 의하면 『지봉유설』이 저술된 1614년 이전에 이미 고추가 일본을 거쳐 우리나라에 들어왔다는 것이 된다. 여기에는 고추를 남만초 또는 왜겨자라고 불렀다는 사실이 명백하게 실려 있다.

한편 이익의 『성호사설』(1721)에서는 고추의 북방 도래설을 밝혀내고자 만주 지역의 자료를 고찰하였는데, 그것은 왜겨자와 유사한 천초라는 것이라고 하였다. 당시의 왜겨자 또는 남만초와는 다른 것이었다고 한다. 결과적으로 이익의 주장 역시 고추 전래의 경로는 일본이라는 것을 간접적으로 밝혀 주고 있다. 이

규경도 그의 저서들을 통해 고추가 일본에서 전래되었다고 확인하면서 그 시기를 『지봉유설』의 시기(1614) 이전이라고 하였다.

이들의 주장을 정리하면, 대체로 고추는 일본을 경유하여 임진왜란 이후 어느 시기에 전래되었다는 것을 알 수 있다. 그러나 이러한 전래설과는 다른 주장들이 있다. 다음에서 좀 더 살펴보자.

일본에서의 고추 전래설과 최근에 발표된 우리의 고추 전래설

앞에서 살펴본 것과 같이 우리의 경우는 남방전래설이 설득력을 얻고 있으며, 일본을 통해 들어왔다는 학설이 주를 이루고 있다. 한편 일본에서의 고추 도래설은 어떠한가? 일본 측의 고추 도입 경로를 보면, 북방설과 남방설을 동시에 받아들이고 있다.

그 중 남방설은 포르투갈 상선에 의해서 들어왔다는 것이다. 천문년간(天門年間, 1532~1555년)에 포르투갈 상선과의 교역이 시작되었고, 그때 남만선을 통해 도입하였고 한다. 북방설은 임진왜란 때 가등청정이 우리나라에서 가져온 것이며, 이 때문에 '고려호초'라는 명칭이 주어졌다는 설이다.

일본에서의 이러한 사실은 고추가 임진왜란 이전에 우리나라에서 재배하고 있었으며, 그것을 가등청정이 일본으로 가져갔다는 것을 알려준다. 이에 대하여 장지현 교수는 다음과 같이 결론 내리고 있다. 즉 일본의 경우 그들의 천문

년간에 남만선을 통하여 고추를 도입하였고, 우리나라는 임진왜란 이전에 일본으로부터 고추를 받아들였으며, 임진왜란 중에 우리나라에 왔던 가등청정이 고추를 역수입해 갔다고 보아야 한다는 것이다. 결론적으로 고추의 전래 경로와 그 시기 문제는 아직도 의문에 싸여 있으며, 확정된 정설이 없다.

이에 대한 의문은 다음에서 더 계속된다. 2009년에 또 다른 연구 결과가 발표되었기 때문이다. 한국식품연구원 권대영 박사와 한국학중앙연구원 정경란 박사팀은 기존에 있었던 고추의 일본 전래설을 뒤집는 또 다른 새로운 사실들을 밝혀냈다. 우리나라의 고서적들에서 임진왜란 훨씬 이전인 1400년대에 고추를 먹었다는 문헌 자료들이 발견된 것이다. 『구급간이방』(1487)에는 '고쵸'에 대한 내용이, 『훈몽자회』(1527)와 『식료찬요』(1460)에는 '고쵸'와 '고초장'에 대한 언급이 있다.

따라서 이와 관련된 연구는 앞으로도 계속되겠으며, 이 문제들은 당분간 논란과 의문 속에 싸여 있을 수밖에 없다. 앞으로 학계의 정리된 학설이 정식으로 나와 주었으면 한다.

붉고 매운 고추의 식용은 위대한 어머니의 지혜

임진왜란 전후 어느 시기에 고추가 우리나라에 들어왔다면, 전래된 후에 바로 우리 음식 조리에 사용하였을까?

앞에서 제시한 자료에 의하면 1400년도 후기에 이미 식용하였다는 가설도 성립할 수 있다. 그러나 1600년도 전후에 발간된 『지봉유설』, 『도문대작』 등의 책에서 고추를 음식의 재료로 사용하였다는 기록이 비로소 나타나고 있다. 그리고 『증보산림경제』(1760)에서 고추 재배가 일반화되어 이를 김치에 사용하였다는 획기적인 사실이 기록되어 있다. 물론 실제로 사용한 시기는 책에 기록된 것보다 훨씬 이전일 수도 있다.

이러한 사연을 지닌 고추가 우리나라에 들어와 드디어 재배되기 시작한 것이다. 그리고 비로소 식용하게 된 고추의 이모저모를 한 번 간단히 살펴보자.

고추는 가지과에 속하는 1년생 초본이다. 잎은 약간 긴 계란형이고 과실 고

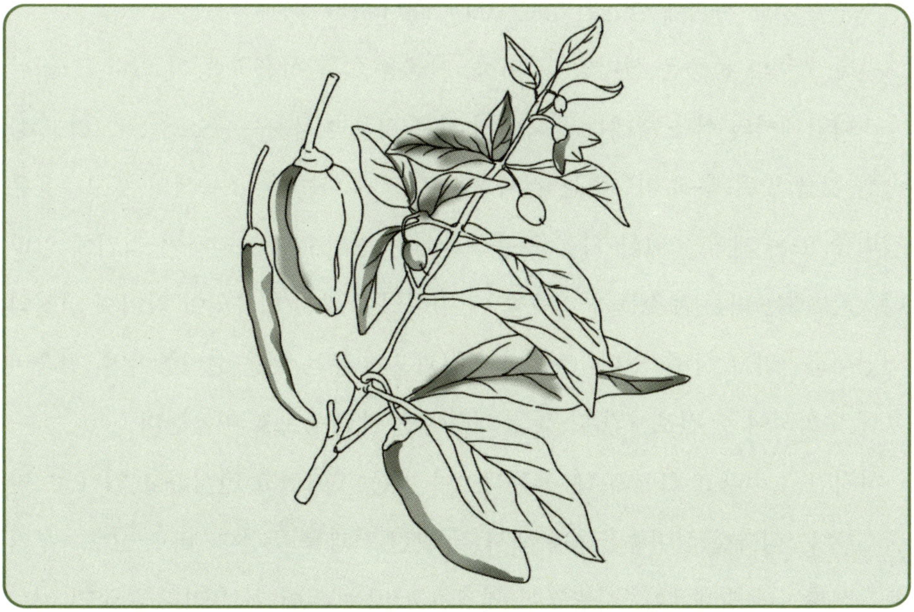

■ 그림 4-3 · 고추의 줄기 · 잎 · 과실의 모습 ■

추는 긴 타원형이다. 과실은 처음에는 녹색이지만 성숙하면 빨갛게 되고 껍질과 씨앗은 대단히 맵다.

고추 과실의 성분은 품종과 성숙도에 따라서 차이가 많이 난다. 풋고추는 일반 영양성분이 거의 채소류와 비슷하지만 비타민 함량이 높다. 건고추의 영양소 함량은 당질, 단백질, 지방질, 섬유질이 모두 13~33% 수준으로 고르게 많은 편이다. 특히 건고추에는 비타민 A(7300 IU 내외)와 C(220mg% 내외)의 함량이 대단히 높다. 고추의 가장 특별한 성질은 붉은 색깔과 매운맛이다. 붉은 색소는 주로 캡산틴이고 카로티노이드 성분도 있다. 우리나라 재래종의 캡산틴 함량은 10~18 mg% 범위이다. 그리고 매운맛은 알카로이드의 일종인 캡사이신으로, 건고추의 경우 과피에 함유된 양은 200~300 mg% 수준이다.

원래 고추의 품종은 신미종, 감미종, 가공용종, 관상용종 등이 있다. 그러나 우리나라에서의 식용 형태는 성숙하지 않은 것을 이용하는 풋고추용 그리고 성숙한 것을 말린 후에 이용하는 건과용으로 크게 나눈다. 초록색의 풋고추용은 감미종 또는 채식을 위한 가공용 품종들이며 반찬으로 조리하여 먹기에 알맞다. 풋고추는 다른 채소들과 비교할 때 비타민이 많이 함유되어 있어서 양질의 영양식품이라고 할 수 있다. 붉은색의 건과용 고추는 매운 신미종이며, 성숙된 후에 수확하여 잘 건조시킨 다음, 분쇄하여 향신료 등으로 이용한다.

하지만 고추라고 하면 으레 붉은색이며 매운 것이라고 인식하고 있다. 그만큼 고추는 성숙한 신미종을 수확해서 잘 말린 건과를 뜻한다. 바로 고춧가루의 붉은색과 매운맛에 많은 사람들이 열광하고 있는 것이다. 우리나라 국민 어느 누구도 고춧가루의 특별한 유혹을 결코 외면하지 않는다. 이 때문에 우리 식단의 많은 음식들이 붉고 매운 것으로 채워져 있다.

여기서 우리가 꼭 알고 넘어가야 할 중요한 사실이 있다.

동북아시아의 한국, 일본, 중국 세 나라는 15~17세기 거의 같은 시기에 고추가 자기들 나라에 전래되었음에도 불구하고, 우리나라만이 고추를 적극적으로 음식에 사용하였다는 것이다. 특히 고추장과 김치에는 고춧가루를 대량 사용하는 한편, 기타 대부분의 음식에도 양념 재료로 사용하였다. 그렇게 함으로써 음식의 색깔과 맛을 차별화하면서 품격을 한 단계 격상시켰던 것이다. 그러나 일본과 중국은 이와 같은 시도를 하지 않았고 몇백 년 오랜 세월이 지난 후에야 겨우 조미료 형태로만 적은 양을 사용하고 있다.

동북아시아의 같은 음식문화권에 있는 일본과 중국과는 달리 왜 우리나라에서만 고추를 사용하여 그처럼 우리 음식문화를 더욱 빛나게 하였는지 의문이 생긴다. 과연 우리의 무엇이 그렇게 하도록 하였을까? 우리나라의 어떤 문화적 속성이 고추를 그처럼 적극적으로 사용하는 지혜를 발휘하게 하였을까?

그 주인공은 바로 우리 조상의 어머니들이라고 생각한다. 그것은 어머니들이 발휘한 지혜의 소산이었다. 고추의 붉은색이 귀신을 쫓는다는 주술적 효과도 생각하였고, 양념으로서의 독특한 매운맛도 중요하게 여겼을 것이다. 또한 이에 못지않게 붉은색에 대한 옛날 우리 어머니들의 미의식이 크게 작용한 것이라고도 생각된다. 이와 같이 음식에 고추를 처음 도입한 것은 붉은색과 매운맛에 대한 우리 선조 어머니들의 아름다운 마음과 실험정신이 창출해 낸 지혜일 것이다.

일찍이 우리 선조 어머니들은 붉은색, 즉 빨간색에 대한 따스한 미의식을 갖고 있었다. 그래서 명절에는 어린 아이들을 위해 때때옷이나 붉은 소매의 저고리를 마련해서 입도록 하였다. 그들은 다홍치마를 아끼면서 함부로 입지 않았고 봉선화 꽃잎으로 손톱을 물들였다. 그뿐인가! 아름다운 선홍색의 오미자 화채를 만들며 하얀 백설기에 붉은 팥을 알알이 박았다. 그리고 음식에 빨간색을 내기 위하여 계관화로 불리는 맨드라미의 꽃과 잎 또는 지역에 따라 토종 적색 갓을 이용하기도 하였다. 그리고 붉은 고추에 관심을 가졌고, 드디어 과감하게 우리 음식에 이를 이용하였던 것이다.

또한 어머니들은 고추가 지닌 다섯 가지 맛, 즉 오미 중의 하나인 매운맛을 소중하게 생각하였다. 입안이 얼얼하도록 진한 신미(辛味)를 독특한 양념으로써 높이 평가하였던 것이다. 특히 17세기와 18세기 초기의 조선 시대는 양념의 개념이 확립되는 시기였고, 매운맛 등을 내는 고춧가루를 중요한 양념의 하나로 도입하면서 특별히 김치와 고추장에 이를 이용하였다. 이 일은 우리의 음식문화사에 있어서 중대한 사건이자 혁신적인 일이었다.

고추를 사용한 후 우리 음식조리에 대변혁이 일어났다. 김치와 고추장 외에도 모든 음식에 고춧가루가 사용되기 시작한 것이다. 갑자기 음식이 붉어지고 매운맛으로 변하였다. 특히 김치의 외관과 맛이 비로소 오늘날과 같은 특성을 갖추게 되었다. 고추장도 가장 요긴한 조미식품으로 자리 잡게 되었다. 고추의 등장으로 우리 음식문화는 획기적인 변화를 갖게 된 것이다.

이제 이 글 서두에서 밝혔던 시드니 민츠 교수의 이야기를 다시 계속해 보자. 조선일보에 민츠 교수의 '음식의 인류학' 서울 강연에 대한 기사(2010. 10. 18.)가 실렸는데, 그 내용은 다음과 같다.

"프랑스와 독일이 감자와 옥수수를 갖지 못하였더라면, 이탈리아에 토마토가 없었더라면, 한국에 빨간 고추가 없었더라면 세상 사람들이 먹는 방식은 지금과는 매우 달랐을 것이다."

민츠 교수는 한국에 빨간 고추가 없었다면 세상 사람들의 먹는 방식이 달라졌을 것이고, 그만큼 우리 한국인에게 빨간 고추는 '불의 발견' 못지않은 획기적이며 혁명적인 일이라고 말한 것이다. 이제 고추와 고추가 들어간 우리의 맵고 빨간 음식은 더이상 우리나라에만 머무는 것이 아니라 우리나라를 기점으로 해서 세계로 뻗어나가고 있는 것이다. 실제로 최근에 와서 한식 세계화의 바람을 타고, 우리 음식에 고추 사용량이 더 많아지고 있다.

한국인에게 고추는 이처럼 음식문화사적으로 대단하고도 큰 존재가 되었다.

고추의 소중한 건강기능성

■

우리가 갖는 고추에 대한 집착 그리고 찬사는 '빨간색' 그리고 '맵다'에서 끝나지 않는다. 우리를 유혹하는 관능적인 색깔과 매운맛 외에 고추가 전형적인 식약 식품이라는 사실을 꼭 알아야 한다. 고추에는 건강에 유익한 기능성이 여러 가지 있는데, 그 중에서도 다음과 같은 사실에 특히 주목해야 한다.

고추는 옛날부터 감염성 질환의 예방과 치료, 그리고 감기 치료에 효능이 있다고 전해지고 있다. 최근에 발표된 연구 결과를 보면, 고추가 지니고 있는 몇 가지 건강기능성은 가히 놀라울 정도이다. 특히 에너지대사 증진, 체중 감량 작용, 항산화 · 항암 · 항노화 작용, 혈중 지방질 개선 작용 등의 네 가지 중요한 기능성이 있다.

이와 같은 건강기능성을 나타내는 성분에는 여러 가지가 알려져 있다. 캡사이신과 카로틴, 비타민 C 성분인 아스코르브산, 식이섬유소 등의 물질들이 있다. 이들은 다른 어느 채소나 과실보다 고추에 더 많이 함유되어 있다. 특히 캡사이신은 고추에 많이 들어 있는 특수한 성분이다.

먼저 고추의 에너지대사 증진과 체중 감량 작용에 대해 살펴보자. 이 작용에 관여하는 주역은 매운맛의 캡사이신 성분이다. 이에 대한 연구는 일본의 후쿠오카 공업대학의 고노미 교수 팀과 이와이, 가와다 박사 팀이 선구적으로 진행하였으며, 한때 일본에서 고춧가루 붐을 일으키기도 하였다. 이들의 연구 결과를 간단히 정리하면 그림 4-4에서와 같이 캡사이신이 에너지대사, 체지방질 및 당질의 분해와 연소를 촉진시키는 작용이 있다고 한다. 즉 캡사이신은 부신 교감신경을 자극하여 아드레날린 분비를 증가시킨다. 이는 지방조직에서의 지방질 분해를 촉진시켜 열 생산을 빠르게 함으로써 열이 나고 땀이 나게 한다. 또한 간에서 당질(글리코겐) 대사 및 체열 발생을 촉진시킨다. 결과적으로 캡사이신은 지방질(체지방질 포함)대사와 당질대사를 촉진하고, 그 결과 체중 감량 효능을 발휘한다.

다음은 고추의 항산화와 항암 그리고 항노화 작용에 대해 살펴보자. 이 작용에는 빨간색 성분인 캡산틴과 카로틴 등의 카로티노이드 성분과 아스코르브산

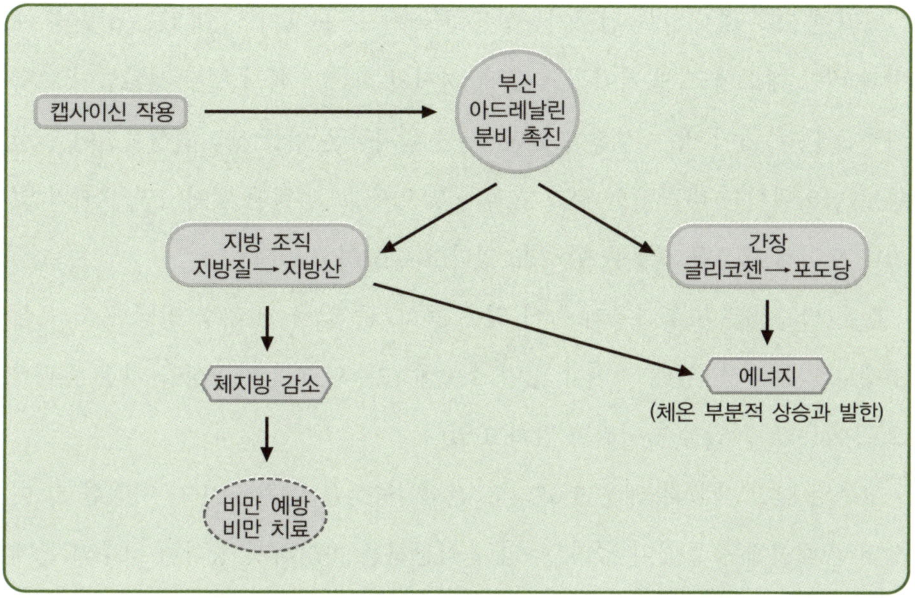

■ 그림 4-4 · 체지방질과 당질 대사를 촉진하는 캡사이신의 작용 ■

성분이 관여한다. 이들은 인체 내에서 발생하는 유독 물질인 유리라디칼의 생성을 방지하는 항산화 효과가 있다. 아울러 이들 성분은 각종 돌연변이와 암 생성을 억제한다. 그리고 신체 각 기관의 세포 노화 및 피부 노화를 막는다. 이와 같은 기능성은 동물을 모델로 시행한 연구에서 모두 증명되고 있다.

또한 혈중 지방질 개선 작용이 있는데, 캡사이신과 식이섬유소가 주역을 담당한다. 캡사이신은 혈액 중의 중성지방질이나 콜레스테롤 축적을 저하시켜 동맥경화 위험성을 다소 줄인다. 식이섬유소도 배변 작용과 함께 혈중 콜레스테롤 저하 작용이 있다.

이러한 고추의 다양한 건강기능성은 최근에 큰 문제가 되고 있는 성인병 예방과 비만 해소에 크게 기여하고 있다. 하지만 최근에 와서 일부 사람들이 고춧가루를 너무 많이 먹는 경향이 있다. 전문 학자들은 이들 생리활성물질이 일정 농도 범위에서는 바람직한 생리 효과가 있으나 그 범위를 벗어나면 효과가 없거나 오히려 해로운 작용을 할 수도 있다고 경고하고 있다.

많은 학자들은 고춧가루가 들어 있는 음식, 즉 김치, 고추장 양념 등의 음식 형태로 먹는다면, 원래 지니고 있던 소중한 고추의 건강기능성을 가장 효과적으로 이용할 수 있을 것이라고 말하고 있다.

고추의 빨간 색깔과 매운맛 그리고 건강기능성은 민츠 교수가 지적한 그 이상의 존재임에는 틀림이 없다. 우리 음식문화를 화려하게 장식한 고추의 존재와 그의 특별한 유혹은 앞으로도 계속될 것이다. 진실로 한국인은 고추가 있어서 행복하다.

행복 코드 15

상차림

— 일상식의 반상차림이 갖는 품격과 합리성 —

전통사회에서의 상차림

■

어린 시절에 필자의 어머니는 아침이나 저녁 식사 때 가족을 위해 안방에 두 개의 밥상을 차리셨다. 한 상은 아버지의 독상이고 다른 한 상은 남은 식구들의 밥상이었다. 때로는 아버지 상에 그날 생일인 가족 한 사람이 같이 자리하여 겸상을 하기도 하였다. 이러한 밥상차림과 좌석 배정은 어머니께서 직접 하셨다. 이때 아버지의 독상과 남은 식구 모두의 밥상은 내용 면에서도 조금 차이가 있었다. 아버지 상에는 계절에 따른 특별한 반찬이나 구은 김이 이따금씩 오르곤 하였다. 그러나 밥, 국 또는 찌개, 김치 등의 기본음식과 반찬 몇 가지는 양쪽 상 위에 다 같이 올랐다. 언제나 밥상은 품격이 있었고, 예의범절에 따른 정겨운 차림이었다.

이러한 어머니의 밥상 차림을 보면 몇 가지 특징을 쉽게 발견할 수 있다. 그 첫 번째는 아주 단순하지만 집안 어른인 아버지와 다른 식구들과의 서열 구조이다. 두 번째는 아버지의 독상 밥상차림과 남은 가족의 공식(共食) 밥상차림으로 나누어진 이중 구조이고, 세 번째는 평면전개형의 상차림이다.

여기서 서열이란 신분이나 연령에 따른 순위이며, 독상은 개인이 갖는 각상차림을 말한다. 그리고 평면전개형의 상차림이란 조리한 음식을 모두 한꺼번에 상 위의 평면 공간에 올려놓는 차림이다. 이것은 서양이나 중국에서와 같이 시간에 따라 음식을 하나씩 차려내는 시간계열형과는 다른 양식이다.

오늘날 가정에서 식사를 할 때 우리는 가족끼리 특별한 서열 없이 모두 한 식탁에서 함께 먹는 공식의 상차림을 하고 있다. 또한 단체 급식소에서나 전문음식점에서도 평면전개형의 공식의 형태를 많이 하고 있다. 하지만 최근에 와서 전문음식점에서는 평면전개와 시간계열의 두 형식을 함께 어울려 차리는 경우도 적지 않다. 즉 평면전개형의 상차림이지만 일부 음식을 시간을 두고 차례로 상 위에 올려 시간계열의 형식을 취하기도 한다.

하지만 어릴 때 필자의 어머니의 밥상차림은 다분히 전통사회 반상(飯床, 밥과 반찬)차림의 영향을 크게 받았다.

조선 시대에 완성된 전통 상차림은 서열 구조 등의 엄격한 규범에 의한 차림이며, 이는 유교사상의 예와 음양오행을 기초로 하여 만들어진 것이다. 이러한 상차림은 삼국 시대부터 형성되어 왔으나 조선 시대에 이르러서야 비로소 그 전형을 갖추게 된 것이다.

전통 상차림에는 상 위에 오르는 주식이 무엇이냐에 따라 반상, 죽상, 면상, 주안상, 다과상 등으로 나눌 수 있다. 또한 상차림의 목적에 따라 교자상, 돌상, 큰상, 제사상 등으로 나누어진다. 한편 통과의례(출생, 백일, 첫돌, 혼례 등)에 따른 다양한 상차림은 그에 따른 방식과 절차에 따라 달리 차려진다.

전통 상차림은 서열 등에 따른 독상 문화라고 할 수 있다. 또한 상차림은 한 상에 차려 놓는 주식과 부식의 이름과 수효를 말한다. 상차림에서 가장 기본이 되는 것은 각 가정에서 먹는 반상차림이다. 이 차림의 주식은 밥이고 부식은 반찬들이다. 밥과 반찬들은 영양학적 조화와 동양철학의 음양학적 조화를 함께 이루고 있다. 그리고 그 내용은 신분이나 연령에 따른 서열, 빈부, 행사 등에 따라 정해지고 보통 평면전개형의 독상으로 차려진다. 내용 면에서 서열 구조와 평면전개형의 차림이 가장 큰 특징이다.

전통사회에서의 주된 상차림은 독상이지만 두 사람이 마주보고 식사를 하는 겸상차림과 여러 사람이 함께 식사를 하는 공식 상차림도 많았다. 일반적인 차림에 사용되는 네모꼴의 책상반이나 둥글게 생긴 원반, 다양한 그릇과 수저, 다른 준비물에 대한 세부 절차도 각각 자세하게 따로 지정해 놓았다. 상차림과 관련된 식단, 조리법, 외상보기, 겸상보기, 공식의 상차리기, 상 올리기 등의 방식과 절차는 신분, 가풍 지역에 따라 달리 하였다. 그러므로 이를 수행하는 여성의 역할이 중요하였으며, 이로 인하여 어머니와 딸과 며느리에게 효양과 부덕, 지덕을 지나치게 강요하는 경향도 있었다.

반상 위에는 음식과 음식을 담은 그릇 외에 필히 수저가 놓여 있다. 한때 숟가락과 젓가락은 한국, 중국 일본의 동아시아 3국 모두가 사용하였다. 그러나 오늘날에 이르러 일본과 중국 두 나라는 숟가락을 거의 사용하지 않는다. 식생활문화 중에서 '식사행동체계' 측면에서 보면 우리는 세계에서 오직 하나밖에 없는 완벽한 수저문화권의 나라이다. 옛날이나 지금도 숟가락과 젓가락 두 가지 모두 반드시 상 위에 오른다.

다시 상차림이다. 상차림 중에서 가장 기본이 되는 반상차림의 내용을 다음에서 좀 더 구체적으로 들여다 보자.

전통 반상차림의 구분과 원칙

■

조선 시대의 일상식에 있어서 전통적인 반상차림에 대하여 좀 더 살펴보자. 반상차림은 신분이나 빈부에 따라 그 규모나 내용이 다르겠지만 대체로 일정한 형식을 갖추고 있다. 그 구성 원칙은 표 4-1과 같이 기본음식 그리고 첩

구분	기본 음식							첩 수에 들어가는 음식									
	밥	국	김치	장류	찌개	찜	전골	생채	숙채	구이	조림	전	장아찌	마른찬	젓갈	회	편육
3첩	1	1	1	1				택1		택1		×	택1			×	×
5첩	1	1	2	2	1			택1		1	1	1	택1			×	×
7첩	1	1	2	3	2	택1		1	1	1	1	1	택1			택1	
9첩	1	1	3	3	2	1	1	1	1	1	1	1	1	1	1	택1	

■ 표 4-1 · 전통적인 반상차림의 구분과 원칙 ■

수에 들어가는 찬품음식으로 나뉜다.

기본음식은 밥, 국(혹은 찌개), 김치(이 외에 간장이나 초장 포함)로, 어느 상차림에서나 반드시 상 위에 오르게 된다. 여기에 추가하는 찬품은 여러 가지 종류의 반찬이다. 찬품에 해당되는 반찬의 수에 따라 3첩, 5첩, 7첩, 9첩, 12첩으로 구분된다.

예를 들어 3첩 반상은 밥(잡곡밥)과 국(콩나물국)과 김치(배추김치 등 한두 가지)를 기본음식으로 하면서 여기에 숙주나물, 무말랭이, 조기구이 등의 세 가지 반찬이 추가된 상차림을 뜻한다.

조선 시대의 서민들에게는 3첩 이하의 상차림이 보통이고 사대부 집은 7첩 또는 9첩의 반상차림, 왕이나 황제의 수라상은 12첩이었다. 같은 3첩 반상차림

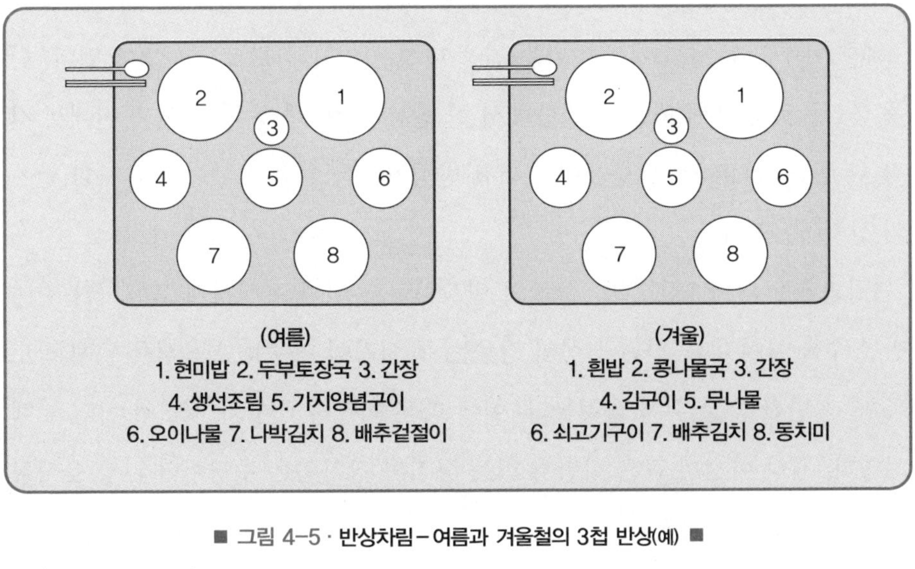

■ 그림 4-5 · 반상차림 – 여름과 겨울철의 3첩 반상(예) ■

이지만, 그림 4-5에서와 같이 계절에 따라 상차림이 달라지며, 채택되는 재료나 조리 방식에 따라서도 차이가 있었다. 특히 가풍에 따라 달라지는 경우가 많았다.

반상차림(3첩 반상)의 음식 배열을 눈여겨 볼 필요가 있다. 밥을 먹는 사람의 위치에서 가장 가까운 앞줄의 왼쪽에는 기본음식인 밥(현미밥 또는 흰밥)(그림의 1번)을, 오른쪽에는 역시 기본음식인 국(두부토장국 또는 콩나물국)(그림의 2번)을 배치한다. 그리고 가장 뒤쪽에는 역시 기본음식인 김치 종류(나박김치와 배추겉절이 또는 배추김치와 동치미)(그림 7번과 8번)를 놓는다. 그리고 기본음식에 속하는 간장(그림의 3번)이 밥과 국 가까운 곳에 놓인다. 찬품에 속하는 반찬 세 가지(그림의 4번, 5번, 6번)는 중앙 열에 배치한다. 이와 같은 반상차림의 구도는 일반적으로 행해졌던 상차림 방식의 한 예라고 할 수 있다.

한편 5첩 반상차림은 표 4-1에서와 같이 기본음식인 밥, 국, 찌개, 김치, 장(간장과 초간장) 외에 첩 수에 들어가는 찬품 다섯 가지 음식으로 구성되어 있다. 찬품 음식으로는 생채 또는 숙채 중에서 한 종류, 구이 한 종류, 조림과 전에서 각각 한 종류, 마른 찬 한 종류이다. 5첩 반상차림은 여유가 있는 상류사회 반가의 상차림이었다.

3첩과 5첩 외에 7첩, 9첩, 12첩의 반상차림도 이와 유사하게 표에서와 같이 반찬 수를 늘여갔다. 한편 겸상의 경우는 두 사람이 마주보고 음식을 들게 하도록 밥과 반찬을 상 위에 올려놓되, 이에 따른 적절한 내용과 배열의 차림을 행하였다. 겸상 이상의 많은 사람이 먹는 공식의 상차림은 주인이나 가장 웃어른을 중심으로 상을 차렸다.

전통 반상차림의 우아한 멋과 예절

■

전통 반상차림은 우선 보기에도 우아하고 멋이 있다. 밥상, 반상기, 음식 등이 모두 멋을 잘 살려내고 있다. 상의 모양도 원형, 직사각형, 반월형, 연엽형 등으로 다양하며, 그 색깔도 검은색이나 붉은색으로 호화스럽지 않으면서 고상하다. 상의 다리는 호족(虎足)이나 구족(狗足) 등의 형태로 모양을 냈다.

반상기는 계절에 따라 봄, 여름, 가을에는 사기그릇을, 겨울에는 유기그릇을 이용하였다. 음식을 담은 그릇은 수(壽) 또는 복(福) 등의 글자가 새겨진 뚜껑을 덮었다. 수저도 여러 가지가 있으며 남녀의 수저 모양을 서로 달리 하였다. 음식 역시 색깔과 향기와 냄새가 조화를 이루면서 멋이 있었으며, 음식을 먹기 전에, 먹을 때 그리고 먹고 난 후에도 한결 같이 먹는 사람의 마음을 즐겁게 해 주었다.

한편 반상차림으로 식사를 할 때에는 식사예절이 있다. 조선 시대의 각종 규범서에는 식사예절이 대단히 중요함을 강조하였다. 그 중에서 조선 성종의 어머니인 소혜황후가 쓴 『내훈(內訓)』(1475)에는 여러 가지 가르침 중에서 음식을 먹을 때 지켜야 할 예의를 다음과 같이 기록하고 있다.

"함께 먹을 때 혼자 배부르게 먹지 말며, 같이 먹을 때 손을 비비적거리지 말며, … 마구 먹지 말며, 후룩거리며 급히 들이키지 말며, 쩝쩝거리며 소리 나게 먹지 말며 … 구이를 한꺼번에 다 먹지 말아야 한다."

이 내용은 주로 밥을 먹을 때 함께 식사하는 사람들에게 불쾌감을 주지 않도록 하기 위해 마련된 것이며, 이를 널리 실천하도록 모든 사람에게 가르쳤다.

조선 후기 실학자 이덕무의 『사소절(士小節)』에는 "무나 배나 밤을 먹을 때는 자주 씹어 사각사각 소리를 내지 말고, 국수나 국, 죽을 먹을 때는 갑자기 들어 마셔 후루룩후루룩 소리를 내지 말고, 물을 마실 때는 목구멍 속에서 꿀꺽 꿀꺽 소리 나게 하지 말라. 또한 … 한 톨의 밥알이라도 버려서는 안 된다."라고 기록되어 있다.

또한 조선 시대의 빙허각 이씨가 지은 『규합총서(閨閤叢書)』(1815년경)에는 '식시오관' 이라고 해서 사대부가 지켜야 할 식사예절을 기록하고 있다. 특히 음식이 어디서 왔는가를 생각하며 먹어야 하고, 맛을 너무 따지지 말고, 과하거나 탐내지 말며, 약으로 생각하라 등의 예법을 구체적으로 제시하고 있다. 인간은 질서의식과 규범을 바탕으로 해서 사회적인 인간관계를 맺으며 살아가고 있다. 식사예절도 이와 같은 맥락에서 지켜져야 할 일이다.

반상차림에서 얻는 행복, 영양학적 합리성

■

반상차림 음식이 갖는 영양학적 균형에 대하여 주목할 필요가 있다. 3첩 반상(여름)의 예를 들어 살펴보자.

그림 4-6에서와 같이 기본음식인 밥과 국(또는 찌개)과 김치의 3요소는 삼각형의 각 정점에 위치하면서 안정된 모형을 보여 준다. 그리고 추가된 다른 3종의

반찬, 즉 생선조림, 가지양념구이, 오이나물은 삼각형의 각 변에 위치하여 영양적인 측면에서 균형을 이루게 된다.

이러한 상차림에서 기본음식인 밥은 열량과 단백질의 공급원으로, 두부토장국은 단백질과 지방질의 공급원으로, 김치는 비타민, 미네랄, 식이섬유소의 공급원이 된다. 그리고 3첩에 해당되는 반찬 중에서 생선조림은 단백질, 지방질, 지용성 비타민을, 가지양념구이와 오이나물은 비타민, 미네랄, 식이섬유소 등을 제공한다.

전통 반상차림은 이처럼 영양학적으로 균형을 이루고 있다. 1차적으로 밥-찌개-김치의 기본음식이 3대 필수영양소인 탄수화물, 단백질, 지방질을 공급하고, 찬품인 세 가지 반찬(3첩)이 2차적으로 비타민, 미네랄, 식이섬유소를 보완하고

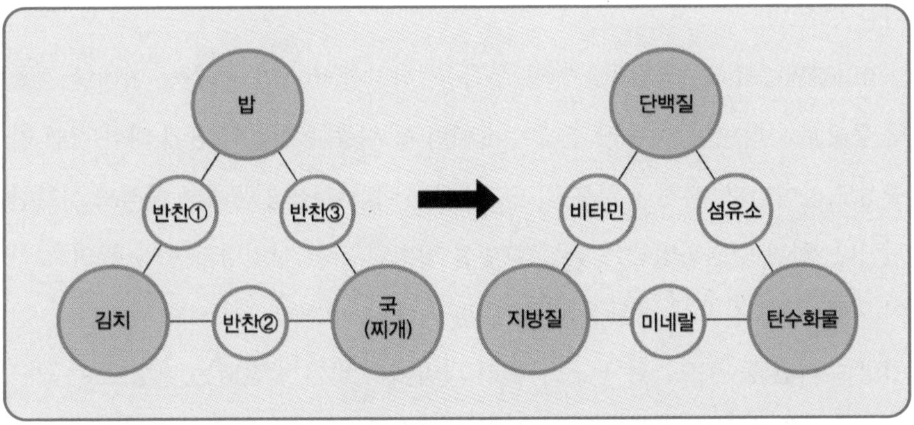

■ 그림 4-6 · **삼각형 구도의 반상차림(예: 3첩 반상)과 영양소 균형** ■

기본음식 3요소가 삼각형의 세 정점에, 여러 가지의 찬품은 삼각형의 각 변에 위치하고 있다.
이러한 구도의 반상차림의 음식(왼쪽 그림)은 3대 영양소 외에 비타민 · 미네랄 · 식이섬유소를 고루 공급함으로써
영양학적으로 균형을 이루게 된다(오른쪽 그림).

있다.

영양 균형과 건강은 서로 불가분의 관계가 있다. 주요 영양소들은 인체에 열량(칼로리)을 제공하고 성장과 발달을 촉진시키며 신체 기능을 조절하는 역할을 한다. 여기에서 열량 제공 영양소는 탄수화물, 단백질, 지방질이며 성장과 발달을 촉진하는 영양소는 단백질, 지방질, 비타민, 미네랄 등이다. 그리고 신체 기능 조절 영양소는 비타민, 미네랄, 단백질, 식이섬유소 성분들이다. 수분 역시 우리 인체가 꼭 필요로 하는 물질이다.

영양 불균형이란 특정 영양소의 섭취가 필요량보다 너무 부족하거나 과잉 섭취되어 인체의 생화학적 기능이나 생명 활동이 균형을 잃는 영양 상태를 말한다. 결국 영양 불균형은 여러 가지 질병을 야기하거나 생명활동을 악화시킬 수 있는데, 영양 불균형의 유형은 영양결핍증과 영양과잉증의 두 가지 현상으로 나눌 수 있다.

영양결핍증의 경우 단백질 열량 부족증, 다양한 비타민 결핍증, 미네랄 결핍증 등으로 나타난다. 아울러 결핵이나 폐렴 등 각종 감염성 질환에 대한 감염 가능성도 높아진다. 후진국 일부 빈곤층에서는 이러한 질병 문제가 아직도 심각한 편이다. 한편 영양과잉증은 만성 퇴행성 질병인 각종 성인병과 비만 등의 원인이 되며, 특히 지방질, 동물성 식품, 열량 식품의 과다 섭취에 의해 나타난다. 성인병과 비만 등은 오늘날 선진국 여러 나라에서 많이 발견되는 질병으로, 최근 우리나라도 성인병과 비만으로 고생하는 사람이 늘고 있다.

따라서 우리는 다음에서 이야기하는 '영양섭취기준' 을 이해할 필요가 있다.

영양섭취기준과 3첩 반상차림의 합리성

■

인간이 건강한 영양 상태를 유지하려면 필요한 적당량의 영양소를 섭취해야 한다. 세계 각국에서는 그동안 이루어진 영양 관련 연구와 조사 결과를 바탕으로 인체의 영양소 필요량을 결정하고 있다. 우리나라 역시 보건복지부와 한국영양학회가 중심이 되어 이와 같은 내용을 설정하여 활용하고 있다.

영양섭취기준의 개념 속에는 그림 4-7과 같이 섭취 수준의 증가에 따라 평균필요량, 영양권장량, 충분섭취량, 상한섭취량의 네 가지 권장 기준이 포함되어

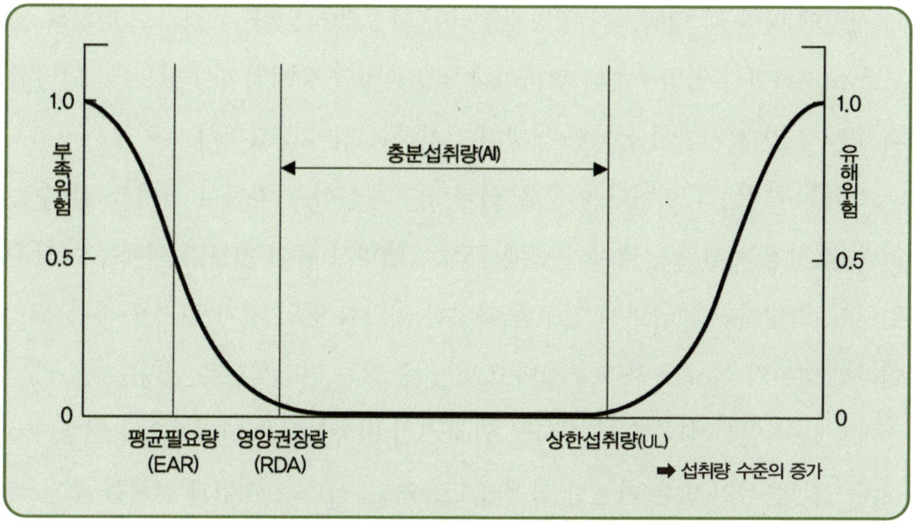

■ 그림 4-7 · 영양섭취기준과 영양부족위험 및 영양과잉위험 ■

영양섭취기준의 개념 속에는 영양섭취 수준의 증가에 따라 평균필요량, 영양권장량, 충분섭취량, 상한섭취량 등의 네 가지 기준이 있다.

있다. 평균필요량은 특정 연령과 성별에 속한 인구 집단 50%에 해당되는 사람들의 필요량을 충족시키는 수준이다. 영양권장량은 그 대부분의(97~98%) 사람들의 필요량을 충족시키는 수준이다. 만일 이러한 두 가지를 설정할 수 있는 영양 정보 등이 없는 경우에는 충분섭취량을 설정한다. 그리고 상한섭취량은 거의 대부분(97~98%)의 사람들이 건강에 유해한 영향을 받지 않는 최대 섭취량이다.

따라서 평균필요량 이하를 섭취하면 영양결핍이 되고, 상한섭취량 이상을 섭취하면 건강에 해를 입는다. 각 영양소를 최소한 평균필요량 이상 섭취해야 하지만 상한섭취량 이상 섭취하는 것은 바람직하지 않다는 것이다.

영양섭취기준은 주로 식사계획에 이용하기 위한 것이며 우리나라에도 연령과 성별에 따라 각 영양소의 영양권장량이 설정되어 있다. 그러므로 영양의 균형을 고려하면서 영양부족의 위험이나 영양과잉의 유해위험이 없도록 '영양섭취기준'을 잘 지키면서 음식을 적당히 섭취하는 것이 중요하다.

그러나 우리는 균형이나 기준을 하나하나 계산하고 따지며 식사를 할 수는 없다. 식량영양 정책 담당자나 단체 급식소 영양사 등의 전문가 외에는 어려운 일이다. 그렇지만 지금까지 연구된 다양한 식단과 영양 평가 결과를 바탕으로, 이러한 범위의 식사를 하면 좋겠다고 말할 수 있는 권장식단은 있다.

예를 들어 일상식의 한 끼 식사를 위해, 3첩 반상차림을 현대적으로 변형시켜 보자. 기본음식인 밥은 가능한 잡곡밥으로 하고, 국(또는 찌개)과 김치를 주된 식단으로 한다. 그리고 3첩에 해당하는 찬품으로는 채소 반찬 한 가지, 고기(또는 생선) 반찬 한 가지, 두부 반찬 한 가지를 먹도록 구성하는 것이다. 여기에 후식에 해당하는 과실(또는 요구르트 같은 우유식품)까지 먹는다면 더욱 완벽할 것으로 판단된다. 반상차림 중에서 3첩 반상차림은 영양소들이 균형을 이루면서 아울러 영양섭취기준 면에서도 비교적 적합하고 합리적인 식단이라고 할 수 있다.

이와 같은 개념의 균형식 및 소박한 식사 내용은 '행복 코드 01: 균형식' 편과 '행복 코드 08: 소박한 식사' 편에서 충분히 이야기하였다.

전통 반상차림은 품격이 있고 영양학적으로 균형을 이루면서 영양섭취기준을 충족시킬 수 있는 식단이다. 이 사실은 우리에게 큰 축복이라고 할 수 있다. 전통적인 반상차림에는 비록 소박하지만 결코 부족함이 없는 건강과 행복이 있다. 이것이 바로 우리가 전통 상차림을 사랑하고 즐겨 먹어야 하는 이유이다.

행복 코드 16

외식문화

— 전통적인 외식의 관습과 행복한 외식생활 —

우리나라의 전통적인 외식의 관습

■

조선 시대 김득신(金得臣)의 풍속화 '강상회음'을 보고 있으면 마음이 금방 즐거워진다. 계절은 아마 초여름인 듯하다. 버드나무 잎이 제법 푸르고 사람들이 입은 옷차림이 가벼워서 시원해 보인다. 강가에 배를 묶어두고 버드나무 아래에서 장정들이 한가롭게 둘러앉아 음식을 먹고 있다. 가까이 있는 두 아이들도 신이 나 있다. 자리 중앙에는 통째로 조리한 듯한 생선 한 마리가 접시 위에 놓여 있다. 밥그릇 두어 개와 술병도 보인다. 생선을 향해 젓가락질을 하는 사람이 있는가 하면, 어떤 이는 살 한 점을 막 입에 넣고 있다. 술을 마시는 사람이나 이제 밥 먹을 준비를 하는 사람들 모두 표정이 즐겁고 한가롭다. 사람들 위로는 새들도 한가로이 노닐고 있다.

■ 그림 4-8 · 김득신의 풍속화 '강상회음' ■

김득신은 조선 후기 정조 때 사람이다. 그는 김홍도, 신윤복과 함께 조선 시대 3대 풍속화가로 불리며, 서민들의 평범한 삶과 풍속을 즐겨 그렸다. 이 그림에서도 평화롭고 여유로운 일상생활의 한 모습을 엿볼 수 있다. 비록 소박한 차림이지만 외식하는 모습, 그 자체는 오히려 즐겁고 에너지가 넘친다. 이처럼 외식하는 모습을 그린 풍속화는 이것 외에도 김홍도의 '수운엽출', '기로세련계도', 신윤복의 '주사거배', 유숙의 '대쾌도' 등이 있다.

그럼 그 시대의 외식이란 어떤 식사 행위였을까?

전통적인 식사문화에서는 외식의 정의를 가정의 식생활을 기준으로 한다. 그러므로 가정 내에서의 식생활이면 내식, 가정 밖에서의 식생활이면 외식이라고 정의하고 있다. 즉 외식은 집밖에서 음식을 먹는 식사 행위이다.

하지만 이러한 식생활 문화는 최근에 와서 많이 달라졌다. 변화된 오늘의 상황은 뒤로 미루고, 여기에서는 먼저 전통적인 외식의 관습에 대해서 살펴보자. 전통적인 외식에는 노동과 관련된 외식, 놀이와 관련된 외식, 외지 생활과 관련된 외식, 집단 활동과 관련된 외식 등 크게 네 가지로 구분하고 있다.

전통사회에서의 외식은 노동과 관련된 외식이 가장 흔하였다. 농사일이나 어로 작업을 위해서는 가정이 아닌 논이나 밭, 강이나 바다로 나가야 하였으므로 일과 관련하여 외식을 하는 경우가 많았다. 어로 작업을 하면서 간식을 나누어 먹었다. 농사일 중에서도 농번기의 힘든 일은 이웃끼리 품앗이를 하며 서로 돕고 지냈다. 그리고 일을 하다가 잠시 쉬면서 두레 밥을 먹었다. 조선 시대 여인들은 농번기가 되면 하루에 몇 차례씩 두레 밥을 마련해야 하였다. 『농가월령가』 '5월령' 에는 "아기어멈 방아 찧어 들바라지 점심하소…" 라는 노래가 있다.

아침과 점심 사이, 점심과 저녁 사이의 두레 밥을, 특히 간식 또는 새참이라고 하였는데, 이때는 조금 가벼운 음식을 먹으면서 농주를 곁들이는 것이 관례였다. 이러한 외식 관습은 농경사회가 되면서 나타나기 시작하여, 벼 농사기술이 보급되면서부터 형성되었다. 그리고 조선 시대에 와서 이러한 외식 풍속이 일반화된 것으로 생각된다.

놀이와 관련된 외식도 빈번하였다. 가족이나 친지들끼리 무리를 지어 들이나 산에서 즐겁게 놀면서 음식을 먹었다. 또래끼리 모여 활쏘기 등의 놀이를 하며 한나절을 보내기도 하였다. 이때는 으레 음식과 술이 있었다. 『동국세시기』 '3월조' 에는 "…율림에 모여 술을 마시며 활을 쏘는 것으로 예를 삼았다."는 구절이 있다. 또한 봄과 가을이면 여인들은 강변이나 계곡에서 화전놀이를 하였다. 여인들끼리 주변에 있는 꽃으로 꽃전을 부쳐 먹으며 계절의 아름다움을 즐겼다. 화전놀이는 일 년 중 주로 삼짓날인 3월 3일과 종양절인 9월 9일 행해지던 놀이였다. 남자들은 강가에서 민물고기를 잡아서 조리해 먹거나 닭 등을 조리하여 함께 먹고 술을 마시며 친목을 도모하였다. 특히 조선 시대에는 이러한 놀이와 관련된 다양한 외식 풍습이 있었다.

외지 생활과 관련된 외식은 어떠하였을까?

옛날에도 여러 가지 용무로 출타를 하거나 여행 또는 장사를 위해 다른 지방으로 다니는 일들이 흔하였다. 이러한 사람들을 위해 곳곳에 주막이 있었다. 이곳에서 사람들은 유숙을 하며 음식을 사 먹었다. 주막에는 밥 외에도 계절에 따라 다양한 부식이 있었고, 별도로 술과 안주가 준비되어 있었다. 장기간 여행하는 사람들은 휴대식의 하나로 행찬(行饌)을 지니고 다녔다. 행찬으로는 곡물을 조리하여 가루로 만든 것(미숫가루) 외에 잘 말린 건조식품(어포, 육포 등)과 된장떡(된장을 양념과 조리하여 말린 것) 등이 있었다. 하루 나들이에는 지금의 도시락이나 주먹밥을 먹었다.

주막이 생긴 것은 고려 시대이다. 이 시기에 개성에는 주점이, 지방에는 주식점이 관청의 주도로 설치되어 상류사회의 사람들이 이용한 것으로 알려지고 있다. 서민들도 주막에서 술과 음식을 먹는 풍습이 정착되기 시작하였다. 또한 외국 사신을 위한 영빈관이나 외국 상인을 위한 객관도 이때 설치되었다. 이와 같이 고려 시대 이후부터는 외지생활과 관련된 다양한 형태의 외식이 있었다..

집단 활동과 관련된 외식도 빈번하였다. 부족국가 시대의 제천의식으로 부여의 영고, 예의 무천, 고구려의 동맹 등이 있었다. 이때에는 수많은 사람들이 모여 행사를 치룬 후 공동으로 여러 가지 음식을 만들어 나누어 먹었고 음주가무를 즐겼다는 기록이 있다. 왕조마다 있었던 전쟁이나 국가적 토목공사 기간에는 많은 사람들이 주먹밥이나 비빔밥, 장국밥 등을 먹었다. 다수의 사람들이 짧은 시간에 먹어야 하기 때문에 아예 그릇을 사용하지 않거나 한 그릇에 음식을 모두 배식하는 간결한 방법을 택하였던 것이다. 종교행사나 의례행사 뒤에도 이런 식사 방법을 택하였다. 따라서 집단 활동의 내용이 무엇인가에 따라 외식의 방법과 그 내용도 각양각색이었을 것이다.

현대인의 외식화 경향

■

최근 들어 우리나라의 식사문화가 다양해지고 음식산업이 크게 발전하였다. 이제 누구나 쉽게 외식을 하는 시대가 되었다. 이러한 식사문화의 변화가 나타난 이유는 무엇일까? 그리고 이들의 발전 과정과 외식화 특성은 무엇일까? 이들을 간단히 짚어볼 필요가 있다. 현대인의 외식화 경향을 경제적인 면, 사회적인 면, 기술 환경적인 면 그리고 문화적 욕구 측면 등으로 나누어 생각해 볼 수 있다.

무엇보다 가장 중요한 것은 경제적인 요인으로 국민 소득 증대를 들 수 있다. 국민 소득 증대에 따라 생활수준이 향상되고 구매력이 크게 증가되었기 때문이다. 사회적 요인으로는 대량 생산과 대량 소비 시대가 열리고 여성의 사회 진출 증대 그리고 핵가족화가 되면서 식생활에 대한 가치관에 큰 변화가 일어났기 때문이다. 특히 여성의 사회진출로 인하여 여성이 가정의 전업 주부에서 탈피하게 되고 가계수입도 늘어났는데, 이것이 결과적으로 외식 수요 증대의 큰 요인이 되었다. 이러한 관계는 이정자의 논문 「한국에서의 외식산업 프랜차이즈에 관한 연구」에 잘 나타나 있다.

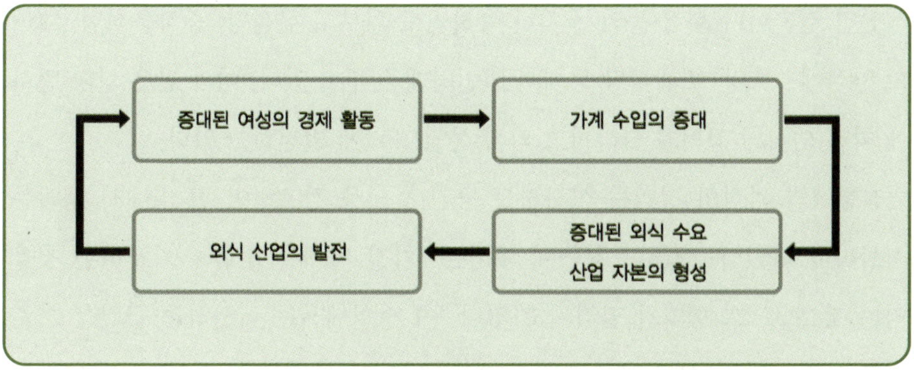

■ 그림 4-9 · 여성의 경제 활동과 외식(산업)과의 관계 ■

한편 기술 환경적인 발전 역시 각종 외식 산업 확충의 요인이 되었다. 재료의 품질, 조리 기술, 조리 시설 및 기구, 메뉴, 서비스 등이 크게 개선되거나 개발되었으며 간편식품(패스트푸드 등), 건강식품 그리고 기타 조리된 고품질의 음식이 대량 생산되고 이를 쉽게 구매할 수 있으며 가정으로 신속하게 공급되는 환경이 되었다.

문화적 측면에서 살펴볼 때, 이러한 경제 및 사회 기술적인 배경들이 결과적으로 문화적 욕구를 충족시키는 시발점이 되었다. 또한 최근의 식문화 양식 일부가 서구화되는 경향이나 여가생활이 늘어난 것도 한몫하고 있다. 이제 식사는 단순한 배고픔을 충족시키는 것이 아니라 건강을 위하고 즐기는 식습관으로 정착하고 있다. 때로는 그 내용과 분위기를 예술의 경지까지 끌어올리고 있다.

이제 누구나 일주일에 몇 끼니는 다양한 형태의 외식을 한다. 매끼마다 가정에서 함께 어울려 식생활을 하던 시대는 지나갔다. 또한 과거에는 가정에서 행해졌던 결혼이나 회갑 등의 잔치나 축하연도 외부의 한식당, 중국음식점, 그리고 양식레스토랑, 뷔페식당 등에서 빈번하게 치루고 있다. 이와 같은 상황 변화에 따라 외식의 정의가 달라지고 외식 산업도 크게 발전하고 있다.

전통적인 외식의 정의는 식사하는 공간(장소)을 강조하여 집 밖에서 행하는 식사라고 하였다. 그러나 최근에 와서는 '가정 외에서(집 밖에서) 조리한 것을 먹는 것' 으로 그 정의가 달라지고 있다. 이 정의에서는 식사하는 공간을 기준으로 하지 않고 음식이 만들어진 '조리 공간' 을 기준으로 하고 있다. 따라서 집 밖에서 조리된 음식을 집 밖에서 먹는 것뿐만 아니라 슈퍼마켓에서 사 온 도시락이나 주문하여 배달된 음식을 집에서 먹는 것도 외식에 속한다. 그리고 학교나 직장에서 제공하는 집단 급식도 외식에 해당한다.

우리나라에 전문음식점이 등장한 것은 1900년대 초기라고 보고 있으나 몇 개 업소를 제외하면 영세음식점에 지나지 않았다. 1980년대에 이르러 외식 산업이 본격적으로 출현하였는데, 1980년대 후반에는 중소기업형이나 영세 업체가 난립하였지만 외식화 및 여가 선용 등의 추세에 힘입어 외식산업이 크게 발전하게 되었다. 이때는 이미 패스트푸드점이나 프랜차이즈 시스템 중심의 산업이 시장을 선도하였다. 또한 1990년대 이후에는 외식 산업의 전환기를 맞으며 외국의 저명한 외식 산업과 함께 국내의 중소기업과 대기업이 적극 참여하기 시작하였다. 이들 외식 산업체들은 고품질 음식과 차별화된 서비스, 청결한 분위기로 소비자들의 관심을 끌고 있다.

오늘날 인기 있는 외식 상품은 햄버거, 커피, 호프, 베이커리, 치킨, 피자, 자장면, 불고기, 면류, 김밥, 돼지고기구이, 찌개, 생선회 등이다. 또한 각종 패스트푸드 및 패밀리 레스토랑, 한식집, 중국 식당, 일식 전문집, 시푸드 레스토랑, 퓨전 레스토랑, 뷔페식당 등이 외식 산업을 주도하고 있다. 특히 패스트푸드 레스토랑과 풀 서비스 레스토랑이 외식 시장에서 가장 빠르게 확대되고 있다.

한편 통계청 자료에 의하면 도시 근로자 가구의 월평균 식비 지출액에서 외식비의 비중이 50% 정도나 된다고 한다. 그리고 외식 소비자들은 가족 또는 동료들과 주 1회 이상 외식을 한다고 하였고, 직장인들의 중식은 거의 외식에 의존하고 있다고 하였다. 또한 앞으로 기대되는 인기 1순위의 업종은 '건강음식점' 일 것이라고 응답하였다.

웰빙을 위한 즐거운 외식생활

■

최근에는 가족 또는 동료들과 어울려 외식하는 일이 흔하다. 혼자서 외식하는 경우도 많다. 하지만 그 장소나 음식을 선택하는 것이 쉽지 않다. 거리에 나서면 수없이 많은 음식점이 있지만 막상 찾아 나서면 적당한 곳을 찾기 힘들고 또 메뉴 선정도 어렵다.

외식은 당연히 '웰빙을 고려한 외식생활' 이어야 할 것이다. 건강을 생각하면서 기분전환, 가정의 화목 또는 친구와의 친목, 음식 맛과 분위기 즐김, 조리하는 시간 절약 또는 피로 줄이기 등 외식을 하는 여러 가지 이유를 어느 정도 만족시킬 수 있어야 한다. 아울러 가족과 함께하는 외식, 동료와 함께하는 외식,

단체급식(외식), 개인외식 등 외식 유형에 따라 그 선택도 달라져야 한다. 그러므로 외식하는 중요한 이유와 외식 유형에 따라 다음에서 이야기하는 여러 가지 속성을 미리 생각하며 외식업소(음식점)를 선택하도록 한다.

여기에서는 웰빙을 고려한 외식생활을 전제로 이야기를 시작하는 것이 좋을 것 같다. 앞에서 제시한 중요한 이유와 유형을 고려하면서 가족과 함께하는 외식과 개인 외식을 중심으로 외식업소(음식점)의 선택에 대하여 살펴보자.

가족 또는 개인 외식에서는 맛, 청결 및 위생, 가족 또는 개인의 선호(기호), 종업원의 서비스, 업소의 분위기, 편리한 교통, 가격 등의 속성을 먼저 고려해야 한다. 일반적인 이들 속성 중에서는 맛이 가장 중요하다. 이때의 맛은 단순히 혀에서 느끼는 맛이 아니라 넓은 의미의 것으로 맛, 향기, 색깔, 촉감, 조직감 등을 망라한 소위 입맛 또는 풍미를 뜻한다. 이것은 주로 조리 방식과 음식점 주방장의 요리솜씨에 지배를 받는 속성이다.

이 외에 반드시 고려해야 할 것은 건강 지향의 식사이며, 바로 음식의 영양 문제이다. 물론 메뉴 선택과 직접 관련이 있겠지만 업체 선정에서부터 이를 미리 생각해 두어야 한다. 많은 경우 '이건 외식이니까' 하고 건강과 영양에 대한 고려를 회피하는 경우가 많다. 그러나 오늘날 식생활의 많은 부분을 외식이 담당하고 있기 때문에 외식을 할 때 건강과 영양을 고려하는 것이 무엇보다 중요하다.

식품의약품안전청과 한국영양학회 공동으로 실시한 '중소도시 어린이들의 주요 식품 섭취빈도 조사' 결과(2012년 기준)를 보면 외식에 대한 어린이(10~11세)들의 관심을 쉽게 엿볼 수 있다. 패스트푸드의 경우 1주일에 1회 이상 섭취한다는 비율은 닭튀김(41.6%), 피자(28.6%), 햄버그(22,8%) 순이었다. 또한 라면의 경우 1주일에 1회 이상 섭취한다는 비율이 69.2%이었고 10명 중에서 1명 정도는 이틀에 한 번 이상 먹는 것으로 나타났다. 이와 같이 어린이의 경우도 거의 매일 패스트푸드 외식업소를 찾는 형편이 되고 있다. 반면에 과일, 채소, 우유의 섭취는 권장 섭취 횟수보다 훨씬 낮은 것으로 나타났다. 올바른 외식생활을 실천할 수 있도록 어린이를 위한 지속적인 지도가 필요하다는 결론이다.

맛이나 기호 위주로 선택하는 식품, 특히 패스트푸드 등으로 계속 외식하는 경우 특정 영양소만 편중하여 섭취할 가능성이 높다. 이러한 음식의 특징은 대체로 포화지방(산)과 나트륨 함량이 높고, 몇 가지 영양소에 치우치는 경향이 있다. 이 때문에 영양소의 상대적인 균형에서 문제가 될 수 있다. 결국 비만, 성인병, 기타 주요 영양소 결핍증을 염려하게 된다. 고기나 지방질이 많은 음식이나 맛 위주의 음식을 제공하는 외식업소의 빈번한 선택은 바람직하지 않다. 오히려 반찬이 다양하게 골고루 나오는 업소를 선택하는 것이 좋을 것이다.

올바른 외식 메뉴 선택, 무엇을 고려해야 할까

외식할 업소 선정이 해결되면, 이제 웰빙 외식생활을 생각하며 메뉴 선택에 대하여 살펴볼 차례이다. 먼저 미국심장협회가 제공한 일반인을 위한 식사지침을 잠시 살펴보는 것도 좋을 것이다(표 4-2 참조). 비록 심장협회가 제공한 것이지만, 이 내용은 일반인을 위한 것이다.

집단 목표	주요 지침
전반적으로 바람직한 식사 형태 유지	과일, 채소, 곡류, 저지방이나 무지방 유제품, 생선, 두류, 가금류, 살코기를 다양하게 섭취
적절한 체중 유지	열량 섭취량과 소모량을 맞추고 적절한 체중 유지
이상적인 혈액 콜레스테롤 수준 유지	포화지방과 콜레스테롤이 많은 음식을 제한하고 채소, 두류, 견과류 등 불포화지방으로 대체
이상적인 혈압 유지	소금이나 알코올 제한, 적절한 체중 유지, 채소와 과일, 저지방이나 무지방 유제품의 섭취 강화

■ 표 4-2 · 일반인을 위한 식사지침(미국심장협회) ■

표에서와 같이 식사를 위한 주요 지침은 (1) 여러 가지 재료로 만들어진 음식을 다양하게 먹기, (2) 열량 섭취량 조절, (3) 포화지방과 콜레스테롤이 많은 음식 제한, (4) 소금과 알코올 제한, (5) 채소나 과일 그리고 저지방이나 무지방 우유제품의 섭취 강화 등으로 요약할 수 있다. 이 식사지침은 현재 우리의 실정에도 아주 적합한 지침이라고 판단된다. 따라서 이 다섯 가지 지침이 메뉴 선택에 큰 도움을 줄 것이다. 외식 메뉴 선정을 위해 위의 다섯 가지 지침을 간단히 풀이해 보자. 첫 번째 지침은 여러 가지를 골고루 먹을 수 있는 메뉴를, 두 번째 지침은 맛있다고 한두 가지를 과식 또는 폭식하지 않도록 하는 메뉴를 택하고, 세 번째 지침은 고기 또는 지방질 음식의 메뉴는 적절히 제한하고, 네 번째 지침은 짠 음식은 가능한 줄이고 과음하지 않도록 하며, 과일과 함께 채소 반찬을 충분히 먹을 수 있도록 한다. 또한 저지방이거나 지방질이 없는 무지방 우유를 먹을 수 있는 메뉴 등을 권장하고 있는 것을 알 수 있다.

마음속으로 '모처럼 외식이니 근사하게 먹어 보자.' 또는 '귀한 분 모셨으니 분위기 좋은 곳으로' 등등의 사정이 아니라면 메뉴 선택은 그렇게 어렵지 않다. 비교적 외식을 자주하는 편이라면 한식, 일식, 중식, 양식 중에서 쉽게 선택할 수 있는 메뉴는 어떤 것이 있는지 알아보자.

한식: 반찬 종류가 다양하여 영양소를 고루 섭취할 수 있는 장점이 있다. 그래도 채소를 많이 먹을 수 있는 메뉴를 선택하는 것이 좋다. 예를 들면 비빔밥이나 쌈밥 종류가 좋다. 된장찌개나 순두부찌개, 콩나물국밥, 대구탕 등은 짠 음식이므로 건더기 위주로 식사를 한다면, 이 메뉴들도 무난하다. 이 메뉴들의 열량은 410~580 kcal 범위이다. 기름으로 볶아서 맵고 짜게 먹는 매운 덮밥이나 매운 볶음밥은 과식하기 쉬우므로 유의해야 한다. 김밥, 우동, 라면 등의 일품요리는 영양소 균형을 이루기 어려우며, 이들 중에서 두 가지 이상을 선택하여 혼자 먹는다면 과식이 될 염려도 있다. 칼국수(400 kcal 내외)는 김치 등 채소류를 충분히 먹을 수 있는 식당을 택해야 할 것이다.

일식: 청결하고 담백한 맛이 장점이다. 그러나 한식에 비하여 육류가 너무 적고 채소류 역시 부족한 편이다. 그러므로 육류를 생선으로 보완할 수 있는 회덮밥(530 kcal 내외)이나 김초밥(10개 360 kcal 내외) 종류의 메뉴를 택하는 것이 좋으며, 이때 오이나 당근 등의 생채소를 별도로 요청하여 먹는 것이 바람직하다. 회정식이나 생선정식도 좋은 메뉴이다.

중식: 기름과 다양한 양념소스로 요리하기 때문에 향기와 맛이 일품이다. 따라

서 쉽게 그 유혹에 빠져 과식할 우려가 있다. 대체로 동물성 지방질과 염분이 많은 것도 유의해야 한다. 그 중에서도 해파리냉채, 채소와 해물로 요리한 우동, 이와 유사한 짬뽕(540kcal 내외), 잡채밥(650kcal 내외)이 권장할 만한 요리이다. 또한 먹는 양을 적당히 조절한다면 물만두도 좋을 것이다.

양식: 풍미가 좋으며 여러 가지 분위기가 매력적이다. 1인분의 양이 적어 보이지만 칼로리가 많은 편이다. 비프커틀릿이나 스테이크 종류는 칼로리가 900~1,000kcal 범위임을 유의하여 선택해야 한다. 스테이크의 경우에도 적당량의 고기(지방질이 적은 부위의 고기 그리고 조리할 때 지방질이 거의 빠져나갔다는 것을 전제로 함.)와 빵(버터나 잼 없이), 야채수프, 채소샐러드(드레싱 없이) 중심으로 식사한다면 권장할 만하다. 훈제연어구이 그리고 채소를 충분히 이용한 스파게티도 선택할 수 있는 메뉴들이다.

여기서 잠시 미국 텍사스 주립 대학교 보건과학센터 유병팔 교수의 지적을 소개하고자 한다. 그는 세계적인 생리학자이자 노화 관련 연구자이며, 텍사스 주립 대학교가 자랑하는 노화연구소의 연구팀장을 오래도록 맡고 있다. 그는 자신의 『125세까지 걱정 말고 살아라』에서 우리 전통음식이 최고의 건강식이라고 지적하면서 한식 선택의 이유를 이렇게 말하고 있다.

> "첫째는 칼로리를 따져볼 때 확실히 입증된다. … 건강하게 장수하기 위해서는 소식을 하라고 하였다. 즉 칼로리를 줄이고 소박한 음식을 먹는 습관을 들여야 한다. …

둘째는 식물성 섭취가 많다는 점이다. 무엇보다 우리는 야채를 많이 먹었다. … 세 번째는 디저트의 차이이다. … 미국인은 고기를 주요 메뉴로 하고 아이스크림 등을 디저트로 먹는 습관이 있다. 하지만 우리는 … 차나 수정과 등이 디저트라면 디저트였을 뿐이다. … 따라서 우리의 식탁이 서구 음식으로 오염되지 말았으면 한다."

오늘날 외식은 우리 식생활의 중요한 부분을 차지하고 있다. 지금은 웰빙을 추구하는 시대이므로, 외식을 할 때 가능한 한식을 선택하는 것도 현명한 일이다. 일상의 외식이 건강과 즐거움을 동시에 만족시킬 수 있다면, 그것이 진실로 행복한 일이 아닐까!

5

현대의 웰빙 슬로푸드에서 찾는 행복

행복한 우리 음식문화

행복 코드 17

김치

— 세계 5대 건강식품, 그 행복 스토리 —

긴 겨울의 반양식이었던 김장김치

■

우리나라의 겨울은 시베리아 기단의 영향을 받아 비교적 춥고, 그 기간도 길다. 김장은 이와 같이 채소가 재배되지 않는 긴 겨울철을 대비한 식생활 수단의 하나였다. 늦가을 또는 겨울 초입에 행하는 김장은 산골마을에서나 도시의 어느 가정에서나 꼭 치르는 중요한 연중행사였다.

삼국 시대 때 채소를 소금에 절인 원시적인 김치무리도, 고려 시대 이규보의 『동국이상국집』에 나오는 순무의 소금 절임도 모두 김장의 한 형태라고 할 수 있다.

1816년에 나온 정학유의 『농가월령가』 '10월조' 에는 김장과 관련된 다음과 같은 내용이 있다.

> "시월은 맹동(孟冬)이라 입동 소설 절기로다
> 나뭇잎 떨어지고 고니 소리 높이 난다.
> …
> 무 배추 캐어 들여 김장을 하오리다.
> …
> 양지에 가가(假家) 짓고 짚에 싸 깊이 묻고
> 박이 무 알암말고 얼잖게 간수하소."

정학유는 농사일을 끝내고 김장을 해야 한다고 강조하고 있다. 그리고 담근 김치를 짚에 싸서 땅에 깊이 묻어 얼지 않도록 잘 간수하라고 독려한다. 『농가월령가』보다 뒤에 나온 홍석모의 『동국세시기』(1849) '10월조' 에도 "서울 풍속에 무, 배추, 마늘, 고추, 소금으로 김장을 하여 독에 담근다. 여름의 장과 겨울의 김치는 인가의 일 년 계획 중 중요한 계획이다."라고 소개하고 있다. 농가뿐만 아니라 도시인 서울에서도 김장은 일 년의 중요한 행사라고 밝히면서 그것이 서울 풍속이라고 하였다.

근대에 와서도 국민들의 김장에 대한 관심은 대단하였던 것 같다. 개화기의 식품가공조리에 대한 매일신보 게재 기사 연구 결과를 살펴보면 대단히 흥미롭다. 김진규 등의 논문(한국생활과학연구, 1992)에 의하면 당시(1932~1936) 11월에는 김장에 대한 내용을 4회나 취급하였다고 한다. '맛있는 김장은 어떻게 담그나' 라는 기사를 중점적으로 게재하였던 것이다.

김장에 대한 비교적 최근의 조사 연구 자료인 유태종 및 정동효의 논문(한국식품과학회지, 1974)에 의하면, 중부 지역 가정의 경우 배추김치는 대부분의 가정(98.9%)에서 모두 담금하였고, 이 외에 깍두기, 동치미, 총각김치, 무김치 등의 순으로 담금하였다. 그리고 평균 1인당 김장용 배추는 12~20포기나 된다고 보고하고 있다.

지난날의 김장김치는 늦가을에 수확한 여러 가지 채소를 적절히 가공 조리하여 먹는 채소 발효 식품이었다. 또한 채소류가 없는 긴 겨울 한철의 식물성 식품 공급원이자 저장식품이기도 하였다. 김치는 비타민과 미네랄, 그리고 식이섬유소의 중요한 영양소 저장 탱크였다. 이와 같이 김장김치는 기나긴 겨울을 위한 우리의 소중한 음식, 반양식이었다고 할 수 있다.

그러나 오늘날에 이르러 상황이 많이 달라졌다. 김장 양도 적어졌고, 김치 담금 가정도 크게 줄어들고 있다. 배추, 무 등의 재료들이 거의 사철 공급되고, 관련 식품산업의 획기적인 발전으로 각종 상품화된 김치가 계절에 관계없이 계속 나오고 있다. 이 때문에 가정에서 담가 먹는 김치 비율이 점점 감소하는 추세이다. 김장은 가계의 소득 수준의 향상, 여성의 사회 참여, 상품 김치의 품질 향상과 가공식품의 이용 증대, 도시화와 아파트 생활, 김치냉장고의 보급 등에도 큰 영향을 받고 있다.

어쨌든 김치는 우리의 기본 음식이고 매일 꼭 필요한 반찬이다. 가정에서 일정량 담금을 하거나 관련 김치산업체에서 지속적으로 담가야 할 식품인 것이다. 그러면 오늘날의 김치와 김치 담금에 대해서 조금 더 살펴보자.

오늘날의 김치에는 어떤 재료를 사용하고 어떤 종류가 있을까?

김치는 각양각색의 재료들이 함께 어울려 있는 집합체로, 각양각색의 재료들을 조리 가공해 놓은 하나의 종합 발효 식품이라고 할 수 있다. 밭에서 수확한 여러 가지 채소들, 산에서 나는 산채들 그리고 바다에서 나는 여러 가지 해산물들. 이 모두가 계절에 따른 다양한 김치의 재료가 된다.

재료는 크게 나누어서 주재료, 향신료, 조미료, 기타 부재료의 네 가지로 나누어진다. 주재료에 따라 배추가 주재료이면 배추김치, 열무가 주재료이면 열무김치, 더덕이 주재료이면 더덕김치가 된다. 향신료에는 고추, 마늘, 파, 생강, 겨자 등이 있고, 조미료에는 젓갈류, 설탕, 소금 등이 있다. 소금은 절임에 쓰이면서 맛을 내는 기능을 갖는 것으로 대단히 중요한 재료이다. 기타 부재료에는 채소류(미나리, 갓, 쑥갓, 무 등), 과실류(배, 사과, 은행, 잣 등), 곡류(전분, 찹쌀 등) 그리고 육어류(쇠고기, 동태 , 조기, 오징어 등) 등이 있다.

주재료인 배추나 무 등이 주역을 담당하되, 향신료와 조미료가 1차적으로 맛과 향기의 바탕을 만들고, 기타 부재료(채소류, 과실류, 곡류, 육 · 어류)가 2차적으로 맛과 향기를 증진시키는 등 보조적인 역할을 한다. 이처럼 김치는 주역과 다양한 조역이 조화를 이룬 재료의 집합체이다. 그 중에서도 재료의 중심은 역시 주재료인 배추나 무, 향신료인 고추와 마늘, 그리고 조미료인 젓갈이라고 할 수 있다.

김치 종류에도 여러 가지가 있다. 이른 봄철의 냉이김치나 달래김치, 이어서 등장하는 돌나물김치나 햇김치, 미나리김치 등이 있고, 여름철에는 열무김치와 부추김치, 오이소박이 등이 있다. 가을에는 고들빼기김치나 가지김치가 있고,

계절	여러 가지 전통 김치
봄(3~5월)	돌나물김치, 햇김치, 파(봄)김치, 봄갓김치 등
여름(6~8월)	열무김치, 열무물김치, 부추김치, 오이소박이 등
가을(9~11월)	고들빼기김치, 총각김치, 파김치, 가을갓김치
겨울(12~2월)	통배추김치, 총각김치, 깍두기, 백김치, 동치미 등

■ 표 5-1 · 계절에 따라 담그는 여러 가지 전통 김치 ■

겨울에는 통배추김치, 깍두기, 백김치, 동치미, 총각김치 등이 있다. 표 5-1에서와 같이 계절에 따라 그때그때 이용 가능한 재료들을 중심으로 김치를 담금하는 것이다. 그래도 최고의 김치는 역시 겨울철 김장김치이며, 특히 (통)배추김치이다. 최근에는 배추가 사계절 공급되고 있어 배추김치를 계절에 관계없이 담금하고 있다.

또한 각 지방에는 향토색이 짙은 향토 김치도 있다. 물론 향토 김치가 그 지방의 김치를 대표한다고는 할 수 없다. 예를 들면 경기도 개성 지방에는 보쌈김치가 있고, 공주에는 굴깍두기, 순천 여수에는 갓김치, 경상도 지역에는 씀바귀김치, 강원도 동해안 지역에는 해물김치 등이 잘 알려져 있다.

최근에는 채소의 재배기술과 저장기술이 크게 향상되어 품질이 좋은 채소 재료들이 거의 연중 공급되고 있다. 이제 사시사철 신선한 채소로 담근 김치를 쉽게 맛볼 수 있는 시대가 되었다. 또한 오늘날에는 가정에서 담그는 김치 외에도 단체급식용, 수출용, 가정용, 군 급식용 등의 김치들이 기업적으로 대량 생산되

김치 분류	여러 가지 김치들
일반 김치	배추김치, 총각김치, 깍두기, 갓김치 등
물김치	동치미, 백김치, 나박김치, 열무물김치 등

■ 표 5-2 · 김치의 형태와 발효 체계에 따른 분류 ■

어 다양한 경로를 통해 유통되고 있다.

한편 김치를 구분할 때 표 5-2에서와 같이 그 형태와 발효 체계에 따라 일반김치와 물김치로 분류하기도 한다. 배추김치나 깍두기, 파김치 등과 같이 국물이 거의 없는 상태로 발효시킨 것(반고체 상태 발효)들을 일반김치라고 한다. 이와는 달리 백김치나 동치미 그리고 나박김치 등과 같이 처음부터 소금물 등을 충분히 넣어 건더기가 물에 푹 잠겨 있는 상태로 발효시킨 것(액체상태 발효)을 물김치라고 말한다.

이렇게 분류되는 두 종류의 김치들은 담금 방법, 발효 과정, 먹는 방식도 서로 다르다. 특히 먹는 방식에서 일반김치는 거의 건더기 부분을 먹지만, 물김치의 경우는 건더기와 국물을 다 같이 먹는다. 물김치는 시원한 국물 맛이 일품이다.

김치의 담금 과정

■

김치 담금은 김치라는 독특한 음식을 만드는 조리 또는 가공 행위이다. 다시 말해 여러 가지 재료에 적절한 솜씨나 기술을 가하여 먹기에 적합하고 위생적이면서 향기나 맛 그리고 색깔을 좋게 만드는 일련의 절차라고 생각할 수 있다. 그러므로 김치 종류나 사용 재료 그리고 세부적인 절차 내용에 따라 그 방법이 각각 다를 수밖에 없다. 이 때문에 담금 비법이나 요령이 수없이 많아 쉽게 그 절차를 이야기하기가 어렵다. 그러나 김치 담금의 기본적인 절차는 결코 어렵지 않다. 우선 생각해 두어야 할 것은 김치 담금의 기본 요건이자 요소이다.

김치 담금 과정 중에서 김치의 품질이나 특성에 미치는 가장 중요한 요소는 다음 세 가지이다. 하나는 주재료와 다른 재료들의 적절한 선택과 배합이다. 다음은 소금의 농도와 주재료의 소금 절임이고 마지막 요소는 발효 과정(조건)이다.

그러면 김치 담금의 가장 기본적인 절차를 한 번 정리해 보자.

먼저 주재료를 선별하여 적당한 크기로 자른 후 소금에 절인다. 그리고 별도로 여러 가지 향신료, 조미료, 기타 재료를 얇게 썰거나 다지거나 가루로 만들어 배합 비율에 따라 잘 혼합하여 양념혼합물을 만든다. 소금에 절인 주재료를 씻어서 물기를 뺀 다음 정해진 양의 양념혼합물을 넣어 버무린다. 이를 적당한 용기에 담아 발효 숙성시켜 가정용 김치로 한다. 이때 버무린 것을 별도로 포장한 다음 발효 숙성시키면서 출고하여 상품용 김치로 하기도 한다.

이제 가족끼리 서로 의논하고 도우면서 배추김치를 한 번 담금해 보면 어떨까? 두세 번 실수하면 또 어떤가! 지금은 김치 담금에 관한 좋은 책도 있고 텔레비전에서도 관련 프로그램이 계속 나오고 있다. 조리하는 즐거움을 만끽하고 자기가 만든 김치를 맛있게 먹어 보는 것도 재미있지 않은가! 요즈음 미국이나

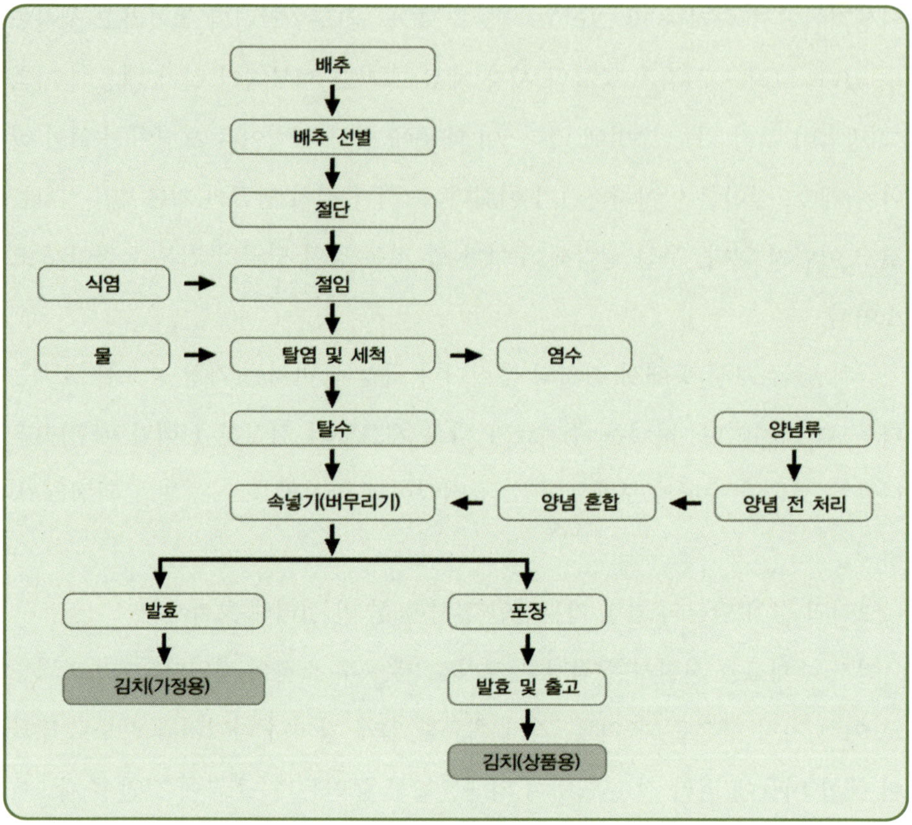

■ 그림 5-1 · 배추김치의 담금 방법과 절차(가공 공정도) ■

유럽 여러 나라의 가정에서는 주말을 이용하여 피자 굽기나 파이 만들기 등을 하며 가족과 함께 소중한 시간을 보내는 경우가 많다고 한다. 또한 그런 취미를 가진 동호인들이 모여 작은 품평회도 열면서 맛과 멋을 함께 즐긴다고 한다. 여가를 이용해서 조리를 직접하며 맛과 멋을 다 같이 즐기는 시대가 된 것이다.

유산균 발효 식품인 김치

■

김치를 담근 후 김칫독 안의 작은 세계를 한 번 상상해 보자. 주재료인 배추나 무를 비롯한 각종 재료들에는 적당한 농도의 소금물기가 배어 있다. 이들이 함께 어울려 유산균의 도움으로 발효 활동을 시작한다. 이때 김칫독 안의 온도가 중요한 요인이 된다. 보통의 소금 농도(약 1.8%)에서는 10℃에서 서서히 활동을 시작하고 20℃가 되면 활발하게 진행한다. 주역인 유산균은 주재료에 함유되어 있거나 수분에 녹아 있던 각종 성분을 이용하여 유산 발효를 본격적으로 진행한다. 드디어 유해한 여러 가지 잡균들이 소금 농도와 유산균 작용으로 서서히 사멸되고, 김치는 우리에게 유익한 유산균으로 가득 차게 된다. 물론 유산균 외에 다른 미생물들도 부분적으로 각종 발효 작용에 관여하고 있다.

발효는 단계적으로 일어난다. 제1단계는 각종 미생물이 함께 모여 있는 발효 준비 단계, 제2단계는 유산균 중심의 제1차 주 발효 단계, 제3단계는 유산균과 효모 중심의 제2차 주 발효 단계, 제4단계는 효모, 곰팡이, 기타 세균에 의한 변질 단계로 진행된다.

발효 과정 중에 유산균이 빠르게 증가하고 재료의 당분이 유기산으로 전환되는데, 이때 유기산 중에서도 유산(락트산), 초산(아세트산) 등이 많이 생기고 탄산가스와 에탄올이 다소 생성된다. 김치가 신맛이 나는 것은 생성된 유기산 때문이며 시원한 느낌을 갖게 하는 것은 탄산가스와 에탄올 때문이다. 이뿐만 아니라 비타민 B나 C 성분들이 합성되어 영양가를 한 단계 더 높이기도 한다. 그리

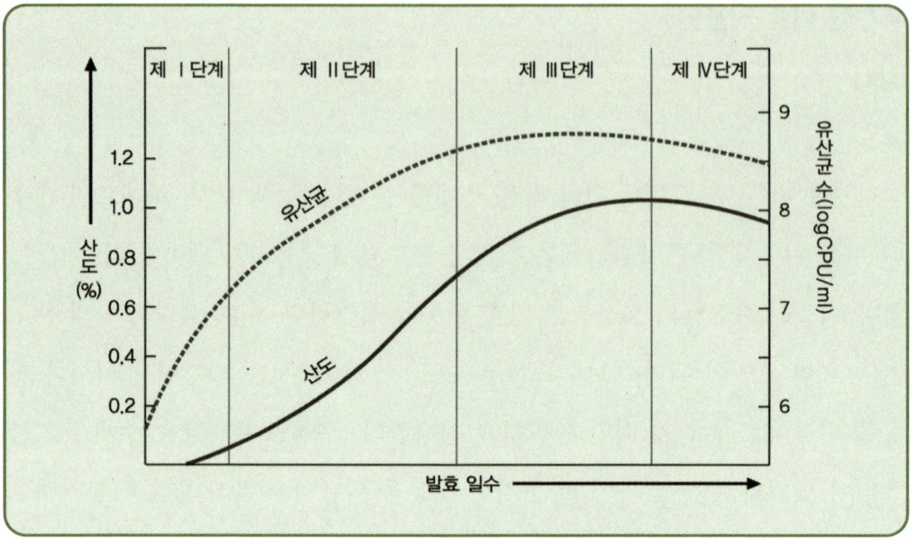

■ 그림 5-2 · 김치의 발효 단계와 유산균 및 산도의 변화 ■

고 여러 가지 맛 성분이나 향기 성분들도 만들어진다.

발효 과정에 관여하는 중요한 요소는 앞에서 이야기한 소금의 농도와 온도이다. 소금의 농도가 낮고 온도가 높으면 발효가 빨리 진행된다. 발효를 아주 천천히 진행시키려면 소금 농도를 높이거나 온도를 내려 주는 방법이 있다. 그러나 소금을 너무 많이 넣으면 짜서 먹기 힘들므로 김치를 담근 후 오래 저장하려고 한다면 김치냉장고에서처럼 온도를 영하 2~4℃ 정도로 유지하는 것이 가장 좋은 방법이다. 그리고 발효시킬 때 높은 온도에서보다 낮은 온도(10도 내외)에서 서서히 진행시키면 김치의 맛이 더 좋다. 겨울에 김장 김칫독을 땅속에 묻어서 저장하는 것도 바로 적정 온도에서 천천히 발효시켜 맛을 좋게 하기 위한 것이다. 또한 소금 농도와 발효 요소 외에도 발효에 미치는 주재료와 향신료(특히 고추와 마늘)의 영향도 무시할 수 없다.

오묘하고 과학적인 발효 과정은 하나의 숙성 과정이기도 하다. 이 과정에서 김치가 삭고 익어가면서 제2차 주 발효 단계에 이르면, 드디어 풍미가 최고조에 달하는 완숙 김치가 된다. 그러므로 발효 준비 단계(제1단계)의 김치는 덜 익은 미숙(未熟) 김치이고, 발효 단계(제4단계)가 지난 것은 변질이 시작되는 과숙(過熟) 김치(묵은 김치의 일종)라고 말할 수 있다. 잘 익은 김치가 가장 맛이 있고 영양분도 많다. 그러나 우리는 겉절이와 같은 덜 익은 김치도 즐기고 있으며, 과숙 김치(일종의 묵은 김치) 역시 김치찌개나 김치전 등의 김치 요리로 맛있게 먹고 있다.

건강기능성 생명체인 김치유산균

■

유산균은 젖산균이라고도 한다. 유산균은 김치를 비롯하여 건강음료인 요구르트나 발효유 그리고 유럽의 양배추 절임인 사워크라우트와 같은 식품에 많이 들어 있다. 특히 잘 익은 김치에 많이 들어 있어서 김치 1g 속에 1억 개의 유산균이 있다. 따라서 우리는 자신도 모르게 유산균을 많이 먹고 살고 있는 것이다.

유산균은 당분과 같은 물질을 이용하고 대신 유기산(특히 유산)을 만들어 내는 세균으로, 그 형태가 둥근 모양이거나 막대 모양을 하고 있다. 보통 일정 농도 범위에서는 소금 용액에서도 잘 생육하며 공기를 싫어하는 경향이 있다. 따라서 김치와 같은 환경 조건에서 잘 번식한다. 유산균 안에서도 어느 한 종류만 있는 것이 아니고 여러 무리가 있다. 김치에서도 여러 무리의 유산균이 관여한다.

유럽이나 일본 사람들은 유산균이 들어 있는 발효유나 요구르트를 장수식품으로 분류하고 있다. 세계적인 장수촌으로 알려진 불가리아의 스몰리안 지방, 파키스탄의 훈자 지방 그리고 코카사스나 아제르바이잔 지방의 주민들은 매일 발효유를 즐겨 먹는다고 한다. 그래서 유산균으로 발효시킨 발효유가 그 지방의 장수식품이 된 것이다. 지금까지 국내외에서 연구 보고된 유산균의 건강기능성에 대한 논문이 많이 있다. 특히 김치유산균의 건강기능성에 대한 부산대학교 김치연구소, 한국식품연구원, 기타 연구소 및 대학교 등에서 연구 결과들이 많이 발표되고 있다. 이에 대하여 필자의 저서 『한국인의 생명, 김치』에서 정리한 것이 있으며, 여기에서는 이를 간단하게 다음과 같이 요약해 보기로 한다.

김치유산균은 김치의 발효와 숙성에 직접 관여하지만 다음과 같은 중요한 건강기능성을 갖고 있다. (1) 김치유산균은 항돌연변이 및 항암 효과를 지니고 있다. (2) 영양소 중 비타민 B군을 만들어 낸다. (3) 유해한 세균들에 대한 항균 작용이 있다. (4) 정장 작용이 있다.

김치의 건더기나 국물에는 우리의 건강을 약속하는 유산균이 듬뿍 들어 있다. 유산균이 많다는 사실도 우리가 김치를 먹어야 할 이유 중의 하나이다. 그러나 다음에서 김치 속의 생명활성 물질을 더 살펴보면 진실로 김치가 왜 세계 5대 건강식품이 되었는가를 실감할 수 있다.

김치의 맛과 멋의 풍요로움

■

김치는 계절과 지역에 따라 그리고 재료와 만드는 방법에 따라 그 형태와 종류가 수없이 많아 다양성을 헤아리기가 어렵다. 그래서 김치는 다양성을 먹는 즐거움이 있다. 또 김치는 고집이라고 할 정도로 개성을 지니고 있다. 각 가정의 어머니가 만든 김치 맛도 제각각 다르고, 가문에 따라 지역에 따라 그리고 김치상품을 생산하는 회사에 따라 독특한 그들만의 특징을 지닌다. 이것이 곧 김치의 개성이다. 이처럼 김치는 다양성에서 오는 자유로움과 개성에서 오는 고집이 함께 어울려 있는 맛과 멋의 음식이다.

김치 기호에 영향을 주는 관능적 요소는 외관, 향미, 조직감이다. 이 세 가지 요소 전체를 김치의 풍미 또는 넓은 의미의 맛이라고도 한다. 외관은 색깔이나 모양 등의 시각적인 요소이고, 향미는 향기와 맛(혀에서 느끼는 좁은 의미의 맛)의 후각과 미각 요소이며, 조직감은 씹힘성이나 소리 등의 촉각과 청각 요소라고 할 수 있다.

특히 김치 맛(좁은 의미의 맛)은 여덟 가지의 맛이 서로 조화를 이루고 있다. 매운맛, 짠맛, 신맛, 감칠맛의 네 가지 기본적인 맛이 있고, 그 외에 단맛, 떫은맛, 쓴맛, 탄산미의 보조적인 맛이 기본적인 맛을 보조한다. 그러므로 김치는 네 가지의 기본적인 맛과 네 가지의 보조적인 맛을 지니는 팔미 음식이다. 모든 맛이 중요하지만 특징적인 김치 맛을 내는 것은 감칠맛이다. 김치를 담글 때 젓갈이나 액젓을 가려 쓰는 것이나 어패류를 넣는 것, 또한 멸치국물이나 수육국물을 정성들여 넣는 것도 모두 이 때문이다. 이것이 어머니에 따라 또한 가문이나 생산 기업체에 따라 담근 김치 맛이 달라지는 가장 큰 이유이기도 하다.

김치는 하얀 접시에 담긴 화려한 색깔, 양념과 발효에 의한 그 맛과 향기, '아삭' 하고 씹히는 독특한 조직감이 일품이요 멋이라고 할 수 있다. 이 때문에 우리는 김치의 맛과 멋을 먹는다. 김치가 없는 밥상은 생각하기도 쉽지 않다.

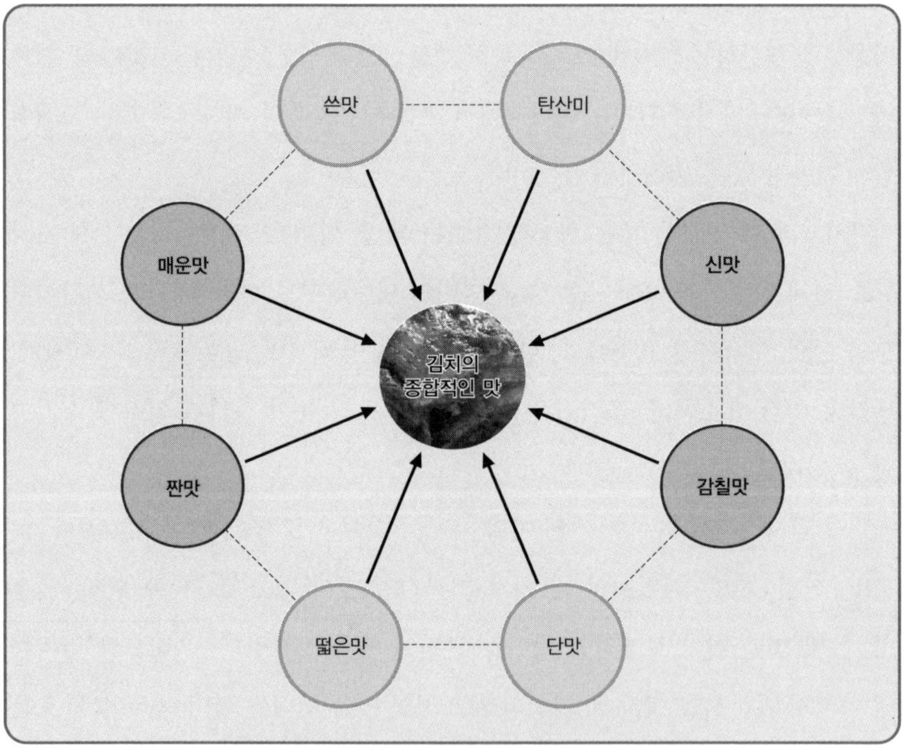

■ 그림 5-3 · **김치의 여덟 가지 맛과 네 가지 기본적인 맛** ■

여덟 가지 맛의 조화에 의하여 독특한 김치 맛이 완성된다.
이 중 기본적이 네 가지 맛은 매운맛, 짠맛, 신맛, 감칠맛이다.

김치의 영양 그리고 건강기능성

■

오늘날에는 음식을 먹을 때 건강을 생각하며 영양에 대한 내용을 세세하게 따져 보게 된다. 당연히 해야 할 일이며 자신의 식생활도 스스로 점검해 보아야 한다. 정말 중요한 이야기이지만, 그것은 잠시 접어두고 다시 김치 쪽으로 시선을 돌려 보자.

김치 속에는 여러 가지 영양소들이 스스로 잔치를 베풀고 있는 것 같다. 그만큼 김치 속에는 다양한 영양소들이 함유되어 있다. 특히 밥이나 된장찌개 그리고 고기반찬에서 부족한 비타민, 미네랄, 식이섬유소들이 많다. 이들은 인체 내에서 주요 생명작용의 대사 조절 등의 역할을 담당하고 있는 중요한 영양소들이다.

비타민 중에서도 B군(B1, B2, 나이아신 등)과 C 함량(배추김치; 21mg/100g 내외)이 높은데, 이들은 발효하기 전의 재료에서보다 김치가 잘 익었을 때 더 많다. 따라서 발효 과정 중에 이러한 비타민들이 합성되는 것으로 판단된다. 또한 비타민 A(210 IU 내외)도 많은 편이다. 미네랄 성분으로는 칼슘(45mg/100g 내외)과 철분(0.4mg/100g 내외)이 주요 성분이다. 또한 비교적 많은 양의 수용성 또는 불용성의 식이섬유소(2.1% 내외)도 함유되어 있다. 식이섬유소는 밥이나 육류, 어류에 비하면 상대적으로 많은 양이다. 이 외에도 많지는 않지만 단백질과 지방질도 있다.

이와 같은 영양학적 특성을 보면 김치는 당질과 단백질, 지방질 함량이 낮은 저열량 식품이다. 반면에 상대적으로 비타민, 미네랄, 식이섬유소 함량이 높다. 그러므로 김치를 먹으면 다양한 비타민과 미네랄, 식이섬유소를 섭취하게 된다. 김치는 우리의 전통적인 반상차림에서 밥과 찌개와 함께 기본음식 세 가지 중의 하나이다. 전체적으로 밥상의 영양 균형을 이루게 하는 소중한 음식인 것이다.

우리의 건강을 지켜 주는 김치 속의 생명활성 물질에는 앞에서 이야기한 유산균과 각종 영양소를 비롯하여 다양한 건강기능성 성분이 있다. 이들은 질병 예방 기능, 질병 회복 기능, 노화 억제 기능, 인체의 생체 리듬 조절 기능 등 여러 가지 건강기능성 역할을 한다. 이 분야에 대한 연구는 이미 여러 학자들에 의하여 대대적으로 진행되었으며, 그 결과가 많이 축적되어 있다. 그리고 앞으로도 긍정적인 연구 결과들이 계속 발표될 것으로 예상된다.

필자의 저서 『김치의 발효와 식품과학』에도 이러한 내용이 자세하게 정리되어 있는데, 김치의 건강기능성에 관한 내용들을 요약하면 다음과 같다. 즉 산화 및 노화(피부 노화 포함) 억제 효과, 돌연변이 억제 및 항암 효과, 동맥 경화 억제 및 혈전 용해성, 항비만 기능성(다이어트 효과), 면역 활성 증진 작용과 항균 작용 등의 건강기능성이 있다.

김치 속에는 이러한 건강기능성을 갖게 하는 여러 가지 물질들이 있다. 이 물질들은 원래 재료에 존재하였던 것(재료 기원)과 발효에 의해 새롭게 생성된 것(발효 기원)으로 나누어 살펴볼 수 있다. 재료 기원의 건강기능성 물질은 카로티노이드, 플라보노이드, 캡사이신, 알릴설파이드, 아스코르브산, 식이섬유소 등이다. 한편 발효 과정에서 생성된 것으로는 유산균이 중요하고 이어 아세틸콜린, 덱스트란, 유산, 글리코펩타이드, 박테리오신 등의 성분들이 있다. 이 밖에도 많은 성분들이 있으며, 아직까지 밝혀지지 않은 물질도 많은 것으로 생각된다. 그리고 현재도 계속 새로운 것들이 밝혀지고 있다.

이러한 특수한 물질들이 어떻게 체내에서 건강기능성을 나타내는가에 대한 내용을 여기서 자세하게 논할 수는 없다. 관련 서적 등을 참고할 수밖에 없다. 특히 피부 노화 예방이나 비만을 예방 치유하는 다이어트 효과는 이미 과학적으로 잘 밝혀져 있다. 그리고 암 예방, 즉 발암 그리고 암 진행 억제 기능도 비교적 명확하게 규명되어 있다. 혈전 용해성 등 다른 건강기능성도 실험실 단위에서 이미 확인되고 있으며, 동물실험과 인체에 미치는 효과는 계속 연구 진행 중에 있다.

김치의 행복 스토리는 끝이 없다

■

지금 우리는 식탁 위에 김치가 있는 것만으로도 행복하다. 김치에는 맛과 멋의 즐거움이 있고, 건강의 풍요로움이 있다. 이것이 곧 우리가 김치를 사랑해야 할 이유이다. 세계가 인정하고 있는 '세계 5대 건강식품, 김치'를 우리 모두 즐겨 먹어 보자.

그러면 이러한 김치를 얼마나 먹어야 할까?

짜지 않은 '싱거운 김치'이면 하루 100g 이상 먹어도 좋을 것이다. 한때 김치에 들어 있는 소금 때문에 걱정하는 사람들이 있었다. 지금은 옛날하고 다르다. 냉장시스템 그리고 김치냉장고의 이용으로 가정김치나 상품김치도 짜게 담가야 할 필요가 없다. 앞에서 이야기한 것처럼 짜지 않은 저염 김치를 낮은 온도에서 서서히 발효시켜야 맛도 좋다. 그리고 상품김치일 경우 한 번 먹어 보고, 너무 짠 것은 다음부터 택하지 말아야 한다. 소금은 우리 인체에 꼭 필요한 성분이므로, 일정량 섭취해야 하지만, 과량 섭취는 문제가 된다.

싱거운 김치 100g은 달걀 한 개의 무게가 50g 내외이므로 달걀 2개의 양이다. 잘 익은 저염 김치(소금이 적은 짜지 않은 김치) 100g 이상을 하루 세끼에 나누어 먹는 방법도 있다. 배추김치도 좋다. 가끔 잎이 달려 있는 총각김치나 갓김치, 그리고 열무김치를 택해 먹는 것도 현명한 일이다. 시원한 백김치나 동치미는 또 다른 즐거움이 있다. 모두 건강기능성의 효능과 맛과 멋을 함께 즐길 수 있으니 얼마나 좋은가!

행복 코드 18

막걸리

— 보통 사람이 즐겨 마시는 건강 알코올 음료 —

보통 사람들이 마시는 결코 평범하지 않은 술

■

나는 젊은 시절에도 막걸리를 즐겨 마셨으며, 지금도 종종 막걸리를 마신다. 그리고 어느 자리에서든 술 종류를 선택할 수 있는 기회가 주어지면 망설임 없이 막걸리를 택한다. 막걸리의 매력은 여러 가지가 있지만, 특히 '정이 녹아 있는 부드러운 술' 이고 '고유의 은근한 향미' 가 있기 때문이다. 실제로 나는 막걸리의 오묘한 색깔과 향미에서 오는 무한의 정, 부드러우면서도 포근함 그리고 소박한 멋을 즐기고 있다.

왜 우리는, 아니 보통 사람들은 막걸리를 즐겨 마실까? 우선 막걸리 한 잔을 마셔 보면 그 색깔과 향미에서 잊혀져가는 고향의 따스함, 어머니의 마음 또는 누이의 사랑을 느낄 수 있다. 이것은 한마디로 정이라고 할 수 있다. 누구든지 일과 후 조용한 시간에 막걸리 한 잔을 마셔 보라. 은은한 색깔과 소박한 향미에서 우리는 진정으로 그런 마음을 느끼지 않을 수 없다. 그만큼 막걸리는 정이 녹아 있는, 그러면서도 은근한 향미가 살아있는 부드러운 술이다. 막걸리를 마시는 짧은 시간만이라도 우리는 자연스럽게 정겹고 부드러운 사람이 된다.

막걸리는 역시 혼자 마시는 것보다 정겨운 사람과 함께 마시는 것이 좋을 것이다. 가족이나 친구와 함께 마셔도 좋고, 연인과 같이 한다면 금상첨화일 것이다. 막걸리가 이러한 분위기에 가장 잘 어울리는 술이 아닐까 생각된다.

이제 막걸리를 제대로 한 번 음미해 보자. 막걸리는 유리알처럼 투명하지 않아서 좋다. 뽀얗거나 노르스름한 색깔이 따스하고 편안하게 느껴진다. 그리고 넉넉함이 느껴진다. 또한 표현하기 힘든 향기가 우리의 후각세포를 미미하게 자극한다. 어느 한 가지가 아니고 많은 휘발성 성분에 의한 복합 향기이지만 향기가 진하지 않아 은근하게 퍼진다. 맛 역시 단맛, 쓴맛, 신맛, 짠맛, 매운맛 등의 오미와 감칠맛, 떫은맛, 청량미가 어울려 있다. 그러나 맛 역시 있는 듯 없는 듯 은근하기만 하다.

그래서일까? 막걸리는 보통 사람들이 많이 즐기는 소박한 술이다. 옛날부터 사람들은 막걸리를 오덕주라고 하였다. 쉽게 취하지 않고, 영양이 풍부하고, 기운을 북돋아 주고, 사람들을 유쾌하게 하고, 인간관계를 개선하는 등 다섯 가지 덕을 지녔기 때문이다.

■ 그림 5-4 · **막걸리 한 잔, 그 정겨움과 부드러움** ■

한때 막걸리를 '막술'이라고 하여 적잖은 사람들이 외면하던 시절도 있었다. 그러나 이젠 그렇지 않다. 최근에는 우리나라는 물론, 일본 등 외국에서도 막걸리의 인기가 크게 높아지고 있다. 그 이유는 간단하다. 현대인의 웰빙 욕구와 잘 부합되기 때문이다. 첫 번째 이유는 막걸리가 갖는 은은한 색깔과 향미 때문이고, 둘째는 영양과 건강기능성을 갖기 때문일 것이다. 그리고 세 번째는 막걸리의 품질이 파격적으로 향상되었기 때문이다. 색깔과 향미가 좋아진 것 외에 먹은 뒤의 숙취 현상도 크게 줄어들었다.

잠시 막걸리와 함께하는 멋과 풍류, 그리고 열정 쪽으로 눈을 한 번 돌려 보자. 아득한 부족국가 시대부터 우리 민족은 술을 즐겨 마셨다고 전한다. 『삼국지』 '부여전' 에는 정월이 되면 하늘에 제사 지내는 큰 행사가 있었는데, 이때에는 여러 사람이 모여서 술을 마시고 먹고 노래 부르고 춤을 추었다고 기록되어 있으며, 이 행사의 이름을 '영고' 라고 하였다. 이 외에도 예의 '무천', 고구려의 '동맹' 등의 집단 행사에서도 술을 마시고 노래를 부르며 춤을 추었다는 기록이 있다. 이때 이미 원시적인 형태의 막걸리를 사용하였을 것이다.

제사 외에 세시풍속의 하나로 이어져 내려오는 계절에 따른 명절식과 시식이 있었다. 여기에도 필수적으로 술이 한 자리를 차지하였다. 설을 맞이하는 술이라고 하여 세주, 정월대보름의 귀밝이술 이명주, 봄철 청명의 청명주, 여름을 탈 없이 보내기 위한 과하주 등의 이름이 있다. 계절과 세시에 어울리는 막걸리를 빚어 마셨던 것이다. 이뿐만 아니라 혼례나 환갑 등 가정의 통과의례 행사에도 막걸리가 있었다.

민속의 각종 행사들은 예와 도를 지키면서 상하와 이웃 그리고 동족으로서의 일체감과 화합을 위한 것이었다. 그리고 어려움을 이기고 축복이 있기를 빌며 함께 즐거움을 나누는 일이었다. 여기에 가장 중요한 구실을 하는 것 중의 하나가 술, 특히 대중의 술이자 서민의 술인 막걸리였다.

또한 예로부터 멋과 풍류에는 언제나 그 밑바탕에 홍이나 운치, 그리고 열정이 깔려 있었다. 만일 이러한 것들이 없다면 우리의 삶은 무미건조하였을 것이다. 술을 마시고 홍에 겨워 즐겁게 춤을 추고 노래를 부르는 것이 바로 멋과 풍류이며, 육체적 · 정신적 활동인 것이다. 즉 춤을 추는 것은 무용이고, 노래를 부르는 것은 시와 음악이 결합된 예술이다. 이때의 춤과 노래는 음주로 인한 홍과 운치, 그리고 열정을 미적으로 나타낸 삶의 표현이라고 할 수 있다. 이때 예술가들이나 일반 서민들이 평소에 어려움 없이 마시는 술은 거의 막걸리였을 것이다.

고려의 이규보는 술이 없이는 시를 창작하지 않았다고 한다. 술을 마신 후 그 흥에 겨워 시를 쓰곤 하였다. 풍류의 극치를 보여 준 이규보도 가난할 때는 늘 막걸리를 마셨다. 『동문선』에 실려 있는 김극기의 시에서도 "들 합에는 막걸리가 채워져 있네."라는 구절이 있다. 한호의 "… 아이야 박주산채일망정 없다말고 내여라."라는 시조에서 '박주'는 막걸리이고 '산채'는 산나물이다. 낙엽을 깔고 앉아 달을 즐기며 산나물을 안주 삼아 막걸리를 마시는 멋과 풍류, 부럽기까지 하다.

어찌 우리 선조들뿐이겠는가!

학창 시절, 대체로 우리 주머니는 가벼웠다. 그래도 막걸리를 마시는 일에는 인색하지 않았다. 목로주점에 앉아 뽀얀 색깔의 막걸리를 마시며 밤늦도록 세상을 논하였다. 우리에게는 그 자리가 소통의 장이었고 세상을 보는 창이었다. 그리고 그것이 우리에겐 멋이요 풍류요 열정이었다. 막걸리 몇 잔이 우리의 마음을 흥과 운치의 세계로 몰입하게 하였던 것이다. 막걸리를 마시는 풍류는 지금도 젊은이들 사이에 흔히 있는 일이다.

한편 농촌에서는 새참이나 일을 끝내고 한 차례 술을 마신다. 막걸리는 바로 농주이며, 흥치와 에너지를 공급하는 묘약이다. 그리고 등산이나 운동을 마친 사람들이 즐겨 마시는 것 또한 막걸리이다. 시원하면서도 에너지를 듬뿍 제공하는 막걸리의 인기는 단연 으뜸이었다.

막걸리는 진실로 보통 사람에게 잘 어울리는 멋과 풍류와 열정의 술이다.

다른 것들을 포근하게 안아 주는 웰빙주

■

막걸리는 원래 은은한 향미를 가진 부드러운 술이기 때문에 도수가 높은 다른 술처럼 특별한 술안주가 꼭 필요한 것은 아니다. 천천히 향미를 음미하면서 안주 없이 마시는 것도 멋있는 막걸리 음주 방법이다. 그러나 그에 잘 어울리는 안주가 있다. 대체로 채소류나 곡류로 조리한 안주가 막걸리의 담백한 맛에 잘 어울린다.

우선 앞에서 소개한 한호의 시조에 나오는 '박주산채'는 명콤비라고 할 수 있다. 다양한 나물들과 막걸리는 서로 잘 어울리는 음식이다. 나물 외에 김치나 깍두기도 좋다. 파전과 막걸리, 두부김치와 막걸리, 빈대떡과 막걸리, 풋고추, 된장과 막걸리 등도 모두 훌륭한 조합이라고 할 수 있다. 파전과 빈대떡 그리고 막걸리가 있는 주안상이면 따로 식사를 하지 않아도 음주와 식사를 겸하는 완벽한 상차림이라고 할 수 있다.

막걸리를 마시면서 곁들여 먹는 이러한 음식은 입안에서 또 다른 향긋함을 준다. 파전은 엷은 파의 향미를 받아들여서 막걸리의 은은한 맛과 조화를 이룬다. 빈대떡은 고소한 향미가 막걸리 향미와 어울린다. 막걸리는 이들 안주의 향미까지 포근하게 감싸 안는 넉넉함이 있다.

요즘에는 막걸리의 색, 향기, 맛, 소리, 촉촉함을 오감으로 즐기면서 건강까지 먹는다는 애주가들이 많다. 세련된 여성들의 기호를 사로잡는 소위 과실막걸리나 막걸리칵테일의 등장으로 새로운 막걸리의 인기를 실감할 수 있다. 이것은 막걸리에 과실류를 더해서 만든 뉴 스타일의 웰빙주라고 할 수 있다. 과실막걸리는 대체로 기존의 막걸리 발효 과정에서 배, 복분자, 포도 등의 과실을 추가로 활용해서 양조한 것이며, 옛날에도 이와 유사한 것이 있었다. 막걸리칵테일은 칵테일 전문점에서 막걸리와 생과일 즙을 혼합해서 만든 것이다.

과실막걸리나 막걸리칵테일과 같은 새로운 스타일의 막걸리는 단순히 유익한 색깔 성분만을 더한 것이 아니다. 과실에 들어 있는 향미 에센스와 비타민 성분을 융합한 건강막걸리이다. 색깔을 가려 먹는 즐거움뿐만 아니라 건강에도 좋으므로 웰빙주라는 말이 잘 어울린다. 이러한 막걸리는 하루 일과에 지친 여성들이나 직장인들에게 활력소가 되고 대화의 음료가 된다.

새로운 막걸리 상품의 등장은 현대적인 감각과 기호를 고려한 매력적인 막걸리로 계속 발전할 것임에 틀림이 없다. 뉴 스타일의 웰빙주가 이처럼 가능한 것은 막걸리가 갖는 속성 때문이다. 이것은 막걸리의 은은한 색깔, 소박한 향미, 비교적 낮은 알코올 도수 등의 독특한 특성, 즉 다른 것들을 안아 주는 포근한 속성에 의한 것이다.

발효음식이자 건강음료인 슬로푸드 막걸리

■

막걸리는 어떻게 만들까? 아주 오래전 우리 선조들이 만들었던 막걸리 만드는 비법은 실로 놀라운 기술이었다. 이 기술은 오랜 기간에 걸쳐 가정에서,

주막에서, 양온서에서 또는 양조장에서 계속 개선되고 발전하여 오늘에 이르렀을 것이다. 특히 양온서는 고려 시대 및 조선 시대에 술과 단술을 빚어 공급하는 관청으로, 이들의 품질 향상에 크게 기여하였던 곳이다. 지금은 양조회사에 따라 전통적인 재래식 방법이나 개량식 방법에 따라 다양한 막걸리가 만들어지고 있다.

막걸리 양조의 원리와 그 절차를 여기서 모두 이야기하는 것은 쉽지 않다. 중요한 것들을 중심으로 간단히 한 번 살펴보자. 양조 역시 발효 작용에 의한 것이므로 고품격의 쌀막걸리를 빚기 위해서는 좋은 쌀과 누룩, 물이 필수적으로 있어야 하고, 발효를 위한 적당한 온도와 시간이 필요하다. 쌀의 전분은 당화 과정을 거쳐 당류로 변하고, 이것이 다시 알코올로 전환된다. 이 과정에서 누룩의 곰팡이와 효모가 내는 효소들이 촉매 역할을 담당한다. 물은 이러한 작용이 진행되는 터전이 된다.

누룩은 막걸리 품질에 영향을 미치는 가장 중요한 요소이다. 누룩에는 당화 효소를 분비하는 곰팡이, 즉 국균 외에 당류를 알코올로 전환시키는 알코올 발효 효모 그리고 유기산을 생성하는 유산균이 생육하고 있다. 오늘날 많이 채택하고 있는 개량식 양조에서는 이들 미생물을 직접 선발하여 배양시킨 누룩을 사용한다. 이때 배양된 국균과 효모 그리고 유산균의 종류에 따라서 품질의 큰 차이가 난다. 누룩은 여러 가지 방법으로 만들고 있으며, 그 과정 또는 저장 유통 과정의 품질관리가 중요하다.

이제 전통적인 막걸리 빚는 방법을 간단히 살펴보자. 막걸리는 보통 고두밥과 전통누룩 그리고 물로 빚는다. 먼저 누룩가루와 물을 일정 비율로 술항아리

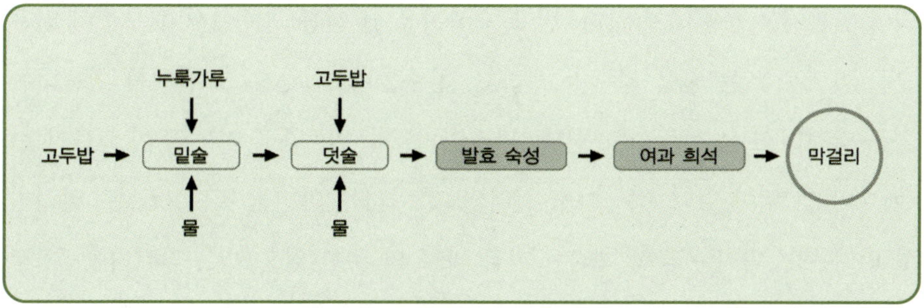

■ 그림 5-5 · 전통적으로 이어온 쌀막걸리 빚는 방법 ■

에 넣은 다음, 며칠 동안 미생물을 발육시켜 밑술〔주모(酒母)〕을 만든다. 항아리의 밑술에 일정량의 고두밥과 물을 넣어 혼합한 술덧을 5~8일간 적당한 온도(섭씨 25~28도)에서 발효시킨다. 그리고 하루 한 번씩 휘저어 준다. 발효와 숙성이 끝나면 여과한 다음, 물로 희석해서 알코올 도수 6~7도로 조정하여 생막걸리로 한다. 옛날부터 이름난 전통 막걸리에는 '이화주', '호산춘', '산성막걸리' 등이 있다.

한편 최근에는 막걸리 수요 확대로 인해 대규모로 생산하는 공장이 늘어나고 있다. 최신 시설과 기술을 갖추고 대량 생산하고 있는 상황이다. 이들은 가내공업 수준의 양조 규모에서 벗어나 대규모의 공장 수준에서 막걸리를 생산하여 공급하고 있다. 따라서 원료와 미생물의 선택, 누룩의 제조, 술밑 및 술덧 만들기, 발효와 숙성, 거르기, 알코올 도수 조정, 포장 등의 공정 순서에 따라 철저한 품질관리를 한다.

이제 막걸리란 이름에 대해서 생각해 보자. 막걸리, 그 이름이 언제부터 사용되어 왔는지는 분명하지 않다. 발효 숙성이 끝난 전통 곡주에서 윗부분의 맑은 술을 별도로 뜨는 술을 청주라고 하고, 청주를 뜨지 않고 그 전체를 이용하는 술을 막걸리 또는 탁주라고 한다. 막걸리의 '막' 은 '마구' 라는 뜻이, '걸리' 는 '거르다' 의 뜻이 있다. 즉 '마구 걸러낸 것' 이라는 의미를 지닌 것으로 알려지고 있다. 또 '막' 은 '금방' 또는 '지금 바로' 의 뜻이 있으므로, 막걸리는 '지금 바로 거른 술' 로 해석할 수 있다. 신선하고 생명이 살아있는 술(생 막걸리)이라는 것을 강조하는 의미가 있다.

또한 막걸리는 사용한 원료의 종류에 따라 쌀막걸리, 찹쌀막걸리, 보리막걸리, 옥수수막걸리, 조막걸리 등으로 부른다. 게다가 예로부터 농사철에 쓰이는 술이기에 '농주', 집에서 종종 빚어 먹는다고 하여 '가주', 제사상에 오르면 '제주' 그리고 고향의 술이어서 '향주' 라고 하였다. 또한 뽀얀 색깔 때문에 '백주' 또는 '탁주' 그리고 술의 농도가 옅다고 해서 '박주' 라고도 하였다. 최근에는 시중에서 '탁배기', '왕대포' 등의 표현도 즐겨 쓰고 있다.

한편 막걸리는 다른 어느 술과 비교할 수 없을 정도로 다양한 영양소를 많이 함유하고 있다. 어떤 이는 막걸리에서 알코올만 빼면 바로 영양제라고 말하고 있다. 막걸리 성분 조성의 한 예를 들어 보자. 수분이 90.7% 내외의 수준이라면 알코올은 약 6.0%, 단백질은 2.0% 내외, 당질은 1.2% 내외, 기타 식이섬유소, 비타민, 미네랄, 유기산 성분으로 구성되어 있다. 에너지는 100g 당 약 55kcal이다. 그러나 걸쭉한 막걸리의 경우 수분이 80% 수준의 것도 있어 고형분에 해당되는 기타 성분들(섬유소, 단백질, 당질, 비타민 등)이 상대적으로 훨씬 더 많아지고 에너지도 높아진다.

위 예에서 막걸리 속의 단백질 2.0%는 우유의 함량이 3.0% 내외임을 고려할 때 상당히 높은 수준임을 알 수 있다. 이들 단백질은 상당 부분이 펩타이드 및 아미노산 형태로 존재하기 때문에 발효 과정 중에 분해되어 소화되기도 아주 쉽다. 그리고 페닐알라닌 등의 필수아미노산이 전체 아미노산의 35% 이상을 차지하는 양질의 아미노산 구성을 갖추고 있다. 이들 아미노산은 세포 성장 및 재생, 피로 회복, 대사 조절 등의 기능을 가지고 있다.

한편 막걸리의 식이섬유소는 누룩의 밀기울이나 효모 등에서 온 것으로, 과실에서 함유하고 있는 수준으로 존재하고 있으며, 비만 억제와 배변을 좋게 한다. 당류는 맛에 기여하면서 알코올과 함께 에너지원이 된다. 비타민으로는 B1, B2, 나이아신 등의 B 그룹이 있으며, 비타민 C도 있다. 이들은 대사 조절, 활력 증진, 면역 증강, 항산화 작용 등의 신체 기능 조절에 관여한다. 미네랄은 칼슘, 인, 철분 등도 함유하고 있다. 이들 역시 생체 기능 조절, 뼈와 치아의 구성 그리고 혈액 구성 성분 등의 역할을 한다.

막걸리의 영양에 대한 본격적인 연구는 이제 시작이다. 유럽의 와인과는 달리 막걸리에 대한 연구는 아직도 진행 단계에 있다. 더 많은 연구가 지금부터 더욱 활발하게 지속되어야 할 것이다. 기능성 자체의 특성과 이에 관련된 물질이 더 규명되어야 하고, 궁극적으로 인체에 의한 임상연구까지 포함하는 깊은 연구가 필요하다고 생각된다. 특히 막걸리 속의 미량 영양소와 유산균 및 효모들이 내는 특수 성분에 대해서는 더 명확한 연구가 필요하다. 그럼에도 불구하고 지금까지 알려진 사실만으로도 소화 흡수가 쉬운 각종 영양소가 다양하게 함유되어 있는 것은 분명한 사실이다. 감히 막걸리는 영양소와 에너지가 풍부하게 녹아 있는 영양음료라고 말할 수 있다.

한편 막걸리는 건강기능성이 살아 있는 알코올 음료이다. 막걸리에는 인체의 각종 기능을 조절하는 생리활성물질들이 많이 있다. 이들은 영양소와는 달리 아주 미량의 물질이면서도 생체 리듬 조절, 질병 예방과 회복, 노화 억제, 생체 반응 등의 기능을 가지고 있다.

그런 점에서 보면 막걸리는 전형적인 건강기능성 식품의 하나라고 할 수 있다. 하지만 막걸리 역시 술의 한 종류이기 때문에 과음은 삼가야 하며, 그 기능성은 적당한 양을 마셨을 때 기대되는 효능이다. 여기서의 적당량은 사람에 따라 다르겠지만, 대체로 2잔(약 2홉, 360ml) 정도로 보는 견해가 많다.

여기에서는 신라대학교 막걸리세계화연구소 및 기타 연구기관의 학자들이 공식적으로 지금까지 학계에 발표한 결과들을 중심으로 살펴보기로 한다. 앞에서 이야기한 영양에 관련된 것을 제외하되, 막걸리의 건강기능성에 대하여 간단히 요약하면 다음과 같다.

적당량의 막걸리는 피로 회복, 혈류 개선, 콜레스테롤 저하, 다이어트 효과, 변비 예방 그리고 항암 작용 등의 효능이 있다.

이에 대해 조금 더 살펴보자.

막걸리는 적당량 마시면 피로회복과 신진대사를 원활히 해 준다. 주로 알코올과 구연산 등의 유기산, 메싸이오닌 외에 몇 가지 아미노산이 이 작용에 관여한다. 또한 혈액 중의 콜레스테롤 수준을 저하시키고 혈류를 개선하는 효과가 있다. 이것은 총콜레스테롤 대사를 낮추면서 유익한 HDL-콜레스테롤을 증가시키기 때문이다. 아울러 혈류 속도를 빠르게 하고 혈소판 응집을 억제한다. 그리고 막걸리는 다이어트 효과가 있는데, 이것은 주로 식이섬유소에 의한 것으로 포만감을 주면서 에너지 흡수를 억제한다. 식이섬유소의 대장 청소 작용과 변비 예방 기능이 이 작용을 담당한다.

한편 막걸리에는 유산균이 ml 당 수백만에서 1억 마리 정도 들어 있다. 종류에 따라 유산균 수가 크게 차이가 있지만 막걸리는 유익한 효모와 유산균 음식이라고 해도 좋을 것이다. 효모는 주로 영양 향상에, 유산균은 건강기능성에 기여하고 있다. 유산균은 앞의 '행복 코드 17: 김치' 편에서도 이야기하였지만, 항암 효과, 항균 작용, 정장 작용이 있다.

최근 품질이 크게 향상된 막걸리는 국내는 물론, 세계적으로 인기를 얻는 웰빙주로 거듭나고 있다. 막걸리는 슬로푸드이며, 발효음식이자 건강음료이다. 그 속에는 영양소가 풍부하게 녹아 있으며 건강기능성 물질도 다양하게 들어 있다. 놀라울 정도로 변신하고 있는 웰빙주 막걸리 한 잔! 이 소박한 술이 저녁 시간에 우리를 행복하게 만들 것이다.

행복 코드 19

장(醬)

— 장류식품의 탄생, 그 오묘한 향미와 건강기능성 —

장류 담금은 언제 시작되었을까

■

옛날 우리 전통사회의 가정에서는 가을 추수가 끝나고 겨울 초입이 되면 집집마다 콩을 삶는 구수한 냄새가 진동하였다. 으레 겨울 한철에는 메주가 집안 여기저기에 매달려 있었다. 그리고 이듬해 정월이면 여인네들이 함께 모여 부산하게 장을 담갔다. 그래서 어느 집이나 마당 끝 양지바른 곳에는 장독대가 있고, 그곳에 크고 작은 장독들이 있었다. 장독대 주변에는 붉은 색의 맨드라미나 봉선화 꽃을 심어 장맛을 해치는 잡귀의 침입을 막게 하였다. 하지만 이제는 아쉽게도 그런 장 담는 일이나 정겨운 장독대 모습을 찾아보기가 점점 어려워지고 있다.

■ 그림 5-6 · 전통가옥에서의 장독대와 장독들 ■

흔히 우리가 사용하고 있는 장이라는 말은 간장 한 가지만을 뜻하는 것은 아니다. 간장 외에 된장, 고추장, 청국장 등을 포함하고 있는 콩 발효 식품을 통틀어 일컫는 말이다. 전통적으로 장류는 우리나라 가정에서 가장 요긴하게 쓰이는 조미식품으로써 여러 가지 음식 조리에 널리 이용되었다.

유중임이 지은 『증보산림경제』(1766)에는 "장(醬)은 장(將)이다, 모든 맛의 으뜸이다."라고 하였으며, 가정의 장맛이 좋지 않으면 좋은 고기나 채소가 있다고 해도 맛있는 요리가 될 수 없으므로 집안의 어른은 모름지기 장 담금에 뜻을 두어야 할 것이라고 하였다. 또한 홍석모의 저서 『동국세시기』(1849)에는 여름의 장 담금과 겨울의 김치 담금은 가정에서 치루는 한 해의 큰 행사라고 기록되어 있다. 그만큼 장류는 일상적으로 쓰이는 중요한 조미식품이었다.

그러면 우리 조상들은 언제부터 여러 가지 장류를 담가 먹었을까? 그 시기를 정확히 가늠하기는 어렵지만 이와 관련된 우리나라 고문헌이나 주변 국가들의 자료를 바탕으로 상세하게 연구한 결과들이 많이 있다. 여기에서는 이성우 교수, 장지현 교수, 김상보 교수 외 여러 연구와 그 저서들을 중심으로 간단히 살펴보기로 하자.

지금까지의 문헌에서 '장(醬)'이란 글자가 처음 나타난 것은 중국의 『주례』로, 주공단(周公旦)이 3세기에 편찬해서 완성한 문헌이다. 여기에 나타나 있는 것은 '육장(肉醬)'이다. 육장은 육류를 건조하여 가루로 만든 다음 소금과 누룩을 넣어서 숙성시킨 것으로 추측하고 있다. 즉 콩으로 만든 장이 아니다. 이후 100년경 후한의 허신(許愼)이 펴낸 『설문해자(說文解字)』에 보면 '시(豉)'가 나오며 이는 '콩에 소금을 섞어 어두운 곳에서 발효시킨 것'이라고 하였다. 다시 말해 '시'는 지금의 메주나 된장과 비슷한 것이다. 이 설명은 『설문해자』가 나오기 전에 콩장〔豆醬〕이 있었다는 것을 전제로 하고 있다.

우리와 직접 관련된 문헌으로는 『삼국지』 '위지 동이전 고구려조'에 나와 있다. 고구려 사람들이 발효 식품을 잘 만든다는 뜻의 '선장양(善藏釀)'이라는 글

귀가 나온다. 콩장의 원료인 콩의 원산지는 옛 고구려의 영토였던 만주 지역이다('행복 코드 06: 콩' 참조). 또한 고구려 안악 고분 벽화에는 발효 식품을 갈무리한 듯한 독이 보인다.

『삼국사기』 '신라본기 신문왕 3년조'에 의하면 왕이 김흠운의 딸을 왕비로 맞이하는데, 납패 품목 중에 '시(豉)'와 '장(醬)'이 나온다. 이때의 '시'는 메주나 된장이고, '장'은 간장으로 해석하고 있다. 당시 이미 이들이 존재하였고, 왕가에서나 일반 가정에서도 널리 쓰이는 소중한 조미식품이었음을 짐작하게 한다.

그 이후 1800년대 초에 나온 한치연의 『해동역사』에서는 '신당서'를 인용하여 발해의 명산물로서 '시'를 이야기하고 있다. 이것은 고구려 유민 후예인 발해 사람들에 의해서 그 제조 방법이 이어오고 있음을 시사하는 것이다. 후대에 이르러 『고려사지』에는 제3차 침입으로 백성들이 굶주리고 있어서 옷감과 소금 그리고 장을 나누어 주었다는 기록이 있다. 궁중에서는 장을 담그고 관리하는 '장고마마'라는 상궁을 두었고, 민가에서도 여러 가지 장류를 담갔다고 한다.

한편 본격적인 농경사회가 시작되고 곡물이 대량 생산된 청동기 시대의 것으로 추정되는 토기들을 살펴보면 대단히 흥미로운 것이 있다. 청동기 시대에는 신석기 시대의 주요 도구였던 빗살무늬토기 대신에 민무늬토기가 그 자리를 차지하였다는 사실이다. 단아한 민무늬토기는 우리나라만의 독특한 특징이 있으며, 그 용도는 식사할 때의 식기, 곡물의 저장 용기, 조리 용구, 액체를 담는 용기 등이었을 것으로 추정하고 있다.

그리고 훨씬 이전에 이미 소금과 콩을 이용하고 있었으며, 민무늬토기는 소금을 이용한 각종 조리 활동에 사용하였을 것으로 보고 있다. 그러므로 주식으로 밥을 먹기 시작한 민무늬토기 사람들이 부식으로 소금과 콩으로 조리한 장류를 김치무리나 젓갈류와 함께 만들어 먹었던 것으로 판단하고 있다. 민무늬토기 유물 역시 위 문헌 등의 자료들에서 볼 수 있는 사실들을 뒷받침해 주고 있다.

이러한 일련의 문헌과 민무늬토기 유물들의 내용으로 미루어 청동기 시대부터 한반도 사람들은 김치무리 담금과 함께 '시'(메주와 된장과 비슷한 종류)와 '장'(간장 종류)을 만들기 시작하였을 것으로 판단된다. 그리고 고구려 등의 삼국 시대에 이르러 이들을 즐겨 먹었다는 사실을 알 수 있다. 따라서 장류 담금의 시작은 2,000여 년 이전일 것으로 추정된다.

조선 시대에 이르러 장류의 제 모습이 완성되다

■

콩장 담금의 조리 기술이 중국의 중심 지역으로, 그리고 일본으로 건너갔다는 주장이 있다. 어쨌든 조선 시대에 이르러 식품 재료의 내용이 다양해지고 조리 기술도 크게 발전하였다. 음식 조리와 관련된 문헌도 비교적 많이 나왔다. 그 가운데 중요한 몇 가지 서적을 중심으로 장류 담금에 대해서 살펴보자.

『구황찰요』는 명종의 명에 의해 1554년경에 나온 책이다. 그 내용은 주로 흉년을 대비해서 이용할 수 있는 구황식품을 다루고 있는데, 여기에 우리 장류 제조 기술이 소개되어 있다. 장류 담금에 대한 구체적인 내용을 기술한 것으로는 가장 오래된 고전이다. 된장으로서의 말장(末醬)과 된장, 간장 겸용의 청장(淸醬) 담금에 대한 내용을 상세하게 설명하였다.

말장은 미장(未醬)이라고도 하며, 담금할 때 재료는 삶은 콩과 볶은 밀인데, 그 절차가 까다롭다. 일본의 '미소'와 비슷하다. 이 기술은 지난 8, 9세기경에 우리나라에서 일본으로 건너간 것이 틀림없으며, 그들은 이를 '고려장(高麗醬)'이라고 하였다.

또한 말장과 함께 소개된 청장은 지금의 재래된장 담금과 매우 유사하게 담금하는데, 간장과 된장 겸용이며 콩 메주가 기본 재료이다. 소금물을 넣어 발효 숙성한 후 독 중간에 발을 엮어 넣어 맑은 간장을 먼저 얻고, 그 다음에 남은 건더기를 된장으로 이용하는 방법이다.

『구황촬요』 외에도 여러 가지 농서나 의서에서 앞의 내용과 비슷한 방법들이 소개되고 있다. 특히 홍만선의 『산림경제』(1715)와 유중임의 『증보산림경제』(1766)에는 45종에 달하는 장류들의 제조 방법이 상세하게 기술되어 있다. 청장, 된장 위주의 장류, 즙장, 잡장(雜醬), 특수 장류 등의 담금 방법과 메주 만드는 법까지 다양하게 포함하고 있다. 『산림경제』에서는 특수 장류로서 우리나라 고유 장류인 고추장 제조 방법이 처음으로 소개되어 있다. 담금 재료, 순서, 과학적인 관리 방법까지 상세하게 소개되고 있으며 청국장 만드는 방법까지 기록되어 있다.

이외에도 장류 제조 또는 조리에 관한 서적들이 많이 나와 있으나 여기에서는 일일이 소개하지 않기로 한다. 이들 조선 시대의 문헌들에 의하면, 장류에 대해 쉽게 얻을 수 있는 결론이 하나 있다. 우리가 오늘날 즐겨 담가 먹고 있는 여러 가지 장류는 조선 시대 후기에 이르러 그 제조법이 완성되었다는 사실이다. 그리고 이를 이용한 다양한 음식 조리법들도 거의 이 시기에 한식 조리법의 정립과 함께 완성되었음을 알 수 있다.

이러한 장류 담금을 위해 옛 사람들은 특별히 정성을 들였던 것 같다. 우선 장 담는 좋은 날을 택하였다. 예를 들면 정월 우수 때가 좋다는 것 등이다. 또한 사람들이 기피하는 날은 택하지 않았다. 장 담그는 주부는 며칠간 부부 간의 성교도 하지 않으며 불결한 일도 삼가하였다. 좋은 물과 좋은 소금을 택하는 것은 상식이었다. 이와 같이 정성을 들여 담근 장독에는 금줄[禁繩]을 치고 또 독 안에는 숯과 붉은 고추를 넣어 두었다. 이것 역시 부정한 요소가 들어가지 않게 하거나 액을 막는 주술적인 효과를 얻기 위해서였다. 그만큼 옛날 주부들은 장 담금 하나하나에 온갖 정성을 다 쏟았다.

슬로푸드의 전형,
그 화려한 변신

■

오늘날의 우리 식생활은 옛날의 전통적인 식생활과는 많이 달라졌다. 가공식품과 외식의 의존도가 높아지고 개인 취향의 식생활로 변하고 있다. 그래서 기호성과 개인의 식성을 중시하고 건강 지향의 식생활을 즐겨하고 있다. 최근 슬로푸드가 인기가 있는 것은 바로 이러한 점이 현대인의 취향에 잘 맞기 때문이다.

전형적인 슬로푸드인 장류도 이제는 가정에서 담가 먹는 비중이 점점 줄어들고 있다. 장 담금이 너무 번거롭고 어렵기 때문이다. 주부들도 상품화된 가공 장류식품을 많이 찾는다. 가정에서 장시간 발효시켰던 것을 가공제품에서는 환경조건과 기술이 잘 갖추어진 공장시설에서 장기간 발효시킨다.

그러면 이들 장류는 어떻게 만들까? 그리고 주재료인 콩이 변신하여 어떤 장류가 만들어질까? 이를 간단히 살펴보는 것도 흥미 있을 것이다. 그 원리만을 들여다 보자. 먼저 살펴볼 것은 메주이다.

메주: 메주는 우리 전통의 재래식 간장, 된장, 고추장 담금에 꼭 필요한 중간 재료이다. 콩을 잘 삶아서 으깬 다음, 이를 적당한 크기로 모양을 만든다. 그리고 짚으로 묶어 적당한 곳에 메달아 두고 천천히 말리면서 2~3개월간 자연 발효시킨다. 짚이나 공기 중의 유익한 황국균(*Aspergillus Oryzae* 등)이나 바실러스균(*Bacillus Oryzae*)이 여기에 부착하여 표면이나 중심부에 배양된다. 그리고 이들 미생물들이 다음 단계의 발효 작용에 주 역할을 담당하게 된다.

이와 같은 전통적인 방법으로 메주를 만드는 것은 온도와 습도를 조절하기가 어렵고 공기 중에 있는 많은 미생물을 그대로 이용하기 때문에 품질관리가 까다로웠다. 그래서 집집마다 번식한 미생물의 종류가 서로 달라서 메주 품질에 차이가 나며 장맛도 달랐다. 그리고 최상의 품질을 유지하기 위해서는 앞에서 이야기한 것처럼 그만큼의 기술과 정성을 들이고 세심하게 관리를 해야만 하였다. 하지만 최근에는 삶은 콩에 꼭 필요한 미생물을 접종한 다음, 온도와 습도가 알맞은 환경 속에서 유익한 미생물만 배양시켜 만든 개량 메주를 이용하고 있다.

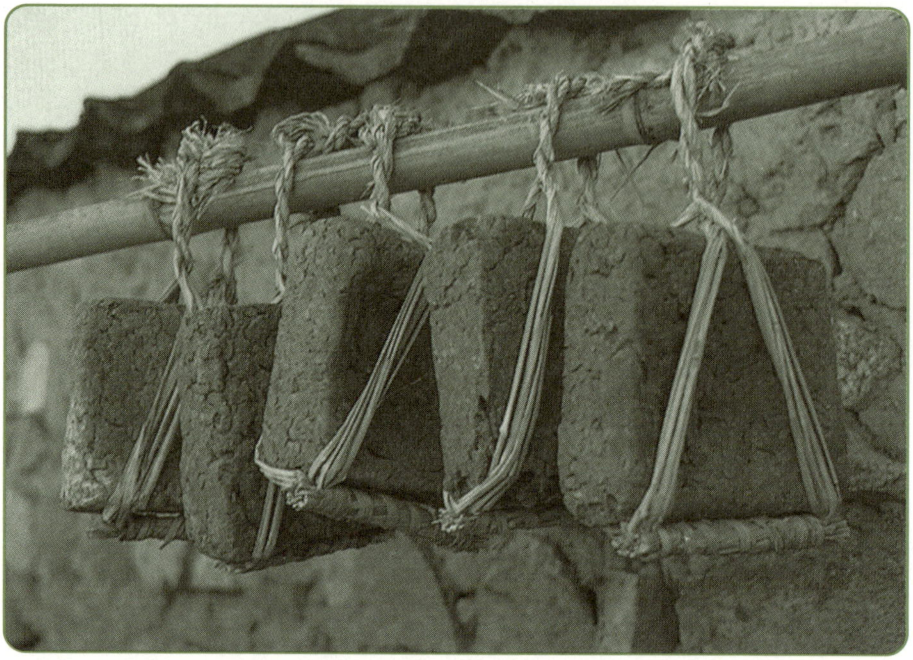

■ 그림 5-7 · 전통 장류 담금에 이용되는 메주의 모습 ■

간장: 간장은 우리 음식 맛의 기본이 되는 천연조미식품이다. 간장 맛이 좋아야 그 음식의 맛이 좋다고 할 수 있을 정도이다. 전통적으로 메주를 소금물에 담근 다음, 오랜 시간 발효시켜 만든다. 이때 맑은 액체만을 여과 분리해서 얻어진 여액을 간장으로 하고, 건더기를 된장으로 이용하였으므로 간장과 된장 겸용 방법이었다. 최근에는 간장 단독의 방법과 된장 단독으로 만드는 방법을 많이 이용하고 있다. 간장의 '간' 은 소금기의 짠맛을 의미하고 된장의 '된' 은 '되다(물기가 적어서 빽빽하다.)' 의 뜻이 있다.

■ 그림 5-8 · 우리 음식맛의 기본이 되는 천연조미식품인 간장 ■

간장은 담근 햇수에 따라 진간장, 중간장, 묽은 간장으로 나누고, 원료에 따라 콩이 주가 되는 조선간장, 콩과 밀을 사용하는 일본간장, 그리고 생선을 이용하는 어(魚)간장이 있다. 제조 방법에 따라 전통적인 방법의 재래간장, 순수 곰팡이나 박테리아를 메주에 접종시켜 발효하는 개량간장 등이 있다. 최근에 장류 상품으로 시장에 많이 나오는 개량간장은 특유의 색깔과 향기가 있다.

된장: 재료, 만드는 방법, 조리에 이용되는 형태 등에 따라 일반된장, 토장, 막

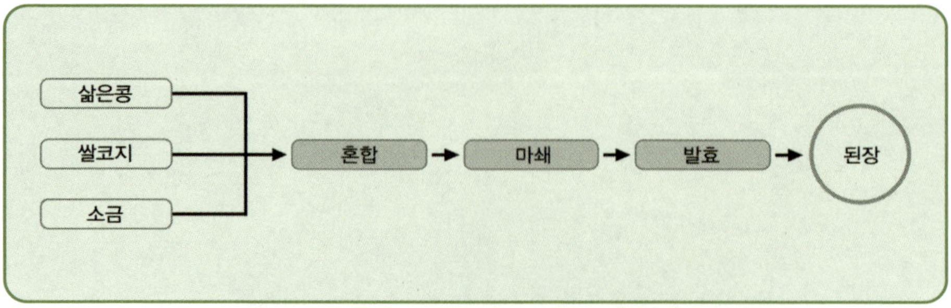

■ 그림 5-9 · 쌀 코지를 이용한 개량식 된장 담금 방법 ■

쌀 코지는 쌀 고두밥에 황국균(Aspergillus oryzae) 곰팡이를 접종시켜 배양한 것이다.
원료 배합비의 예를 들면 원료 콩 1말에 코지 1말 소금 4대 비율이다.
발효 숙성 기간은 섭씨 28~30도에서 2~3개월이다.

장, 담뿍장, 즙장 등 수없이 많다. 전통적인 재래식 일반된장의 경우, 앞에서 이야기한 것처럼 간장을 얻고 남은 것을 된장으로 한다.

그러나 개량식 일반된장은 재료 면에서 콩 외에 쌀 또는 보리를 별도로 사용하지만, 발효 면에서 야생의 미생물 대신에 선택된 황국균이나 바실러스균을 쌀 고두밥(또는 보리 고두밥)에 접종하여 배양시킨 것(코지koji라고 함.)을 이용하고 있다. 이때 쌀을 이용한 것이면 쌀 코지라고 한다. 그림 5-9에서와 같이 일정 비율의 쌀 코지와 소금과 삶은 콩을 혼합하여 마쇄하고 발효 숙성시켜 개량된장으로 한다.

고추장: 우리나라에만 있었던 고유의 발효 식품으로, 된장과 고춧가루의 품격이 이상적으로 결합하여 발효된 장류이다. 재래식 고추장 담금은 재래식 된장 담금과 비슷한 원리이지만 고춧가루를 사용한다는 것이 가장 큰 특징이다. 쌀

이나 보리를 사용할 때 미리 죽처럼 만든 풀을 이용한다. 이때 맥아와 메줏가루를 넣어 풀처럼 된 전분질을 당화시키는 과정이 필요하다. 여기에 고춧가루와 소금을 넣고 혼합하여 담근 다음 계속 발효 숙성시켜 고추장을 만든다. 개량식 방법은 코지를 이용하는 것을 특징으로 하고 있다.

청국장: 삶은 콩을 볏짚과 함께 높은 온도에서 2~3일 발효시키면 콩 표면에 흰색의 점질물이 생긴다. 이것을 납두(納豆)라고 한다. 지금은 주로 개량식으로 행하며, 볏짚 대신에 납두균(*Bacillus natto* 균)이나 고초균(*Bacillus subtilis* 균)을 접종 배양한 것을 사용하여 발효시킨다. 그리고 이를 건조하거나 특수 포장하여 제품화한다. 또한 발효시킨 것에 소금과 향신료를 넣어 마쇄한 다음, 숙성시킨 것이 생으로도 먹을 수 있는 생청국장이다.

변신은 발효 작용, 주역은 유익한 미생물

■

장 담금 과정 중에 콩이 화려하게 변신하여 간장과 된장, 그리고 다른 여러 가지 장류식품이 된다. 여기에 많은 부재료가 사용되지만 이들은 주역인 콩의 변신을 도울 뿐이다. 이러한 변화는 우리에게 유익한 미생물과 효소들이 주도하는 바람직한 생화학적 작용과 여러 가지 반응에 의하여 일어나는데, 이를 발효라고 한다. 발효 과정 중에 일어나는 생화학적 반응은 단계에 따라 차례로 일어나고, 각 단계의 반응에 효소들이 촉매 역할을 한다. 이 효소들은 발효에 관여한 주요 미생물들에 의해 만들어진 것이다.

이와 같은 발효 작용은 환경 조건에 따라 천천히 일어난다. 장시간 유익한 미생물과 효소의 활동이 계속되어야 비로소 원하는 어떤 생산품이 만들어지게 된다. 장류식품도 장시간에 걸친 발효 작용에 의하여 만들어진 것이므로 전형적인 슬로푸드라고 할 수 있다. 슬로푸드에는 장류 외에 김치 그리고 막걸리 등과 같은 양조주가 있다.

여기에서 흥미 있는 사실은 발효 작용에 관여하는 미생물이나 효소들은 그들이 활동하기 좋은 환경이 있다는 것이다. 이때의 환경이란 적합한 온도, 영양소, 수분, 공기, 염분의 농도 그리고 수소 이온 농도 등이다. 따라서 장류의 발효 작용에는 장류의 환경에 잘 활동할 수 있는 특정 미생물과 특정 효소들만이 관여한다.

재래식 장 담금에는 많은 종류의 미생물들이 번식하여 복잡하게 발효를 진행한다. 이 때문에 품질관리가 어렵다. 그러나 개량식 장 담금에는 꼭 필요한 미생물만을 선정하여 배양한 후 이용한다. 오늘날 많이 이용하는 중요한 미생물에는 간장, 된장, 고추장의 황국균이나 바실러스균 그리고 청국장의 납두균이나 고초균 등이 있다. 곰팡이와 박테리아 외에도 유익한 효모들도 분리 배양하여 필요에 따라 함께 이용한다.

또한 효소에는 많은 종류의 단백질 분해 효소, 탄수화물 분해 효소, 그리고 기타 효소들이 있다. 이들은 직접적으로 또는 간접적으로 장류의 발효 체계 내에서 여러 가지 생화학적 반응에 관여한다. 중요한 것은 이러한 효소의 작용으로 맛 성분이나 향기 성분이 생성되며, 영양소들도 보다 소화 흡수되기 쉬운 상태로 만들어진다는 사실이다.

오묘한 맛과 색깔,
그리고 향기를 즐긴다

■

장류에 관하여 '맛의 으뜸이다.', '음식 맛은 장맛이다.' 라는 말이 있을 정도로 장류의 맛은 조리한 음식의 맛을 좌우한다. 장류는 우리나라의 음식, 특히 채소나 생선조리 음식에는 절대적으로 필요한 천연조미료로서, 우리 음식의 조리에서는 단순히 짜게 간을 맞추는 소금 대신에 짠맛과 감칠맛과 단맛이 나는 간장이나 된장을 많이 사용하다.

간장과 된장의 기본적인 맛은 대체로 서로 비슷하지만, 고추장이나 청국장의 맛은 분명히 다르다. 각각 기본적인 주된 맛이 있으나 주된 것 외에 여러 가지 다른 맛이 함께 어울려 조화를 이루고 있다. 따라서 그 오묘한 맛을 가히 표현하기가 어렵다.

그래도 그 맛을 다음과 같이 설명할 수는 있을 것이다.

간장과 된장의 맛은 감칠맛, 짠맛, 단맛이 기본적인 맛이라고 할 수 있다. 재래식 간장과 된장은 짠맛과 감칠맛이, 개량식 간장과 된장은 단맛과 감칠맛이 약간 강하다. 이러한 맛 외에도 아주 미미한 수준이지만 떫은 맛과 쓴맛, 신맛이 있다. 이와 같은 여러 가지 맛이 서로 조화를 이루어 장류의 종합적인 오묘

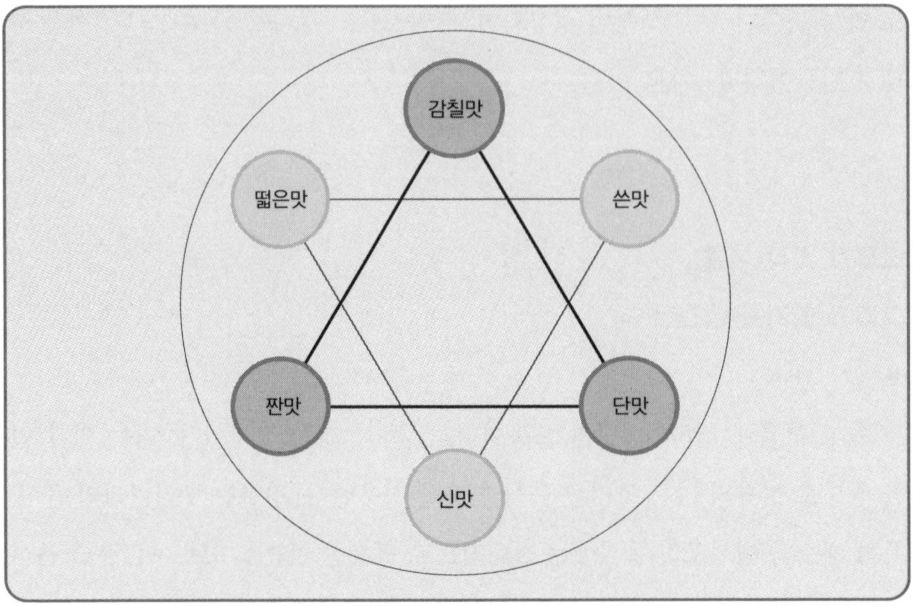

■ 그림 5-10 · **간장과 된장의 기본적인 맛과 보조적인 맛** ■

감칠맛과 짠맛과 단맛은 기본적인 맛이고, 떫은맛과 쓴맛과 신맛은 미미한 역할의 보조적인 맛이다. 이들 여러 가지 맛이 서로 조화와 균형을 이루면서 종합적인 오묘한 맛을 낸다.

한 맛을 낸다고 할 수 있다.

하지만 감칠맛과 짠맛과 단맛이 더 미각을 자극하는 것임에는 틀림이 없다. 감칠맛은 발효 과정 중 단백질이 분해하여 생긴 글루탐산을 비롯한 여러 가지 종류의 아미노산과 펩타이드 성분에 의한 것이다. 짠맛은 소금, 단맛은 각종 당류 성분 때문이다. 당류 역시 발효 작용에 의하여 생성된 것으로 당 성분의 종류는 매우 다양하다.

이와 같이 발효 숙성 과정에서 만들어진 많은 성분들이 서로 조화와 균형을 이루면서 장류의 맛이 형성된다. 또한 고추장은 특유의 매운맛이 있다. 매운맛은 고춧가루에 들어 있는 캡사이신 성분 때문이다. 고추장은 매운맛 외에 기본적으로 된장과 간장이 갖는 몇 가지 맛을 모두 지니고 있다.

한편 하얀 종지에 담겨 있는 간장의 색깔을 보라. 입안에 군침이 돌면서 우리에게 따스함과 평안함을 안겨 준다. 그 색깔은 투명하면서도 엷은 갈색 또는 진한 갈색을 지닌다. 묽은 간장과 햇것은 투명하게 보이고, 진간장이나 개량간장 또는 일본간장의 짙은 갈색은 맛의 농밀한 느낌을 갖게 한다. 이러한 이미지만으로도 우리의 미각을 자극하기에 충분하다. 된장은 간장하고는 달리 중간색인 베이지색이다. 베이지색은 은근하면서도 부드러운 맛이라는 이미지를 느끼게 한다. 또한 청국장은 검정색이 감도는 짙은 갈색이다. 이것 또한 우리에게 맛있다는 이미지를 준다.

갈색을 위주로 하는 간장, 된장, 청국장의 색깔은 발효 과정 중에 서서히 진행된 갈색화 반응에 의하여 생성된 것이다. 즉 단백질이나 아미노산 그리고 당류들이 시간을 두고 서로 반응하여 생성된 것이다. 때로는 미생물이 내 놓은 효소들의 작용으로 갈색을 나타내는 경우도 있다. 그리고 갈색 자체의 성분도 구수한 맛과 향을 가질 때가 있다.

하지만 고추장은 정열적인 붉은색을 나타내고 있다. 고추장의 붉은색은 고추의 캡산틴이라는 색소 성분에 의한 것이다. 이 성분은 생동감을 갖게 하면서 열정적인 매운맛을 간접적으로 느끼게 한다. 이 색이 고추장 전체의 색깔을 완전히 붉게 물들인다. 고추장은 매운맛으로 먹지만, 이와 함께 색을 먹는다고도 할 수 있다.

한편 이들 여러 가지 장류들은 독특한 향기를 갖고 있다. 간장과 된장 그리고 고추장에는 120종 이상의 휘발성 성분이 함께 어울려 각각 고유의 향기를 낸다. 그러나 향기 성분의 주체는 아직도 완전히 알아내지 못하였으며, 지금도 연구를 계속하고 있다.

청국장에는 다른 장류와는 다른 아주 특별한 향기가 있는데, 이를 처음 대하면 약간 부담스러워 하기도 하지만 시간이 지나면 곧 익숙해진다. 여기에는 유기산, 암모니아, 피라진 등의 수없이 많은 휘발성 성분이 있으나, 규명하지 못한 향기 성분이 아직도 많다고 알려지고 있다. 또한 청국장 표면에 생긴 점질물질은 식이섬유소와 비슷한 성분이다.

장류 식품이 갖는 놀라운 건강 효능

된장이나 청국장 등의 장류들이 영양학적으로 주목을 끌고 있는 이유는 단백질 및 지방질 영양소 때문이다. 또한 밥-장류의 조합이 환상적인 영양학적 효과를 나타낸다는 점이다. 밥을 주식으로 하고 있는 우리로서는 대단히 중요한 일이다. 장류의 콩 단백질이 쌀 단백질의 영양가를 양적, 질적으로 보완해 주는데, 양적으로는 곡류에서 부족한 단백질을 제공하고, 질적으로는 콩 단백질에서 부족한 메싸이오닌 등의 필수아미노산을 보충해 주기 때문이다.

그리고 곡류에서 부족한 지방질도 보완해 주는 중요한 역할을 한다. 한편 콩

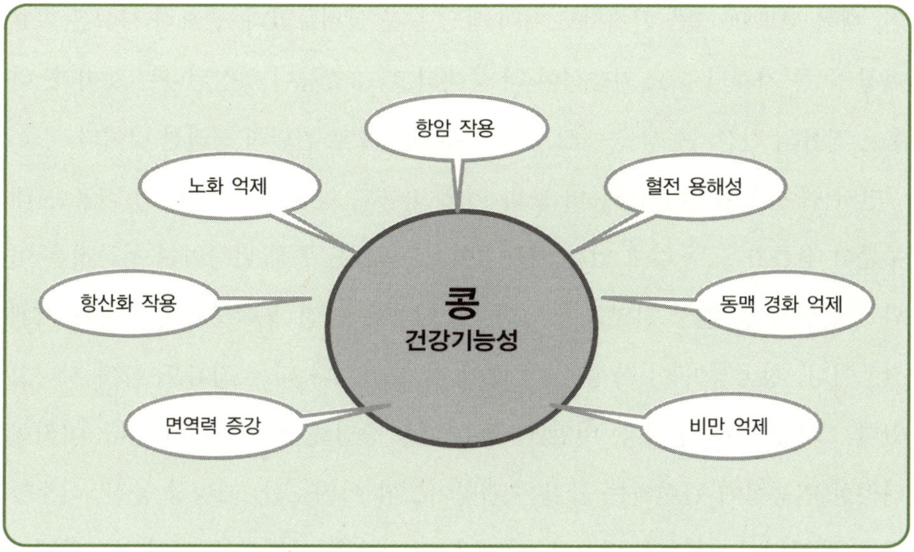

■ 그림 5-11 · 여러 가지 장류 식품의 주요 건강기능성 ■

단백질 등의 영양소는 발효되었을 때 그 자체의 소화율이 크게 높아진다는 점도 유의할 만하다. 콩의 영양에 대해서는 앞의 '행복 코드 06: 콩' 편에서 이미 자세하게 살펴보았다.

건강기능성에 대하여 이제 한 번 따져 볼 때가 된 것 같다.

장류에는 영양성분 외에 건강기능성 성분 또는 생리활성물질이 다양하게 함유되어 있다. 특히 된장, 청국장, 고추장은 뛰어난 건강기능성을 가진 놀라운 식품이다. 어떤 사람은 장류가 질병의 예방, 일부 치료 그리고 회복 기능이 있다고 하여 '장(醬) 테라피'라는 말까지 하고 있다.

하지만 완벽하게 그 많은 내용을 지금 여기서 이야기하기는 어렵다. 그리고 앞의 '행복 코드 06: 콩' 편에서도 이미 상당 부분 살펴보았다. 중요한 사실은 발효 과정 중 콩 자체의 주요 기능성이 더 증대되고 그 효능이 향상된다는 것이다. 다음은 장류의 건강기능성 중에서 중요한 것 중심으로 간단히 정리한 것이다.

먼저 꼽아야 할 것은 장류의 노화 억제 작용과 항암 작용이다. 이 작용은 대부분의 장류가 모두 갖고 있는 기능성이기도 하다. 특히 된장이나 청국장은 이와 관련된 많은 연구 결과들이 있다. 그 다음은 혈전 용해성과 동맥경화 억제 작용이다. 청국장이 이 특성을 더 많이 갖고 있으나 다른 장류도 함께 지니고 있다. 그리고 항산화 작용, 비만 억제, 면역력 증강 등의 기능성이 있다. 이러한 다양한 기능성에 관련하는 물질은 펩타이드와 아미노산, 페놀성 물질, 이소플라본, 캡사이신, 사포닌, 피틴산, 리그닌, 토코페롤, 리놀렌산, 기타 불포화지방산 등이다.

가끔 장류에 들어 있는 소금이 문제라고 이야기한다. 아주 짠 된장을 정말 많이 먹으면 문제가 될 수 있다. 그러나 발효 과정 또는 장류 선택에 지혜를 발휘하면 별로 문제가 되지 않는다. 그러므로 다음의 내용을 유의할 필요가 있다.

청국장은 소금 없이 발효하는 장류이다. 조미하기 위한 것이라면 소금을 아주 조금 사용하고 또 그런 청국장을 택한다. 최근에 많이 나오는 품질이 좋은 개량식 된장이나 고추장 제품은 비교적 소금 사용량이 적다. 지속적으로 장류 식품을 섭취해야 하기 때문에 장류에 들어 있는 소금의 양이 적은 것을 택하여야 한다. 가정에서 장류를 담글 때에도 가능한 적은 양의 소금을 사용하는 지혜를 발휘해야 한다.

이제 짠맛을 위주로 해서 장류 식품을 먹는 시대는 지났다. 짠맛은 최소로 하고 감칠맛을 비롯한 다른 여러 가지 맛을 즐겨야 한다. 또한 건강을 위해서 이들을 먹어야 할 것이다. 일본인들은 '낫도(청국장과 비슷함.)'를 하루 30~50g을 권장하고 있다. 그들은 싱겁게 만든 콩 발효 식품 '낫도'와 '미소'(된장의 한 종류)를 세계적이면서도 최고의 건강식품이라고 자랑하고 있고, 또한 그렇게 알려져 있다. 그런데 콩 발효 식품은 원래 우리가 일본으로 전해 준 기술이 아니던가!

생각해 보면 집안에 여러 가지 장류가 있는 것 자체가 행복이다. 부엌에는 은근한 장류의 향기가 있다. 밥상 위에 장류 자체가 있거나 장류를 이용한 반찬이 있는 것만으로도 입안에 군침이 돌며 마음이 풍요로워진다. 유구한 역사와 오묘한 맛 그리고 놀라운 건강 효능을 지닌 장류 식품, 이것은 우리의 맛과 건강을 지키는 영원한 동반자이다.

6

현대의
웰빙 스타일푸드에서
찾는 행복

행복한 우리
음식문화

행복 코드 20

불고기

— 미각과 후각을 유혹하는 최상의 구이음식 —

육식을, 그리고 구이를 좋아하는 사람들

■

인간은 아득한 옛날 선사 시대에 수렵과 채취에 의존하여 먹이를 구할 때부터 동물성 식품에 특별한 관심을 보여 왔다. 육식에 대한 인간의 갈망은 최근 인류학자들에 의해서 속속 밝혀지고 있는데, 마빈 헤리스의 『음식문화의 수수께끼』에는 흥미 있는 이야기가 소개되어 있다. 인류학자 자네트 시스킨스의 연구 사례를 예로 들었는데, 페루 동부 밀림에 사는 샤라나후아 마을 사람들의 일상생활 중에서 여인들이 남자들에게 사냥을 나가서 더 많은 고기를 가져오도록 협박하고 부추기면서 "우리는 너를 숲 속으로 보낸다. 우리에게 고기를 가져다 줘." 하고 노래를 부른다는 것이다.

음식의 역사나 그 문화를 들여다 보면, 위의 사례 외에도 인간이 갖는 육식에 대한 강한 욕구를 실감할 수 있다. 여러 민족에 대한 다양한 사례들을 연구한 결과에 의하면, 대부분의 부족과 부락민들은 비록 식물성 식품이 풍족하더라도 고기가 부족하면 만족하지 않고 육식에 대한 강한 갈망을 토로한다고 하였다. 그리고 약간의 동물성 음식이 있는 것만으로도 식사할 때 기분이 좋아진다고 하였다. 그래서 육류문화권의 사회에서는 채식문화권과 비교할 때 육류 소비 형태에 따라 뚜렷한 계층이 형성되어 엄격한 육류 음식 피라미드 현상이 발달하게 되었다는 것이다. 그리고 이러한 상황에서 쇠고기는 육류 음식 중에서도 최고급의 위치에 있었다.

제레미 러프킨은 『육식의 종말』에서 "쇠고기의 섭취는 … 부자와 부유함, 가난한 노동자와 빈곤을 구별 짓는 계급의 표시로 사용되어 왔다."라고 말하였다. 이러한 일련의 사실들은 사람들이 진정으로 육식, 특히 쇠고기를 좋아한다는 것을 증명하고 있다. 따라서 육식에 의한 새로운 사회 문제의 유발 또는 식량 수급의 변화 등이 빈번하게 일어났다.

우리나라 역시 예외는 아니다. 선사 시대나 부족국가 시대에는 수렵에 의한 육류 확보가 개인이나 집단에게 매우 중요한 일이었다는 것을 짐작할 수 있다. 부족국가 시대 이후 수렵은 한 단계 발전하는 모습을 보였으며, 그 후 목축도 서서히 확대 발전하는 경향을 보여 주었다. 고구려의 무용총 수렵도에서 볼 수 있는 것처럼 사냥할 때는 말을 타고 활을 활용하고 있다. 그리고 고구려 안악 3호분 벽화에는 외양간과 마구간 등이 그려져 있어서 가축 사육이 본격적으로 이루어졌다는 것을 보여 주고 있다. 이때 이미 육류를 굽거나 찜하는 방식으로 고기를 조리해서 먹었던 것이다.

■ 그림 6-1 · 고구려 무용총의 수렵도 ■

하지만 삼국 시대와 고려 시대에는 불교의 가르침의 영향으로 육식이 크게 쇠퇴하였다. 특히 우육식(牛肉食)은 우리의 식생활에서 거의 자취를 감추었다. 그러나 몽고의 지배하에 있었던 고려 말기에 이르러 몽고인을 통해 한때 육식이 되살아났다. 이때 육식을 즐기는 몽고 사람들의 영향을 받아 가축의 도살 방법, 육식의 조리 방법이 더욱 개선되는 계기가 되었다. 조선 시대 후기에는 육류 사용이 급격히 증가하고, 그 중에서도 쇠고기의 소비량이 크게 상승하는 경향을 보였다. 박제가의 『북학의』에는 소의 도살 양이 너무 많아 이에 대한 문제점이 많이 생기므로 그 대책을 논의한 기록이 보인다. 상류사회의 과도한 쇠고기 소비 현상을 지적하고 있는 것이다.

이러한 전래의 관습이 오늘날에 와서 더욱 확대되는 경향을 보이고 있다. 경제성장과 소득 증가에 따라 육류 소비도 크게 늘어났다. 특히 주목할 만한 것은 각종 육류의 수입 증대와 육류의 유통을 위한 냉동 냉장 시스템의 확충이다. 개선된 좋은 시설의 유통망을 통해 들어온 신선한 고기를 가정이나 전문음식점, 뒷골목의 식당에서 쉽게 구어 먹을 수 있게 되었다.

특히 좋은 쇠고기나 돼지삼겹살이 인기를 끌고 있다. 여기에 미국형 햄버거나 치킨 등을 어디에서나 쉽게 사 먹을 수 있게 되었으며, 이러한 패스트푸드는 청소년들에게 가장 매혹적인 인기 음식이 되었다. 이를 위해 막대한 양의 육류를 외국에서 수입할 수밖에 없는 상황이 되었다. 이제 우리나라도 미국이나 유럽의 몇몇 국가에서들처럼 동물성 식품 과다 섭취를 걱정해야 하는 나라가 되었다.

구이를 좋아하는가, 삶은 것을 좋아하는가

■

조리 방법 중에 굽는 방식은 인류가 불을 발견하였을 때부터 시작한 가장 오래된 조작이다. 구석기 시대에 이미 불을 이용하여 굽는 방식으로 먹을 거리를 조리한 것으로 보인다. 그러나 삶기는 훨씬 그 후의 일이며 겨우 1만 년 정도의 역사밖에 되지 않는다. 삶기에는 적절한 물과 용기, 즉 그릇이 필요하므로 조리 기술이 한 단계 발전된 방식이며, 이에 비하면 굽기는 더 원시적이라고 할 수 있다.

한편 가열 방식에서 보면 굽기는 건식 가열이고, 200도 이상의 높은 온도가 필요하다. 그러나 삶기는 일종의 습식 가열이므로 물이 끓는 온도인 섭씨 100도 정도이다. 굽는 방식은 온도 조절도 어렵고, 실제로 열효율도 극히 낮다. 하지만 삶기 방식은 온도 조절이 가능하며 100도에서 일정하게 유지할 수 있다.

굽는 조작에는 직접 불에 굽는 직화로 하는 방식 외에도 철판구이나 오븐구이에서와 같은 방법도 있다. 뒤의 두 가지 방법은 직화에 의한 구이방식의 장점을 가능한 살리면서 온도 관리를 조금 더 효과적으로 할 수 있는 장점이 있다. 특히 오븐의 경우 내부 온도를 비교적 일정하게 하는 가열법도 있다. 삶는 조작은 용기 내의 물속에서 일정 온도(보통 100도)에서 가열하므로 무엇이나 조리할 수 있는 만능 조리법이다. 곡류나 채소류 모두 삶는 방법으로 조리하여 쉽게 먹을 수 있게 해 준다. 이후 삶는 조작은 가열 조리의 주역을 담당하게 되었다.

그럼에도 불구하고 왜 우리는 삶은 고기보다 불에 구운 고기를 더 좋아하는가? 우리는 대체로 불고기, 즉 직화로 구운 고기를 즐겨 먹는다. 숯불 연기와 탄산가스를 마시면서도 불고기를 열심히 구워 맛있게 먹는다. 숯불에 구워 먹는 것이 보기에 더 멋이 있기 때문일까? 아니면 숯불에 구워 먹었을 때 맛이 더 있어서일까? 궁금한 일이 아닐 수 없다. 대답은 짧게 할 수 있다. 어쩌면 멋도 있을 것이다. 그러나 더 큰 이유는 구운 고기의 맛과 향기가 훨씬 더 좋기 때문이다.

여기서 잠시 프랑스 인류학자 클로드 레비스트로스의 이야기를 들어 보자. 그는 쇠고기 중심 문화권에서는 삶은 요리보다 날것에 가까운 형태의 구운 요리를 좋아한다고 하였다. 고기를 직접 불에 굽는 것이 날 것에 더 가까우며, 더 자연적이고 더 문화적이라는 것이다. 그래서 구운 요리에는 자연세계와 문명세계를 연결하는 끈을 지니고 있다고 하였다. 흥미 있는 주장이 아닐 수 없다.

이제 고기의 굽기에 대한 베일 속의 이야기를 좀 더 해 보자.

먼저 불에 구워 먹을 고기, 즉 식육(食肉)을 잠시 들여다 보자. 보통 이들의 조직은 근육 조직과 결합 조직, 지방 조직으로 구성되어 있다. 도살이 끝난 직후의 고기는 경직 현상으로 단단해진 근육이 시간이 지나면서 숙성되어 연해지고 향미도 한층 좋아지는 상태가 된다. 이러한 시점의 고기를 이용하여 우리는 조리를 하게 된다.

가열을 하게 되면 고기의 지방질은 녹아 외부로 나오고 단백질은 응고하면서 수축된다. 이때 수분은 증발되거나 밖으로 유출되고 단백질 등 일부 성분은 분해되고 새로운 성분이 만들어진다. 이러한 현상에 의해 먼저 중량이 감소하고 수분이 줄어든다. 그리고 질긴 결합조직이 연화된다. 가장 중요한 변화는 선홍색의 색깔이 회갈색으로 바뀌고 새로운 향기와 맛이 생성되는 것이다.

그러면 직접 불에 굽는 가열 방식은 어떤 점에서 특색이 있는가? 숯불에 적당히 굽는 방법은 고기가 지니는 맛을 가장 잘 살리는 적합한 가열 방식이다. 삶는 방식은 맛 성분들이 국물 쪽으로 빠져나간다. 그래서 고기 부분은 아무래도 맛이 덜하다. 삶은 고기의 맛은 아무래도 구운 고기의 오묘한 맛과 비교가 되지 않는다.

고기를 굽는 방식에 따라 가열하면 이노신산 등의 염기, 펩타이드, 유리아미노산, 각종 유기산 등의 맛 성분이 모두 외부로 녹아나오고, 이들이 표면에 많이 모여 있게 된다. 그리고 가열로 인해 새로 생긴 마이야르 반응물질 등의 오묘한 맛 성분들이 추가된다. 이때 생성된 알데하이드와 케톤류, 유황화합물, 티아졸린, 피롤류, 후라논 등의 휘발성 성분들에 의한 향기가 우리를 더욱 유혹하는 것이다.

고기를 굽는 분위기와 이에 따른 재미와 멋도 유별나다. 오순도순 자리에 앉아서 직접 석쇠 위의 고기를 굽는 재미는 보너스일 것이다. 불 위에서 구워지는 고기의 변화를 보는 것도 흥미롭다. 그래서 우리는 열을 올리며 숯불 불고기집을 찾는다. 그 이유가 바로 여기에 있다.

전통적인 고기구이, 맥적과 설야멱 이야기

한반도에서도 부족국가 시대 또는 그 이전에 고기를 구워 먹는 근사한 방법이 있었을 것이다. 그러나 구체적인 내용은 알려져 있지 않다. 삼국 시대에 들어 와서 육식에 대한 기록들이 조금씩 보이기 시작한다. 그것도 중국의 문헌에 먼저 나타나 있다.

중국 진나라 때의 문헌 『수신기(搜神記)』에 맥적(貊炙)이란 글이 나온다. "맥적은 … 중국 사람이 이것을 숭상하여 중요한 잔치에 이를 내 놓으니……"라고 기록되어 있다. 여기서 맥(貊)은 당시 고구려 또는 부여를 말하는 것이고, '적' 또는 '자'로 읽는 '炙'은 고기구이를 의미한다. 따라서 맥적은 고구려의 고기구이를 뜻하고, 이것이 사실상 불고기의 원조일 것으로 이해하고 있다.

일찍이 선사 시대부터 선조들은 수렵에 능하여 잡은 고기도 여러 가지 방법으로 조리하였을 것으로 추정된다. 특히 고구려와 부여 등에서 발달하였을 것이고, 중국의 한대에까지 전해져 그곳에서도 즐겨 먹었던 것으로 보인다. 처음에는 고기를 꼬챙이에 꿰어 구웠을 것으로 추정된다. 그러나 맥적에 대한 구체적인 요리 내용은 알려져 있지 않다. 하지만 중국에까지 알려지고, 또 그들도 즐겨 먹었다면 보통의 구이는 아닐 것이며 양념으로 맛을 낸 것이라고 해석하고 있다.

고려 시대 말, 개성에는 설리자(雪裏炙)라는 이름의 고기구이가 있었다. 구체적인 조리 방법은 홍만선의 『산림경제』에 나와 있다. 비록 고려 시대는 불교의 성행으로 육식이 쇠퇴하였지만, 고려 말기에는 몽고의 영향으로 개성을 중심으로 고기구이가 다시 발달하였다.

이와 같은 고기구이 조리법이 조선 시대까지 이어져 내려온 것이 설야멱(雪夜覓)이다. 이에 대한 내용은 최근의 저서인 이성우의 『한국요리문화사』, 윤서석의 『한국음식-역사와 조리법』, 강인희의 『한국식생활사』에 잘 서술되어 있다. 이러한 내용들은 원래 최영년의 『해동죽지』(1925)에 나와 있는 것으로, 계절음식이나 향토음식에 대해 주를 달면서 노래한 시집이다. 여기에 수록된 설야멱에 대한 내용을 쉽게 풀어서 소개하면 다음과 같다.

> "쇠갈비나 염통 등을 기름과 훈채(파와 마늘 등의 채소)로 조미해서 굽다가 반쯤 익으면 냉수에 잠시 담금을 한 후에 다시 센 불에 구워 익힌다. 눈 오는 겨울밤의 안주에 좋고, 고기가 연하여 맛이 뛰어나다."

이 글에서 우리가 주목할 수 있는 조리 방법상의 특징이 두 가지 있다. 쇠고기를 기름 그리고 파와 마늘 등으로 조미하는 것, 반쯤 익었을 때 냉수에 식혔다가 다시 강한 불에 굽는 것 등이다. 이 방법은 양념불고기를 뜻하며, 아울러 타지 않고 연하게 굽는 법을 제시하였다. 그리고 이렇게 구웠을 때 맛이 좋았다고 하였다. 이어 중요한 말을 하나 더 추가하였는데, 그것은 눈 오는 겨울밤의 술안주로 적합하다는 것이다. 말하자면 설야멱은 겨울 눈 오는 날 밤에 찾아온 빈객에게 대접할 만큼 맛이 있는 소중한 음식일 뿐만 아니라 낭만적이고도 멋이 있는 음식이었음을 보여 준다.

이와 관련하여 조선 시대 서적 중에서 유명한 『산림경제』를 잠시 들여다 보자. 이 책은 홍만선이 관직에서 물러난 후 작업하여 1715년에 완성한 것이다. 주로 이전에 나온 서적이나 우리나라의 속방(俗方) 등을 인용하되, 저자의 의견을 많이 포함시켜 저술한 농촌생활용 백과사전과 같다. 모두 16편으로 된 내용 중의 '치선편(治膳篇)' 이 조리법을 다룬 것으로, 380항목이나 된다. 여기에 굽는 조리법이 11조나 되고, 삶은 조리법이 29조나 된다. 이 조리법들은 주로 우리의 전통적인 것이 주를 이루고 있으나 중국의 관련 서적을 인용한 것도 있다. 설야멱에 관한 내용은 『해동죽지』에 나오지만, 이와 비슷한 내용이 이미 『산림경제』에 나와 있었다.

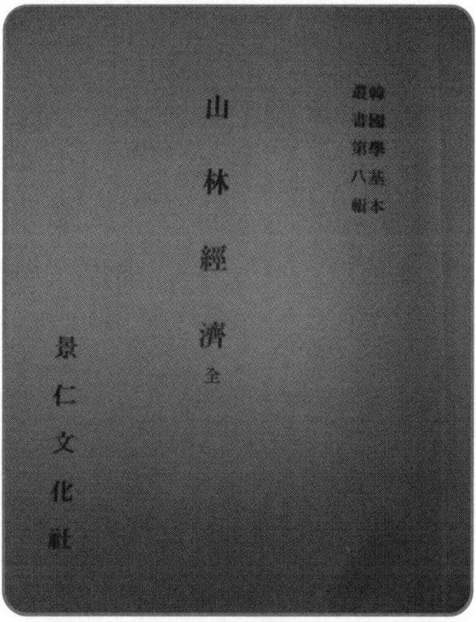

■ 그림 6-2 · 홍만선의 『산림경제』의 일부분 ■

빙허각 이씨가 지은 『규합총서』(1815)에 의하면, 설야멱은 쇠고기를 얇게 하여 양념을 한 다음, 꼬치에 꿰어 굽는 고기구이 요리라는 것을 알 수 있다. 이 설야멱의 조리법에서도 냉수 담금이 포함되어 있다. 최근에 윤서석은 『한국음식-역사와 요리법』에서 설야멱이 지금의 제수용 우적과 비슷하다고 하였다.

그 후에 나온 홍석모의 『동국세시기』(1849)에는 화로에 숯불을 피워 놓고, 조미한 쇠고기를 구워 둘러앉아 먹는 난로회가 있다고 하였다. 그리고 이것이 서울 풍속이라고 하였다. 맛과 멋 그리고 풍류가 넘치는 모임이 아닐 수 없다.

최상급 구이음식으로 완성된 오늘날의 불고기

■

우리 민족이 불고기 음식을 소중하게 생각하고 즐긴 것은 대단히 오랜 역사를 가졌다고 할 수 있다. 우리 선조들의 육류 부위별 활용이나 조리 방법은 매우 다양한데, 실제로 육류를 부위별로 따로 나누어 꼬리나 머리 부분은 물론, 내장까지 모두 개별적으로 맛있는 요리를 만들어 먹었다. 적절히 개발한 조리 음식도 한두 가지가 아니었다. 각종 구이에 이어 찜, 탕, 조림, 볶음, 전골, 편육 등으로 수없이 많다. 우리만큼 육류를 효율적으로 이용하고, 육류 요리가 다양한 나라도 드물 것이다. 오죽했으면 우리나라를 방문한 미국의 문화인류학자 마가리트 미드 여사도 쇠고기를 부위별로 세분해서 맛을 가려 먹는 고도의 미각 문화를 가진 나라는 한국과 동아프리카의 보디족뿐이라고 하였을까?

이제 고기구이에 대해 다시 이야기를 계속해 보자.

19세기의 출간된 『시의전서』를 통해서 고기구이에 관한 또 다른 흥미 있는 내용을 살펴보자. 이 책은 조리법에 대하여 광범위하게 기술해 놓은 것으로 조선 시대 말기의 전통음식을 잘 살펴볼 수 있는 책이다. 여기에는 고기를 칼로 저며 양념을 한 다음, 그대로 불에 구어 낸 것을 '너비아니' 라고 하였다. 이것은 불고기의 궁중 용어로, 오늘날의 우적과 비슷하다. 얇고 넓죽한 쇠고기를 칼로 저민 후 조미하여 굽는데, 이때 대나무 등으로 만든 꼬지에 꿰어 굽거나 석쇠 위에서 직접 불에 굽는 직접 가열 조리 방식이 있다. 또한 불고기 돌판이나 철판 위에서 간접 가열에 의해 굽는 조리 방식이 있으며, 이들을 혼용하고 있다. 이효지 교수는 『한국의 음식문화』(1988)에서 우리의 구이음식은 "불고기의 뿌리인 맥적에서 설야멱으로, 너비아니에서 불고기로 이어지고 있다." 고 하였다.

현대는 고기구이 음식의 전성 시대이고 다양화 시대이다. 소득 수준의 향상, 기호성의 변화, 풍부한 식육 재료 그리고 조리 도구 및 기술의 발달로 조리 방식이 다양화되면서 크게 발전하고 있다. 따라서 형편에 따라 가정에서 적절한 방법을 선택하여 조리하거나 개인의 기호에 맞는 불고기집을 선택하여 먹는다. 오늘날의 불고기는 너비아니, 양념불고기, 육수불고기, 생불고기 등으로 나눌 수 있다.

너비아니: 전통적인 방식에 따라 조리하며 아직도 제수용 또는 명절용 음식으로 애용된다. 전통적인 가정이나 한식 전문집에서 조리하고 있는 고기구이의 하나이다. 우리 집에서도 명절에는 곧잘 이 음식이 등장한다.

양념불고기: 미리 만든 양념에 고기를 재워 두었다가 불고기 돌판 또는 철판에

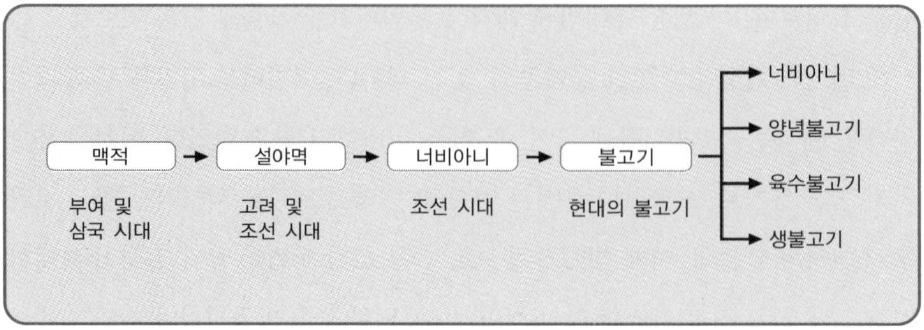

■ 그림 6-3 · 주요 고기구이 음식의 생성과 발달과 다양한 오늘날의 불고기 ■

구워 먹는 고기구이이다. 이때의 양념은 간장, 설탕, 파, 양파 등으로 만든 것으로, 원래의 고기 맛을 도와준다. 게다가 질긴 고기 일부가 연화되는 장점도 있다. 전문음식점에서 먹을 때는 상추나 쑥갓과 같은 채소를 곁들여 먹는다.

육수불고기: 양념불고기와 비슷하지만 중요한 것은 육수이다. 미리 만들어 둔 육수를 불고기판 가장자리에 있는 공간에 부어서 간접 가열에 의해 조리하는 구이이다. 여기서 말하는 육수는 고기류를 고아서 만든 것이라기보다는 간장과 설탕 등 여러 가지 조미료로 만든 것이다. 고기는 물론, 오묘한 맛의 국물과 함께 채소를 곁들여 먹는 조리음식이다.

생불고기: 최근 급격히 인기가 상승하고 있는 구이음식으로, 원래의 고기 맛을 즐길 수 있도록 고안한 조리 방식을 취한다. 구이음식은 직접 또는 간접 가열에 의해서 건강에 문제가 되는 동물성 지방질이 다량 제거되는 장점이 있다. 그리

고 선호하는 고기 종류, 그리고 특정 부위의 고기를 선택해서 직접 조리하면서 상추와 쑥갓 또는 김치 등의 채소음식과 곁들여 먹는 묘미가 특별하다.

최근 외식 기회가 많아지면서 다양한 불고기가 대량 소비되고 있다. 뒤에서 이야기하겠지만 필요에 따라 적당히 먹어야 할 필요가 있다. 그리고 구워 먹을 때 다음 내용을 유의해야 한다.

불고기는 고열에 구워지는 음식이며 불의 세기를 조정하기가 쉽지 않다. 이 때문에 계속 한 부분에 고열이 가해지면 불에 탄 고기가 생길 수 있다. 우선적으로 탄 부분은 먹지 않아야 한다. 심하게 탄 부분에는 유해성 물질인 이환 방향족 아민heterocyclic aromatic amines, HAA 또는 벤조피렌 등이 존재할 수 있다. 그리고 고기를 구울 때 석쇠나 구멍이 있는 불고기판을 사용하면 지방질이 녹아 아래로 떨어져 연기가 발생하며, 연기와 함께 인체에 해로운 다환 방향족 탄화수소polycyclic aromatic hydrocarbons, PAH가 생성될 수 있다. 연기에 계속 노출된 불고기는 이 물질에 오염될 수 있으므로 가능한 구멍이 없는 불판을 사용하는 것이 바람직하다.

이제 육류의 영양과 건강과의 관계에 대해 이야기해 보자.

육류는 영양학적으로 단백질과 지방질 그리고 무기질과 미네랄의 좋은 급원이다. 곡류와 비교할 때 특히 품질이 좋은 단백질을 많이 함유하고 있다. 양질의 단백질은 인체의 발육과 성장, 두뇌 발달에도 매우 중요한 영양소이다. 또한 체내에서 여러 가지 역할을 하는 효소나 호르몬 그리고 항체 생성에 필요한 영양소이기도 하다. 따라서 어린이나 노약자 그리고 임신부는 적당량의 육류 음식을 먹는 것이 대단히 중요하다.

또한 육류 음식은 정신적 스트레스에 대한 저항력을 갖게 하고, 결핵이나 간질환 등의 질병 예방과 치료에 도움을 준다. 아울러 전통적으로 널리 사랑받는 스태미나 음식이며 지구력을 높여 주는 음식이기도 하다. 무엇보다도 불고기는 그 향미가 으뜸이어서 누구도 그 유혹을 감당하기가 쉽지 않다. 따라서 가끔 한 번씩 불고기를 먹는 것은 여러 가지 면에서 좋다고 할 수 있다.

하지만 지나친 육식은 많은 양의 지방질 섭취로 인한 여러 가지 질병의 원인이 될 수도 있다. 특히 포화지방산과 콜레스테롤의 과잉 섭취와 에너지 과다 섭취로 비만과 성인병 등의 원인이 되기도 한다.

앞에서도 강조하였지만, 유럽인이나 미국인들과 같이 동물성 식품을 위주로 하는 식문화를 흉내 낼 필요는 없다. 오늘날에는 그들도 선진국형 질병을 심각하게 걱정하면서 식생활을 바꾸려고 부단히 노력하고 있다. 곡류와 채소 등 식물성 식품을 바탕으로 하되, 고기와 생선을 더하는 우리의 식문화가 맛과 멋은 물론, 영양학적으로도 대단히 합리적인 것이다.

설야멱을 소중하게 여기며, 오늘날의 불고기를 즐거운 마음으로 적정량 먹는다면, 그야말로 행복하고 자랑스러운 식문화를 향유할 수 있을 것이다. 불고기는 후각과 미각을 유혹하는 최상의 구이음식이다. 따라서 가끔 불고기를 먹으며 그 멋과 맛 그리고 그에 의한 건강을 내 것으로 만드는 행복도 누려 보면 좋을 것이다.

행복 코드 21

비빔밥

— 한 그릇에 담은 평범하면서도 거의 완전한 음식 —

평범하면서도 완전한 음식인 비빔밥

■

대부분의 사람들은 평범한 보통 사람들이다. 다시 말하면 비범하지 않다. 그리고 실제로 많은 사람들이 비범한 삶보다는 평범한 삶을 원한다. 우리의 많은 이웃들도 평범하게 살고 있다.

도대체 평범함이란 무엇일까? 뛰어나지도 않고 색다르지도 않은 그 무엇일 것이다. 우리가 즐겨 먹는 비빔밥을 보면 어쩐지 평범하다는 생각이 든다. 우선 한 그릇에 담긴 그 모습이 그렇다. 화려하지도 않고 요란스럽지도 않다. 여러 가지 재료로 만든 것들이 옹기종기 함께 모여 있을 뿐이다. 향기도 대단하지 않다.

맛 또한 특별하지 않다. 뛰어나지 않으면서 가장 친근한 어머니 손맛 같은 것이다. 전체적으로 화려하지 않으면서도 소박한 매력이 우리를 편안하게 한다.

많은 사람들이 비빔밥을 좋아하는 이유도 이 때문일 것이다. 우리는 어머니나 아내가 만든 비빔밥을 언제나 그리고 특별히 즐겨 먹는다. 외식할 때에도 곧잘 비빔밥을 주문한다. 국내 여행 중일 때에도 예외는 아니다. 전주에 가면 전주비빔밥을, 진주에서는 진주비빔밥을 주저하지 않고 찾아 나선다.

이제 다른 이야기를 하나 해 보자. 인간은 가끔 자기모순에 빠져 허우적거릴 때가 있다. 특히 무엇이든 자기주장을 강하게 표현할 때 그런 일이 더욱 심하게 나타난다. 앞뒤가 맞지 않는 주장이나 스스로 대립되는 논리를 펴는 일은 삼가야 할 일이다. 하지만 때로는 자기모순에 빠지지 않고는 진실도 말하기 어려울 때가 있다. 지금 여기에서 비록 조금은 자기모순일지는 모르지만 '평범한 것'에 이어 '완전한 것'에 대해서 이야기를 계속해 보자.

평범한 것이 완전한 것이 될 수 있을까? '평범한 것'과 '완전한 것'은 그 자체가 대립되는 말인 동시에 완전한 것이 있을 수 있는가 하는 의문을 가질 수 있다. 완전한 것은 하나님이나 신이 창조한 것 아니면 이 세상에 존재할 수 없을 것이다. 그렇지만 우리 인간이 만든 완전한 것들은 세상 도처에 있다. 완전한 사랑, 완전한 결혼, 완전한 게임 등은 모두 인간이 만든 인간적인 완전함이라고 할 수 있다.

그런 점에서 비빔밥은 거의 완전한 음식이라는 사실에 대하여 이야기하고자 한다. 완전함에는 분명히 필요한 것들을 모두 갖추어야 하고, 부족함이나 흠이 없어야 한다. 비빔밥이 꼭 그렇지는 않을 것이다. 그러나 평범한 보통 사람이 즐기는 음식이라는 점을 전제로 한다면 문제는 달라진다. 그런 입장에서 지금부터 비빔밥의 평범함과 완전함과의 관계에 대하여 하나하나 풀어나가 보자.

웰빙 음식 비빔밥,
이제 한식의 아이콘이 되다

■

10여 년 전만 해도 우리나라의 대표적인 음식은 김치와 불고기뿐이었다. 우리 스스로 그렇게 말해 왔고, 또 그런 식으로 자랑하였다. 특히 외국에서 손님이 오면 으레 한식전문점에서 음식을 대접하면서 김치와 불고기가 한국음식을 대표한다고 자랑스럽게 설명하였다. 이것은 이전이나 지금이나 엄연한 사실이다.

그러나 최근에 이르러 이 반열에 혜성과 같이 나타난 것이 바로 비빔밥이다. 부식인 김치와 불고기와는 달리, 비빔밥은 여러 가지 음식을 한 그릇에 담은 거의 완전한 한 끼의 정식이다. 웰빙 시대에 걸맞은 자랑스러운 비빔밥이 이제는 한식의 아이콘이 되었다고 감히 말할 수 있다. 이러한 배경에는 세계적인 웰빙 바람을 들지 않을 수 없다. 웰빙 바람은 의식주 생활에 세차게 불고 있다. 그 중에서도 음식을 통해서 얻는 세 가지 즐거움, 즉 보는 즐거움과 먹는 즐거움, 그리고 건강을 주는 즐거움이 크게 강조되고 있다. 이러한 바람에 더하여 '대장금' 과 '식객' 등의 드라마를 통한 한류열풍도 큰 몫을 하였다. 한식은 자연스럽게 보양식의 개념을 변화시키고 있다. 이제 한식은 정성과 영양과 다이어트 기

■ 그림 6-4 · 전형적인 웰빙 음식, 비빔밥 ■

능성이 고려된 건강식품으로 널리 알려져 있다. 그 한 자리에 비빔밥이 위치하고 있는 것이다.

또 다른 배경에는 건강식만이 아니라 재미를 가미한 음식, 즉 건강과 음식 즐기기와 재미의 조합Health+Eating+Entertainment이 중요한 하나의 요인으로 꼽힌다. 유명 식당이나 국내 항공사의 기내식에서 내놓는 비빔밥에는 이러한 조합이 잘 고려되어 있다. 맛과 영양 외에 간장과 고추장을 직접 넣어 적절히 비벼 먹는 재미Eating & Entertainment가 보통이 아니다. 차별화된 비빔밥 별식이나 돌솥비빔밥은 더 인기가 있다. '통보리버섯 비빔밥' 그리고 '오색돌솥비빔밥' 등이 좋은 예이다.

이제 비빔밥은 김치와 불고기에 이어 또 다른 한식의 아이콘이 되고 있다.

선조들은 언제부터 비빔밥을 먹기 시작하였을까

■

사실 특정 음식의 기원이나 뿌리를 이야기한다는 것은 결코 쉬운 일이 아니다. 비빔밥 역시 예외일 수는 없다. 관련 유물이나 문헌이 가장 정확한 해답을 줄 수 있을 것이다. 그러나 이와 같은 직접적인 문헌이 없다고 해도, 전반적인 문화의 흐름이나 주변의 여러 가지 역사적인 정황들을 근거로 하여 추정할 수는 있다.

일부 학자들은 비빔밥의 뿌리를 옛날 부족국가 시대와 삼국 시대에서 찾고 있다. 농경문화가 시작되었던 어느 시기에 원시적인 비빔밥 형태의 공동식사를 행하였을 것으로 믿고 있다. 그때의 식품 재료에는 쌀 등의 곡류가 있었고 각종 채소류 그리고 육류도 있었다. 식사에도 주부식의 형태가 갖추어지기 시작하였고, 조리법도 어느 정도 발전하였다. 아울러 그릇에는 각종 토기와 목기 등이 있었다. 중요한 것은 그 시대에 이미 다양한 규모로 천제, 산신제, 시제, 동제 등의 제사를 지냈다는 사실이다.

제사를 치루는 행사에는 많은 사람이 모였으며, 제사 후에는 신령이 내려와 드셨던 제사상의 음식을 사람들이 나누어서 먹었을 것이다. 이 절차를 행할 때는 먹을 그릇도 부족하고 번거롭기 때문에, 각자가 하나의 그릇에 여러 가지 음식을 담아 비벼 먹었을 것으로 보고 있다. 그러므로 비빔밥은 신인공식(神人共食)의 절차에서 왔다고 추정한다. 이러한 제사를 지낸 후에 음복 절차는 아직도 우리 주위에 남아 있다. 입춘 절기에 먹는 오신채(五辛菜) 비빔밥 역시 이러한 풍속에서 나온 것으로 본다.

한편 종교의식 후에 먹는 신도들의 식사, 전란 때의 군대급식, 큰 토목공사 인부들에 대한 단체급식 등에서 그릇의 부족, 공간전개형 상차림의 한계, 차림에 동원할 인력의 부족 등의 사정 때문에 나물과 밥 등을 한 그릇에 담아 비벼 먹었으며 이때 국을 곁들였을 것이다. 이러한 형태의 원시적인 비빔밥이 단체급식용 별식으로, 또 대중음식점의 일품요리로 발전하여 오늘날까지 전해 내려

온 것으로 생각하고 있다.

오늘날에는 비빔밥이 중요한 향토음식 그리고 일품요리가 되어 있지만 그 내용이 옛날 문헌에 자세하게 나타난 것은 1800년대 말엽에 나온 『시의전서』에서이다. 이 책에는 광범위한 조리법들이 잘 분류되어 정리되어 있는데, 우리의 전통식품을 체계적으로 살펴볼 수 있는 좋은 문헌이다. 이 책에는 비빔밥이 '부빕밥, 한자로 '골동반(汩董飯)' 이란 이름으로 다음과 같이 기록되어 있다.

"밥을 정히 지은 다음, 고기는 잘 재워서 볶아 넣고, 간납을 부쳐 썰어 넣고, 여러 가지 색깔의 채소를 볶아 넣고, 좋은 다시마를 튀각으로 부쳐 부셔서 넣은 다음, 모든 재료를 섞고 고춧가루와 깨소금과 기름을 많이 넣어 비벼서 그릇에 담는다. … 계란을 부쳐서 …, 완자는 고기를 곱게 다져서 …, 비빔밥 상에는 장국으로 잡탕국을 올려놓는다."

여기서 간납은 소의 간이나 기타 어육으로 만든 저냐를 말한다. 간납 외에도 고기, 각색의 나물, 다시마튀각, 계란부침, 완자 등을 잘 지은 밥 위에 얹어 고춧가루, 깨소금, 기름을 넣어 섞어 비벼서 만든 요리인 것으로 이해된다. 그리고 비빔밥 상 위에는 잡탕국을 함께 올린다고 한다. 정성과 품격이 담겨 있는 일품요리임을, 또한 오늘날의 비빔밥과 유사함을 알 수 있다.

골동반(汩董飯)의 한자 '골' 은 '다스릴 골' 또는 '어지러울 골' 이며 '동' 은 '바로잡을 동' , '반' 은 '밥 반' 이다. 골동반은 비빔밥을 지칭하며 '骨董飯' 으로도 표기한다. 그리고 골동반에 대한 것은 『시의전서』 외에 『동국세시기』에도 소개되어 있다.

가장 합리적으로 발달한 오늘날의 비빔밥

■

전통적으로 널리 알려진 비빔밥 요리로는 전주비빔밥, 진주비빔밥 그리고 해주비빔밥이 있다. 하나의 향토요리로 발전한 이들 비빔밥은 나름의 특징을 지니고 있다. 전주나 진주에 가면 전주비빔밥 또는 진주비빔밥을 쉽게 먹을 수 있다. 그리고 지금은 이들이 조금씩 변형되어 전국 각 지역에서 일품요리 메뉴로 등장하고 있다. 하지만 이들 지역의 명품 비빔밥 이외에도 우리나라 전 지역에서 이들과 비슷한 비빔밥을 관행적으로 먹어 왔었다.

그러면 오늘날 널리 알려져 있는 전주비빔밥과 진주비빔밥의 특징을 간단히 살펴보자.

전주비빔밥은 콩나물, 황포묵, 쇠고기육회 등 30여 가지의 재료와 정성이 많이 들어가는 비빔밥이다. 전주콩나물과 순창고추장 그리고 여러 가지 재료와 천연조미료들의 조화가 명품 비빔밥을 만들어 내고 있다. 그래서 오미, 오색의 음식이라고도 한다.

조리 방법에는 두 가지 특징이 있다. 하나는 오래도록 곤 쇠머리 육수를 밥물로 하여 밥을 짓는다는 것이다. 이렇게 밥을 지으면 밥에 윤기가 흐르고 구수하다. 그리고 다른 하나는 콩나물 데치는 방법이다. 밥을 지을 때 밥물이 한차례 끓고 나서 뜸 들일 때 콩나물을 집어넣어 솥 안의 뜨거운 수증기로 살짝 데치는 방법이다. 이러한 방법은 『시의전서』에 나오는 조리법과는 다소 다르다. 그리고 국은 콩나물국을 쓴다.

진주비빔밥은 화반(花飯)이라고도 한다. 그릇에 담아 낼 때의 모습이 꽃처럼 아름답기 때문일까? 전주비빔밥과는 달리 콩나물 대신에 숙주나물을 사용하고, 그 외에 여러 가지 종류의 나물과 육회, 볶은 쇠고기 등을 마련한다. 국은 선짓국을 쓴다. 나물은 계절에 따라 여러 가지 채소로 맛과 색깔의 변화를 주도록 마련하는 것이 특징이다. 숙주나물을 비롯하여 모두 데쳐서 만든 숙채로 마련하기 때문에 제 맛을 내기 위해서는 무칠 때 많이 주물러야 한다. 그래야 나물에 자연의 생기와 기운이 실려 있다. 정성을 들여 무쳐야 사람의 손에 있는 기(氣)의 일부가 나물로 옮겨 간다고 한다.

이들을 다섯 가지 색깔로 보기 좋게 배열하여 화반처럼 만들어 상에 내어 놓으면 다섯 가지 맛이 어울린 오미의 음식이 된다.

전주비빔밥이나 진주비빔밥 외에 해주비빔밥, 통영비빔밥, 함평육회비빔밥, 대구경북의 헛제사밥 등이 알려져 있으나 여기서는 생략하기로 한다.

평범한 음식인 동시에 거의 완전한 웰빙 음식

지금까지 살펴본 것처럼, 비빔밥은 평범하면서도 특별하다. 대중적이고 서민적이며 향토색이 짙은 음식이지만 그 평범함 속에 여러 가지 측면의 완전함이 숨어 있기 때문이다. 식품과학적인 기능면에서 평가해 본다면, 비빔밥은 영양적인 1차 기능과 관능적(향미, 외관 등)인 2차 기능 그리고 건강기능성의

3차 기능을 모두 갖춘 합리적인 음식이라고 할 수 있다. 단일요리로서는 거의 완전한 웰빙 음식이라는 의미이다.

먼저 영양적인 1차 기능을 살펴보자.

첫째, 비빔밥은 다양한 색깔의 재료로 구성되어 있다. 색깔식품은 최근 미국 농무부가 국민에게 이를 많이 섭취하도록 강력히 권장하고 있는 사항이다. 흰색, 녹색, 붉은색, 검정자주색, 노란색 등의 색깔을 가진 채소 등을 골고루 먹도록 권하고 있다. 채소류의 색깔식품에는 비타민, 미네랄, 식이섬유소, 피토케미컬이 많이 함유되어 있다. 우리나라에서도 영양학자들이 이를 권장하고 있는데, 비빔밥은 가장 완벽한 천연색깔식품으로 구성된 색깔음식이라고 할 수 있다.

둘째, 비빔밥은 계절식품을 활용한 요리이다. 계절에 따라 제철에 나는 재료를 선택하는 것이 가장 영양가도 높다. 또한 값도 싸며 신선하다. 비빔밥은 제철에 나는 재료를 활용한 전형적인 음식이다.

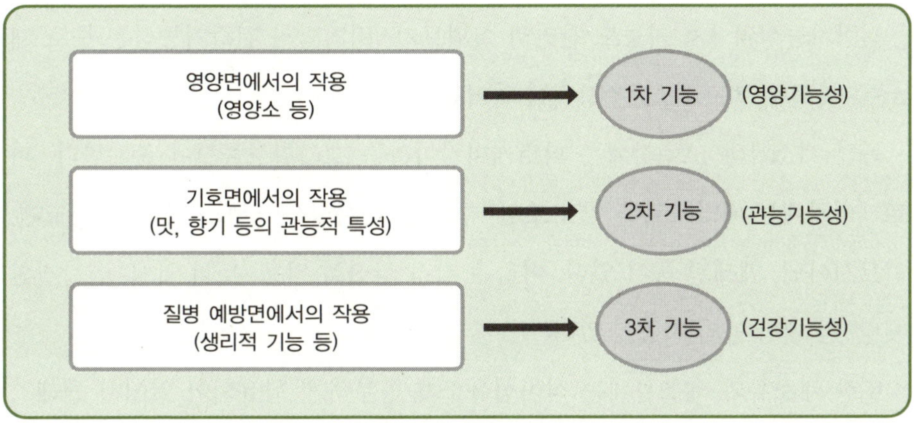

■ 그림 6-5 · 음식의 작용과 기능 구분 ■

셋째, 전통 상차림의 내용이 한 그릇에 다 모여 있다. 곡류와 채소류, 육류 등의 요리들이 고루 들어 있어서 영양이 균형을 이루고 있다. 그리고 많은 종류의 재료들이 영양학적으로 서로 보완 작용을 한다.

넷째, 적당한 수준의 한 끼 에너지를 지니고 있으며 아울러 5대 영양소가 비교적 적절히 함유되어 있다. 에너지와 탄수화물은 주로 밥에서, 단백질과 지방질은 육류와 계란에서 공급된다. 그리고 비타민과 미네랄은 주로 나물 등의 채소류에서 얻는다.

맛과 향기 등의 2차 기능은 어떠할까? 맛과 향은 이미 앞의 여기저기에서 조금씩 언급하였다. 나물과 여러 가지 고명, 고추장과 참기름, 파와 마늘과 같은 오신채, 기타 향신료가 더해서 만들어진 오미, 즉 다섯 가지 맛이 오묘한 향기와 함께 조화롭게 어울려 있다. 앞에서 이야기한 것처럼 비빔밥이야말로 오미, 오색을 갖춘 음식이 아닐 수 없다. 한 숟갈의 비빔밥이 지닌 향미를 어느 음식과 비교할 수 있겠는가!

건강기능성의 3차 기능도 간단히 살펴보자. 비빔밥의 건강기능성은 주로 채소류, 버섯류, 해조류, 고추장에서 얻어진다.

특히 채소류와 고추장에는 피토케미칼이라는 생리활성물질이 존재한다. 피토케미칼에는 베타카로틴, 클로로필, 루테인, 캡사이신, 알릴화합물, 라이코펜, 안토시아닌, 퀘세틴 등이 있다. 이들은 각각 항산화 작용, 노화 억제, 심장질환 예방, 암 예방 등의 기능이 있다.

또한 채소류와 해조류에는 식이섬유소가 풍부하게 함유되어 있어서 콜레스테롤 흡수 및 합성 방해, 콜레스테롤 배설 촉진, 정장 작용, 변비 예방, 대장암 발생 저하, 비만 예방 등의 기능이 있다. 그리고 버섯류에도 다양한 생리활성 물질들이 함유되어 있다.

지금까지 살펴본 것과 같이 영양과 관능적 향미, 그리고 건강기능성 면에서 비빔밥이야말로 한 그릇에 담은 평범하면서도 거의 완전한 음식이라고 할 수 있다.

행복 코드 22

떡 · 떡볶이 · 빈자떡

— 의례음식으로 더 대접받던 떡, 그 유쾌한 변신 —

감동으로 만나는 길고 긴 떡 문화

■

떡에 관한 이야기를 하려면 먼저 옛날 '거문고의 떡방아소리' 부터 시작하지 않을 수 없다. 『삼국사기』의 '열전 백결 선생 조' 에는 다음과 같은 기록이 보인다.

"연말이 가까워지니 이웃에서 떡방아 찧는 소리가 가득한데 가난하여 떡방아를 찧지 못함을 부인이 안타까워하자 거문고로 떡방아소리를 내어 부인을 위로한 것이…… "

이 시는 다음과 같은 사연을 지닌 백결 선생에 대한 이야기이다. 세모를 맞아

떡을 만들기 위해 떡방아를 찧는 소리가 이웃집 여기저기서 들려온다. 하지만 부인은 집안이 가난하여 그렇게 하지 못함을 안타까워하고 있다. 이에 거문고로 떡방아소리를 내어 부인의 마음을 위로한다. 집안 가장의 애틋한 마음이 우리 가슴까지 스며 들어온다. 거문고로 연주하는 떡방아소리가 귀에 들리는 듯하다.

이 짧은 이야기에서 우리가 얻을 수 있는 또 다른 중요한 내용이 있다. 삼국시대의 명절 음식과 떡에 관한 사실, 그리고 곡물의 분쇄 용구에 관한 사실이다. 즉 그 시대에 이미 계절식으로 떡을 해서 먹는 풍속이 일반화되었던 것이다. 그리고 수확한 곡물을 분쇄하기 위해 절구나 디딜방아와 같은 용구가 이용되었다는 것을 알 수 있다. 이러한 사실을 입증하는 또 다른 문헌으로는 『삼국사기』의 '신라본기' 유리왕에 대한 내용과 『삼국유사』 '죽지랑조' 에서의 내용 등이 있다.

하지만 떡을 실제로 언제부터 만들어 먹었는지 정확하게 밝혀내기는 어렵다. 학자들은 그 시기를 문헌에 기록되기 이전인 청동기 시대 또는 초기 철기 시대일 것으로 추정하고 있다. 이미 그 시대에 여러 가지 곡물이 생산되었다는 것이 확인되고 있으며, 갈돌, 돌확, 시루 등의 유물이 발굴되고 있기 때문이다. 그리고 부족국가 시대를 거쳐 삼국 시대에 이르러 비로소 떡을 빚어 먹는 일이 일반화된 것으로 추측하고 있다.

고구려 안악 3호분은 고국원왕 때(375년)에 만들어진 것으로 확인되었다. 이 고분에는 여러 가지 벽화가 있으며, 그 중에서 부엌의 모습이 자세하게 그려져 있는 그림이 있다. 이 벽화를 보면, 부엌에는 하녀로 생각되는 여인이 큰 시루

■ 그림 6-6 · 고구려 안악 3호분 벽화(부엌 모습) ■

앞에서 떡을 찌거나 음식을 만들고 있다. 또 다른 여인은 아궁이의 불을 살펴보고 있다. 이미 상당 수준으로 발전된 아궁이와 시루가 있는 부엌이다. 그리고 이 정도 크기의 시루이면 많은 양의 떡을 찔 수 있는 용량으로 추정되며, 의례나 제례 행사용 떡을 찌고 있는 모습처럼 보인다.

당시에는 수확한 피, 기장, 수수, 벼 등의 곡물들을 갈돌, 돌확, 절구, 디딜방아 등의 분쇄용구로 먼저 가루로 만들었을 것이다. 그 다음, 이들을 이용하여 죽을 끓이거나 떡을 빚거나 밥을 지었을 것으로 추정된다. 죽을 끓이는 방법은 가장 손쉬운 조리법이었고, 그 다음이 시루에 떡을 찌는 방법이었다. 밥을 짓기 위해서는 이에 알맞은 취반용기가 개발된 후였을 것이다. 그러므로 곡류의 조리법은 죽-떡-밥의 순서로 발달하였을 것으로 믿고 있다.

그때의 떡은 먼저 주식의 형태로 먹기 시작하였다. 그러나 밥을 짓는 방법, 즉 취반하는 조리법이 확립되고 나서는 사정이 달라진 것 같다. 그 이후부터 식사는 주로 밥을 지어 먹었고 일부는 죽을 끓여 먹었을 것이다. 떡은 주식보다는 별식이나 제사에 쓰이는 제례음식으로, 그리고 가정의 여러 의식에 쓰이는 의례음식으로 쓰게 되었다. 특히 가정의 돌잔치나 결혼 등의 의례에는 가장 소중하면서도 꼭 갖추어야 하는 의례음식으로 대접받았을 것으로 짐작하고 있다.

맛과 무늬로 빚어낸 다양한 떡의 세계

■

고려 시대에는 강력한 권농정책에 의한 곡물 증산에 힘입어 곡류 음식이 더욱 발달하였다. 또한 불교의 융성으로 육식이 절제되고 음다 풍습이 보편화되면서 떡과 과자류의 음식이 다양하게 발전하는 경향을 보였다. 『해동역사』에는 '고려율고'라는 이름의 떡이, 『지봉유설』에는 '청애병'이 으뜸가는 떡으로 각각 소개되고 있다. 그리고 『목은집』에는 유두일의 수단과 찰기장으로 만든 기장전병이 기록되어 있다.

조선 시대에 이르러 곡류의 종류와 품종이 다양화되면서 떡의 종류도 많아지고 맛과 품질이 크게 향상되었다. 이 시대의 떡에는 '찐떡류'(팥시루떡, 송편 등), 친떡류(쑥인절미 등), 절편류(수리취절편 등), 전병류(차수수전병 등), 화전류(전화법화전 등), 경단류(경단병 등), 단자류(향애단자 등), 부침류(녹두빈대떡 등)가 있었다. 조리하는 방법에 따라 수증기에 찌고, 찐 것을 치고, 끓는 물에 삶고, 기름에 지지는 방식 등이 적절히 활용되고 있다. 이와 같이 떡의 종류는 수없이 많으며, 조선 시대부터 문헌에 등장한 떡의 종류만 해도 190여 종이나 된다고 한다.

결과적으로 여러 가지 종류의 재료, 주재료와 부재료의 배합과 조화, 조리하는 방법의 발전, 각종 조리 도구의 개발 등으로 화려한 맛과 무늬의 떡이 다양하게 등장하게 되었다. 우리의 떡은 조선 후기에 이르러 비로소 완성되었다고 할 수 있다. 그리고 이와 같은 다양한 떡들이 명절음식으로, 의례음식으로, 제례음식으로 그리고 별식으로 널리 이용되게 된 것이다.

■ 그림 6-7 · 추석 명절에 먹는 대표적인 떡 송편 ■

세시를 따라 빚은 떡으로는 설날의 가래떡, 한식의 쑥떡, 단오의 수리치떡, 추석의 송편, 중양절의 국화떡이 유명하다. 또한 의례에 따라 아기가 태어나 삼칠일이 되면 백설기, 백일과 돌에는 5색 송편이나 백설기, 팥고물 찰수수경단, 혼례 때는 봉치떡, 회갑에는 백편이나 꿀편 등을 만들었다. 또한 제례상에 올리는 것은 팥시루떡이나 편류(녹두고물편, 꿀편 등)였다.

우리 속담에 "보기 좋은 것이 먹기도 좋다."라는 말이 있는 것처럼 전통의 맛과 멋을 내기 위하여 떡을 빚을 때는 온갖 정성을 다하였다. 색깔과 향미를 내기 위해 쑥을 비롯하여 콩이나 팥, 참깨나 잣 등을 사용하였다. 그리고 금방 찐 떡을 박달나무로 만든 떡살에 찍어 독특한 무늬를 만들었다. 또한 천연색소 재료인 쑥(녹색), 팥(붉은색), 오미자(분홍색), 치자(노란색), 계피(회갈색) 등을 이용하여 아름답고 다양한 색깔을 냈다.

추석 명절의 송편은 인기 있는 떡 중의 하나이다. 솔잎을 켜켜로 놓고 쪘는데 소나무 잎의 무늬가 멋있게 찍히고 솔잎향도 그윽하다. 『규합총서』(1815)에는 송편이 "가루를 곱게 하여 … 얇게 해서 팥꿀을 섞고, 계피, 후추, 말린 생강가루를 섞어 넣어 빚는다. 송편은…솔잎을 격지격지 놓은 위에다 찌면 맛이 유난히 좋다."라고 기록하고 있다. 쑥을 넣은 쑥송편의 경우 소를 넣을 때 참깨를 이용하면 맛과 향기와 영양이 모두 우수하다.

이처럼 떡을 만들 때 여러 가지 재료를 합리적으로 배합하여 영양상의 균형을 꾀하였다. 앞에서 소개한 쑥떡을 한 번 생각해 보자. 쌀가루에 쑥을 넣어 만든 송편이나 경단 또는 절편을 통틀어서 쑥떡이라고 할 수 있다. 쌀과 쑥의 만남은 서로 궁합이 맞다. 쌀은 탄수화물과 단백질이 상대적으로 많은 반면에, 쑥은 칼슘, 섬유소, 비타민A, B1, C, 클로로필이 많은 편이다. 여기에 콩고물을 입힌 콩고물쑥떡이나 참깨를 소로 넣은 쑥송편은 영양적으로 균형을 이룬 건강식품이라고 할 수 있다.

떡의 화려한 변신, 떡볶이

한국인이라면 거의 대부분 학교 앞이나 시장에서 떡볶이 한 점을 즐겨 먹었을 것이다. 특히 학교 수업이 끝나고 가까이에 있는 분식집이나 포장마차에 쪼르르 달려가 한입 집어 먹는 기쁨이란 형용할 수가 없다. 어른들도 예외는 아니다. 일과가 끝나고 포장마차에 둘러 떡볶이가 있는 안주와 함께 마시는 한 잔의 술은 하루의 피로를 말끔히 풀어 준다.

떡볶이란 어떤 음식일까?

떡볶이는 만드는 재료와 방법이 다양하기 때문에 쉽게 설명할 수는 없다. 윤서석의『한국의 음식용어』(1991)에 의하면 '양념에 잰 쇠고기를 볶다가 흰떡 삶은 것과 볶은 채소를 함께 버무려 볶은 것' 으로 되어 있다. 일반적으로 떡볶이는 흰떡을 이용하되 적당한 크기로 잘라 쇠고기나 채소 그리고 갖은 양념을 넣어 볶거나 끓인 음식으로 이해하고 있다. 여기서 흰떡은 쌀로 빚은 가래떡, 일명 백병이라고 불리는 것을 말한다.

가래떡은 맵쌀을 찐 다음, 이를 안반에 놓고 매우 쳐서 만든 '친떡' 의 하나이다. 이것을 둥글고 길게 비벼서 엿가락 모양으로 만든 떡이 가래떡이다. 그리고 꾸덕꾸덕해진 이 떡을 엽전 모양으로 썰어서 떡국거리로 한다. 이와 같은 가래떡에 대한 내용은『경도잡지』,『조선상식』등에 나타나 있다.

떡국은『동국세시기』등에도 소개되고 있는 설 명절음식으로, 대체로 다음과 같이 조리한 것이다. 미리 만들어 둔 고기장국에 양념을 넣고 끓이다가 떡국거리와 움파를 넣고 한소끔 끓인다. 그리고 떡이 위로 떠오를 때 이를 그릇에 담고 그 위에 웃기를 얹는다. 웃기는 대개 살코기를 다져 볶은 것과 계란 지단 등을 쓴다.

떡볶이의 경우 그 역사가 짧은 것은 사실이지만, 그 시작이 언제였는지는 잘 알려지지 않고 있다. 조선 시대, 즉 17세기경 궁중요리의 하나라는 이야기도 있지만 모호하다. 떡볶이라는 이름이 조리서적에 나타나기 시작한 것은 1940년 전후이며, 소위 신식 요리서인『조선조리제법』등에 등장하고 있다. 현대에 이르러 간식으로 널리 사랑받기 시작한 떡볶이는 짧은 기간에 각 지역에서 그리고 여러 사람들에 의해서 크게 발전하고 다양화된 것으로 판단된다. 고추장이나 고춧가루가 떡볶이에 등장하여 더 인기가 높아진 것은 1960년대로 보고 있다.

원래 떡을 재료로 하여 2차 조리를 하여 만든 음식은 그렇게 많지 않다. 가래

떡을 이용하여 떡국이나 떡볶이 등을 조리하여 먹는 것이 가장 흔한 요리이다. 여기서 흥미 있는 사실을 주목할 수 있다. 2차 조리 음식인 떡국과 떡볶이의 주재료는 다 같이 가래떡이며 양념과 고기와 채소도 양쪽 모두 사용한다. 그러나 떡국은 끓여서 먹는 국의 조리 방식을 취하고, 떡볶이는 볶는 조리 방식을 택한다. 이 두 가지 음식은 유사한 점이 있는 반면에 조리 방식에 차이가 있다.

그러나 최근 인기가 있는 '국물떡볶이'는 썰어 넣은 가래떡 모양만 다를 뿐, 떡국과 비교할 때 그 조리 방식이 유사한 점이 많다. 또한 경기도 지역의 향토 음식인 '조랭이떡국'은 떡국거리가 보통의 엽전 모양이 아니고 누에고치나 조롱박 모양으로 만들어서 끓인다. '국물떡볶이'나 '조랭이떡'의 경우에는 더 공통점이 많다고 할 수 있다. 또한 떡볶이는 '떡찜'이나 '떡전골' 등의 요리와도 유사한 점이 많다.

평범한 떡국은 옛날이나 지금이나 큰 변화가 없다. 하지만 떡볶이는 기호성이 높은 간식으로, 때로는 주식으로 계속 발전해 왔다. 실제로 떡볶이의 화려한 변신은 끊임없이 이어지고 있다. 다음에서 떡볶이의 이러한 점에 대해 좀 더 살펴보자.

일품요리로 모습이 달라지고 있는 떡볶이

■

최근 한류의 열풍과 한식의 세계화 바람과 함께 떡볶이가 크게 각광을 받고 있다. 김치, 비빔밥, 불고기, 막걸리와 함께 떡볶이가 한국을 대표하는 또

하나의 음식이 되고 있는 것이다. 이제는 더 이상 길거리의 가벼운 간식이 아닌, 일품요리의 품격으로 발전하고 있다. 지금은 국내의 많은 업체가 떡볶이를 상품화하였으며 전문화와 경쟁을 통해 계속 시장이 확대되고 있는 상황이다. 또한 떡볶이 관련 프랜차이즈 체인점의 수도 늘어나고 있다. 관련 연구소를 설립하여 전문적으로 연구 활동을 하는 것도 이러한 경향과 결코 무관하지 않을 것이다.

떡볶이는 이제 일품요리로 그 모습이 달라지고 있다. 우선 주목할 수 있는 것은 목적 그룹에 따른 다양한 메뉴 개발과 이의 상품화이다. 관련 전문점에서는 어린이, 청소년, 여성, 일반인, 노인 등의 그룹별 성향에 따라 맞춤형 메뉴를 개발한 다음, 이를 위한 래시피를 만들어 표준화하고 품질이 균일하게 조리한다. 예를 들면 어린이를 위한 '브로콜리 떡볶이' 메뉴의 경우, 채소(브로콜리)를 싫어하는 어린이들도 즐겨 먹을 수 있도록 어린이의 기호에 맞는 매콤하고 달콤한 양념과 소스를 이용한다. 여기에 새우나 쇠고기를 곁들여 떡에서 부족한 영양과 맛을 보완하고 있다. 일품요리의 품격을 갖추면서 한 끼의 만족스러운 식사가 될 수 있도록 영양의 균형을 취하고 있는 것이다.

■ 그림 6-8 · 대표적인 떡볶이 ■

또한 이야기와 건강기능을 고려한 메뉴도 개발하여 소비자들을 유혹하고 있다. 추억의 옛날떡볶이(가래떡떡볶이, 김말이떡볶이, 국물떡볶이 등), 건강

떡볶이(섬유소, 비타민 등이 풍부한 재료를 고려함), 다이어트떡볶이(포만감을 주되 지방질과 에너지 함량이 가능한 낮도록 메뉴 구성, 예: 곤약떡볶이, 해조떡볶이), 퓨전떡볶이(외국의 저명 음식과 융합한 메뉴), 지역의 명품떡볶이(부산남포동 떡볶이, 서울명동 떡볶이 등)가 있다.

이제 떡볶이가 정통의 일품요리로 거듭나고 있다.

서민적이면서도 짙은 맛의 녹두부침, 빈자떡(빈대떡)

이전에는 명절만 되면 멀리 떨어져 있던 친척들이 모여 떡 만들기에 온 집안이 떠들썩하였다. 마당에는 떡메 치는 소리가 요란하고 방 안에는 떡을 빚으며 나누는 웃음소리가 가득하였다. 어릴 때 우리 집에서도 여러 가지 떡을 만들었다. 빚은 떡은 즐거운 마음으로 가족과 이웃 사람들이 함께 나누어 먹었다. 필자도 어릴 때부터 떡을 좋아하였다. 그때는 백설기나 송편이 좋았다. 그러나 성장하여 어른이 되어서는 빈자떡을 더 좋아하고 있다. 지금도 명절에는 집에서 빈자떡을 만들어 가족들과 즐겨 먹는다. 특별한 맛이 있어서 모두들 빈자떡이라면 대환영이다.

우리나라 보통 사람들이 좋아하는 음식 중의 하나가 바로 빈자떡이다. 민속주점에서는 말할 것도 없으려니와 전통 한식집에서도 인기가 대단하여 작은 크기의 빈자떡이 곧잘 상 위에 오른다. 언젠가 주한 외교관 부인들을 상대로 실시한 조사에 의하면 한국 고유음식 중에서 빈자떡이 선호도 1위였다고 한다. 우리뿐만 아니라 외국인들도 좋아하는 음식이 되고 있다.

빈대떡 또는 녹두전병이라고도 부르는 빈자떡은 알맞게 간 녹두에 쇠고기(또는 돼지고기), 숙주나물, 버섯, 파, 마늘, 깨소금을 적당히 섞어 기름에 부친 것이다. 이것이 문헌상에 처음 나타난 것은 『음식디미방』(1670)에서이다. 이 책은 한글 요리서로서는 가장 오래된 것이다. 여기에는 '빈쟈법' 이라고 쓰여 있고, 번철에 녹두 간 것 등을 올려 기름에 지진 것이라고 되어 있다. 또한 『규합총서』에는 오늘날의 '국화전' 과 같이 요리하는 것으로 '빙쟈' 라고 하였다. 『음식디미방』의 '빈쟈' 그리고 『규합총서』의 '빙쟈' 가 '빈자' 로 바뀌어 온 것으로 보고 있다. 주로 가난한 사람들이 먹는다고 하여 빈자떡이라는 유래도 있다. 한편 빈대떡의 어원은 여러 가지 설이 있으나 정설은 없는 듯하다.

오늘날 사전에는 빈자떡이 빈대떡의 비표준어로 되어 있으며, 한자는 없다. 비표준어이지만 적잖은 사람들이 빈자떡이라는 말을 쓰고 있다. 나는 빈대떡이라는 이름보다 빈자떡이라는 이름을 더 선호하고 있다.

비록 빈대떡에는 한자를 쓰지 않지만 손님을 대접하는 귀한 음식이라는 점에서 '가난할 빈(貧)' 의 ' 빈자(貧者)떡' 보다는 '손님 빈(賓)' 을 사용해서 '빈자떡' 의 뜻이 될 수 있다고 생각하고 있기 때문이다.

빈자떡은 그 이름이 어떠하든 서민들이나 보통 사람들이 즐겨 먹는 음식임에는 틀림이 없다. 녹두와 채소, 고기 그리고 다른 여러 가지 재료를 부꾸미처럼 식물성기름에 부친 것이니 우선 맛이 뛰어나다. 입안 가득히 느껴지는 튀김의 구수한 맛은 고기 맛 등과 어울려 종합적인 독특한 맛으로 승화되고 있다. 또한 입안에서 씹히는 감촉도 예사롭지 않아서 표현하기가 어렵지만 멋스러운 느낌을 준다. 앞으로 빈자떡의 경우에도 다양한 메뉴 개발, 표준 래시피에 의한 품질 균일화, 조리 방법(조리 기구 및 가열 방법) 개선 등이 성공적으로 이루어진다면 세계적인 음식이 될 수 있을 것이다.

다음에서 빈자떡의 영양에 대해서도 간단히 살펴보자.

이미 앞에서 이야기하였지만 빈자떡은 녹두를 주재료로 하되, 숙주나물 등의 채소 그리고 적은 양이지만 고기와 식물성기름을 함께 사용한다. 그러므로 영양적인 면에서도 우수한 음식이라고 할 수 있다. 여러 가지 재료에서 오는 단백질, 탄수화물, 지방질이 적절하게 함유되어 있고 비타민이나 식이섬유소도 많은 편이다.

누구나 동의하겠지만 빈자떡과 막걸리는 서로 궁합이 환상적으로 잘 맞는 단짝이다. 맛과 멋 그리고 건강 면에서 정말 잘 어울리는 만남이다. 그런 술과 안주를 권하고 싶다. 그러나 이 세상에는 술을 마시지 않는 사람들도 많다. 그런 사람들에게도 한 번씩 빈자떡을 먹도록 권하고 싶다. 빈자떡, 그 자체로도 완벽한 음식이기 때문이다. 소박하지만 맛과 멋 그리고 영양이 풍요로워 더욱 매력적인 음식이다.

가끔 한 접시의 아름다운 떡이나 떡볶이 또는 빈자떡을 먹는 행복도 챙겨 보면 어떨까?

행복 코드 23

전통음료

— 향기와 맛과 색깔 그리고 전통의 멋을 마시다 —

구수한 것에 대한 짙은 향수, 숭늉

■

지난 해 여름이 끝날 무렵이었다. 시골 고향을 방문하였다가 예전에 가끔 들렀던 할머니 밥집을 찾았다. 할머니 밥집은 시장 모퉁이에 자그마하게 자리하고 있는데, 이른 시간임에도 이미 몇몇 단골손님들이 어설픈 식탁에 앉아 육개장을 먹고 있었다. 필자 역시 이 식당 단일 메뉴인 육개장을 주문하였다. 할머니는 조금 기다리라는 말과 함께 숭늉 한 종발을 상 위에 내놓았다. 시장기가 들기도 하였지만 구수한 냄새에 이끌려 따뜻한 숭늉을 두어 모금 마셨다. 정말 오랜만에 제대로 된 숭늉을 만났던 것이다. 구수한 숭늉은 진실로 정겨운 고향의 향기와 맛을 느끼게 하였다. 도시에서는 결코 쉽게 맛볼 수 없는 향미, 그리고 구수한 향기에 대한 짙은 향수를 만족시키기에 충분한 숭늉이었다. 무쇠 밥솥의 누룽지로 만든 것이 틀림없었다. 바로 그 시간에도 밥 짓는 할머니의 무쇠솥에선 하얀 김이 오르고 있었다. 할머니는 오늘날에도 전기밥솥을 사용하지 않고 고집스럽게 전통 방식에 따라 밥을 짓고 있었다.

우리의 전통 밥짓기는 유럽이나 동남아시아 사람들의 조리법하고는 다르다. 그들은 쌀을 찌거나 삶는 방법을 주로 택한다. 우리는 예로부터 밥을 '만든다.' 또는 '조리한다.' 라고 말하지 않고 '짓는다.' 라고 하였다. '짓는다.' 라고 하는 것은 그냥 끓여 익히는 것이 아니다. 미리 물에 담가 두었던 쌀을 적당량의 물과 함께 무쇠 솥에 안친 후 불의 세기를 조정하는 정성이 필요하다.

센 불에 단시간 끓이고, 중간 불로 조심스럽게 잦히고, 약한 불로 고르게 뜸들이는 일이 중요하다. 밥이 다 될 즈음, 약한 불로 인하여 솥바닥에는 옅은 갈색의 누룽지가 만들어진다. 밥을 푸고 나서 바닥에 남아 있는 누룽지에 물을 다시 붓고 끓인 것이 바로 숭늉이다.

진밥도 된밥도 아닌, 독특한 찰기와 윤기 나는 밥의 경우 솥바닥에서는 구수한 누룽지가 만들어진다. 아울러 숭늉도 그만큼 구수하기 마련이다. 할머니의 숭늉은 바로 그런 것이었다.

대체로 밥이 끓고 뜸 들이는 과정에서는 밥솥 내부의 온도가 100도를 넘지 않는다. 물이 함께 있기 때문에 물 끓는점의 온도에 머물고 있다. 그러나 물이 증발하거나 쌀알 내부로 모두 스며들어서 공간에 자유롭게 존재하는 물이 없어지면 무쇠솥의 바닥 온도는 차츰 올라가게 된다. 불의 강도에 따라 100~135도까지 올라갈 수 있으며 때로는 170도까지 이른다. 이때의 온도와 시간에 따라 생성된 누룽지의 향기와 맛 그리고 색깔이 달라진다. 마치 커피콩을 170도 내외에서 볶을 때 형성되는 구수한 향기와 진한 갈색 색깔과 비슷한 이치라고 생각할 수 있다.

원래 쌀알에 함유된 성분 중에, 특히 쌀밥 그리고 누룽지의 향미에 관여하는 주요 성분은 유리당, 유리아미노산, 전분, 단백질, 비타민 등이다. 밥을 지을 때 가열에 의하여 여러 가지 이화학적 반응, 즉 가열 반응이 일어나는데, 이때 전분의 호화, 열분해에 의한 아미노산의 변화, 아미노-카보닐 반응을 포함하는 마이야르 반응 등이 진행된다. 그 결과 마이야르 물질들이 구수한 맛을 내고, 카르보닐이나 피라진 등의 휘발성 물질들이 생성되어 향기를 내며, 형성된 비효소적 갈색 색소에 의해 독특한 색깔을 지니게 된다.

필자의 박사 학위 논문인 「쌀밥의 향미성분에 관한 연구」(1976)에 나와 있는 여러 가지 연구 결과 중에 흥미 있는 결론이 하나 있다. 즉 쌀밥의 맛과 조직감은 다양한 밥알의 이화학적 반응에 의해 형성되며, 향기는 주로 솥바닥에 생성된 누룽지의 화학적 상태가 윗부분의 밥 향기에 직접 영향을 준다는 사실이다. 밥의 은근한 향기는 솥바닥의 누룽지와 밀접한 관계가 있다.

고향에 있는 밥집 할머니의 누룽지는 그런 점에서 잘 지은 밥에서 얻어진 지극히 오묘한 작품이었다. 전통적 방식으로 정성들여 무쇠밥솥에서 지은 누룽지였기 때문이다. 그리고 그것으로 만든 숭늉은 구수한 향기와 맛, 그리고 옅은 갈색이 조화를 이룬 일품 음료였다. 그런 할머니의 숭늉을 맛볼 수 있었던 것은 나에게 있어서 결코 쉽게 가질 수 없는 즐거운 경험이었다.

우리는 오래전부터 숭늉을 즐겨 마셨다. 밥 짓는 방식이 우리와 비슷한 일본에서도 물 누룽지〔식탕, 食湯〕를 먹은 기록이 남아 있다. 그러나 오늘날 일본인들은 숭늉을 마시지 않는다. 따라서 오늘날 숭늉을 마시는 민족은 우리뿐이다. 이것은 우리의 밥 짓는 방식이나 식사문화가 일본을 제외하고는 세계 다른 여러 나라와 크게 차이가 있기 때문이다.

우선 앞에서 살펴본 것처럼 우리의 경우 밥 짓는 방식이 특이하다. 누룽지는 다른 나라의 조리법에서는 결코 얻어질 수 없다. 선조들은 우리만의 취반방식에서 얻어진 누룽지를 말리거나 튀겨서 어린이들의 간식으로, 또는 죽을 끓여 노인식이나 환자식 등으로 애용하였다. 그러나 가장 효과적으로 활용한 것은 바로 물을 부어서 끓여 마시는 숭늉이었다. 무엇보다 숭늉은 은근하면서도 구수한 맛과 향이 있어서 서민들이나 보통 사람들이 즐겼던 토속음료였다.

숭늉이 우리 음식문화에 등장한 것은 솥으로 밥 짓는 방법이 널리 활용되고 난 이후의 어떤 시기일 것으로 생각된다. 다시 말하면 여러 가지 곡물을 쪄서 먹는 단계에서 밥을 지어 먹는 단계로 옮겨지고 난 후의 일이다. 이때에는 철기 문화의 보급으로 쇠로 만든 솥이 사용되고 있었다.

그러나 이에 대한 문헌 기록은 별로 보이지 않고 『계림유사』 고려 방언에서 '숙수' 라는 말이 나오는데, 후에 『임원십육지』(1827년경)에 숭늉을 두고 숙수라고 한 기록이 있다. 비록 문헌기록은 고려 초기 또는 중기일 것으로 보이나 실제로 음용한 것은 훨씬 이전일 것이다. 그러고 보면 숭늉의 출현 및 이를 마신 역사는 길고도 길다고 할 수 있다.

숭늉은 술이나 차와 비교할 때 여러 가지 특성에서 다른 점이 많다. 우선 특별한 음료들이 갖는 흥분성이나 습관성이 없다. 구수하고 담백하기만 하다. 그리고 누룽지를 만드는 방법 역시 제한적이어서 독립적으로 널리 제조 보급하기가 어려웠다. 따라서 그동안 대량 생산과 대량 소비가 이루어지지 않았다. 더욱이 최근에는 전통적인 솥에서 밥을 짓지 않고 전기밥솥 등에서 밥을 짓기 때문에 누룽지가 만들어지지 않는다. 따라서 가정이나 식당에서 숭늉을 마실 기회가 거의 없다. 다행스럽게도 최근에 상품용 누룽지가 별도로 생산되어 시판되고 있어서 이를 이용하여 만든 숭늉을 한식전문집이나 가정에서 즐길 수 있다.

이제 여기서 잠시 커피 이야기를 해 보자. 최근 우리나라 사람들은 커피를 많이 마신다. 커피는 다양하게 상품화되어 있고 최상의 제품이 여기저기 화려하게 진열되어 있어서 쉽게 구매할 수 있다. 또한 어디에나 커피숍이 있으며 누구나 정겹게 앉아 마실 수 있는 분위기까지 조성되어 있다. 비록 커피의 음용 역사가 짧지만 우리의 커피 소비량은 세계적인 수준에 이르고 있다.

왜 우리는 이렇게 커피를 좋아할까? 물론 구수한 맛과 향기가 있는 음료로는 커피가 으뜸이다. 정신을 맑게 하고 중독성까지 있어서 이미 세계적인 기호음료로 자리 잡고 있다. 생각해 보면 우리나라 사람이 커피를 특히 좋아하는 밑바탕에는 숭늉이 있기 때문이라고 해도 지나친 말은 아닐 것이다. 필자의 연구 결과에서도 밝혀졌지만, 구수한 향기와 맛의 기본물질이 서로 유사한 것이 많고, 실제로 쓴맛과 떫은맛을 제외하면 진한 숭늉과 커피는 거의 같은 느낌을 갖게 한다. 하지만 구수한 맛과 향기만의 숭늉으로는 무언가 아쉬움이 있다. 이 아쉬움을 채우려는 끝없는 갈망이 드디어 커피에까지 이른 것은 아닐까!

하지만 커피에는 카페인과 타닌 성분을 비롯하여 수없이 많은 유기화학물질이 있다. 숭늉보다는 훨씬 구성 성분이 복잡하고, 따라서 맛과 향기 역시 단순하지 않으며 그만큼 오묘함에는 틀림이 없다. 이러한 커피에 익숙해진 입맛은 쉽게 다른 것으로 바뀌지 않는다. 여기에서 커피에 대한 이야기를 더 하고 싶지는 않다. 다만 카페인이나 타닌 성분들과 건강을 고려할 때 긍정적인 점도 있으나 커피를 너무 많이 마시지 말자는 것이다. 하루 4잔 이상 매일 마시면 카페인에 중독되어 건강에 문제가 생길 수도 있다. 타닌 역시 과량 섭취할 때 철분 등 각종 영양소의 손실이 우려된다. 개인적으로 필자도 커피를 좋아하는 편이지만, 그 빈도를 하루에 2잔 이내로 한정하고 있다.

그리고 아침저녁으로 식사할 때 가능한 숭늉을 마시고 있다. 대체로 하루에 우리가 꼭 마셔야 할 음료수 형태의 물은 사람에 따라 900~1500cc (매일 먹는 음식 속의 수분은 제외)범위이다. 주변에 여러 가지 음료수가 있지만, 누룽지 제품으로 만든 숭늉을 하루 두서너 잔을 즐겨 마신다. 숭늉은 우리 전통음료로서 사랑을 받아야 할 이유가 충분하기 때문이다.

곶감과 잣의 화려한 만남, 수정과

■

겨울철 시식이라면 우리 고유의 전통음료 수정과를 생각하지 않을 수 없다. 한겨울 뜨거운 방에서 시원한 수정과를 마시는 멋있는 풍류는 상상만 해도 아름답다. 요즈음에는 다행스럽게도 맛과 향기가 좋은 수정과들이 한식전문점에서 후식으로 나오고 있다.

수정과는 생강과 계피 등을 끓여 삶은 물에 곶감을 담가서 맛과 향을 낸 음료이다. 화채 그릇에 담아 잣을 띄워서 내온 수정과는 색깔이 밝고 투명하며, 맛이 풍요로워서 전체적으로 화려한 느낌이 있다. 아마도 곶감과 잣, 그리고 생강즙 등의 재료들이 함께 어울려 만들어 낸 합작품이어서 그럴 것이다. 액상의 국물 외에도 말랑말랑한 곶감 조각을 먹는 재미도 보통이 아니다. 수정과의 깊은 맛은 곶감에 좌우된다고 한다. 감미도가 높고 씨가 적은 감을 선별하되, 가을에 잘 말려서 시설이 하얗게 핀 건시이면서도 촉촉해야 한다. 곶감 외에 사용되는 재료는 수정과의 종류에 따라 다르며 잣, 생강, 계피, 배, 통후추, 설탕, 오미자, 유자, 호도, 꿀 등 여러 가지가 있다. 그러나 주로 쓰이는 원료는 곶감 외에 생강즙과 꿀, 잣이다.

수정과는 『임원십육지』 등의 옛 문헌에 '수정과(水正果)'로 기록되어 있으나 이는 오늘날의 내용과는 차이가 있다. 다음에서 조금 더 살펴보자.

지금의 수정과와 유사한 것은 『시의전서』의 '수정과(水鼎果)'에서 구체적으로 나오고 있다. 즉 "좋은 건시를 냉수에 담그되, 물을 넉넉히 부어 두었다가 흠씬 불린 후, 생강을 진하게 달여… 잣을 흩어 쓴다."라고 되어 있다.

한편 『규곤요람』(1869)에는 '수정과(水精果)'로 기록되어 있고 생강을 사용하지 않았다. 이와 같이 문헌과 시대에 따라 재료와 방법이 다르며, 문헌에 기록된 수정과에 대한 한자도 위에서처럼 세 가지로 달리 표기되어 있다. 오늘날에는 주로 '水正果'로 쓰고 있다.

곶감은 껍질을 벗긴 감을 서서히 말린 것으로, 수분은 약 43%(원래 감의 수분 함량은 83% 내외)이다. 주성분은 주로 과당과 포도당 등의 당분이며, 전체 당 함량은 약 45%이다.

그 밖에 칼슘 등의 무기질과 비타민 A, C 등을 비롯하여 특수 성분인 타닌이 함유되어 있다. 곶감은 단감 그 자체가 당분과 비타민 등 영양성분이 많고, 또 타닌에 의한 수렴성도 갖고 있어서 건강음료에 사용할 수 있는 최적의 반건과(半乾果)라고 할 수 있다.

한편 잣은 비록 사용량이 적지만, 지방질과 단백질이 많고 맛이 고소한 것이 특징이다. 지방질은 주로 불포화지방산이며, 이들은 우리 인체에 여러 가지 중요한 역할을 한다. 또한 잣에는 철분이 많아 영양의 균형을 취하면서 곶감의 수렴작용을 적절히 조정하는 역할을 한다. 어쩌면 수정과에서 곶감과 잣, 이 두 가지는 서로 궁합이 잘 맞는 짝이라고 할 수 있다. 여기에 생강즙의 성분들이 더하게 된다.

이러한 수정과는 약하지만 녹차에서처럼 수렴성이 있어서, 식후에 입가심 음료로 잘 이용된다. 또한 건강 음료로, 그리고 대화의 음료로도 즐겨 먹을 수 있다. 때로는 과음을 하여 숙취에 시달릴 때 수정과를 마시면 좋다고 하는데, 속설이겠지만 몸 안에 축적된 알코올 성분을 빨리 산화 배설하도록 도와주는 과당과 비타민, 그리고 물(수분)을 갖추고 있기 때문일 것이다. 우리 전통음료 중에 이처럼 화려하면서도 다양한 기능을 가진 수정과가 있다는 것은 행복한 일이다.

쌀밥의 달콤한 변신,
식혜

■

식혜에 관한 이야기를 하려면 이것부터 분명히 해야 할 필요가 있지 않을까? 전통음료인 식혜(食醯)와 반찬으로 먹는 발효 식품인 식해(食醢)가 있다. 이 두 가지는 서로 발음도 비슷하려니와 한자의 모양도 유사하여 헷갈리기 쉽다. 실제로 이들을 만드는 방법도 재료만 다를 뿐 거의 비슷하다. 그러나 분명히 그 이름의 뒷자 혜(醯)와 해(醢)가 다르고, 음식 내용도 서로 다르다.

간단히 여기에 대해 설명해 보자. 식혜는 쌀밥에 엿기름 우린 물로 삭힌 음료이다. 때로는 신맛을 내기 위해 식초 등의 산미료를 더하기도 한다. 한편 식해는 곡물에 엿기름과 채소(또는 생선) 그리고 소금과 향신료를 넣어 발효시킨 부식이다. 이해를 돕기 위해서 억지로 이것에 이름을 더 붙인다면 김치형의 식해(채소를 사용할 경우) 또는 젓갈형의 식해(생선을 사용할 경우)로 생각하면 좋을 것 같다.

곡물 + 엿기름 + (산미료) → 식혜(食醯)
곡물 + 엿기름 + 채소(또는 생선) + 소금 + (향신료) → 식해(食醢)

여기에서는 전통음료인 식혜에 대해서만 좀 더 살펴보자. 식혜는 감주(甘酒)라고 부르기도 하는데, 그 맛이 달콤해서 붙여진 이름인 것으로 생각된다. 감주를 만드는 방법은 술(탁주 또는 막걸리)을 만드는 방식과 비슷하다. 쌀밥에 엿기름을 사용해서 삭히는 것이 감주이고 식혜이며, 쌀밥에 누룩을 넣어 삭힌 것이 막걸리이다. 하지만 식혜에는 알코올이 전혀 없다.

식혜의 주원료는 쌀을 찐 지에밥 그리고 엿기름이다. 쌀은 대부분이 전분으로 구성되어 있고, 표면의 얇은 층에만 전분 외에 단백질과 지방질 그리고 기타 성분들로 구성되어 있다. 한편 엿기름은 또 다른 이름으로 맥아라고 부르며 보리나 밀을 싹틔운 것이다. 엿기름에는 수증기에 찐 지에밥의 호화 전분을 당화시켜 포도당이나 맥아당으로 분해시키는 효소인 아밀라아제가 있다. 이 효소는 엿기름을 물에 우려내면 녹아 나와 우린 물에 존재하게 된다.

요즈음 식혜를 만들 때 전기 보온밥통을 사용하는 경우가 많은데, 지에밥을 보온밥통에 넣고 엿기름 우린 물을 부어서 4~5시간 정도 일정 온도를 유지하면 당화가 많이 진행된다. 여기에 다른 맛을 내는 것들을 넣으면 식혜가 된다.

■ 그림 6-9 · **전통음료인 식혜** ■

엿기름 속의 효소에 의해 쌀알의 호화된 전분이 당화 과정을 거치면서 당이 되어 물에 용해되므로 속이 거의 빈 밥알이 표면에 떠 있게 된다.

전분을 분해시키는 효소의 당화 작용은 보통 섭씨 60도 내외가 적당하므로 보온밥통을 이용하게 되는 것이다. 옛날에는 무쇠 솥에서 약한 불로 서서히 가열하면서 가능한 온도 범위에서 당화시켰다.

흥미 있는 사실은 당화 과정에서 밥알 내부의 전분은 거의 당화가 진행되어 쉽게 물에 녹는 당분으로 변한다는 것이다. 반면에 외부의 얇은 층에는 전분 외에 다른 성분들이 많이 있으므로 그 일부만 당화 과정을 거치게 된다. 따라서 당화된 맥아당이나 포도당들은 물에 녹아서 내부는 텅 비게 되고, 외부의 하얀 모양은 그대로 유지되면서 비중이 작아지게 된다. 그 결과 밥알이 차츰 수면 위로 떠오르게 된다. 식혜는 달콤한 감미와 함께 바닥에서부터 떠오른 밥알을 먹는 재미가 보통이 아니다. 또한 식혜를 이처럼 삭혀서 만드는 방법을 창안해 낸 우리 선조들의 지혜가 놀라울 뿐이다.

식혜에 대해서는 1800년대 말의 문헌 『시의전서』에 구체적으로 다음과 같은 내용이 있다. "… 밥을 되게 지어, 엿기름가루 물에 담가 가라 앉혀서 웃물을 따라 넣고, … 봉하여 두었다가 삭은 후, … 잣과 석류를 띄워서 쓴다." 식혜를 만드는 방법의 내용이 오늘날의 것과 크게 다르지 않다.

식혜는 단순히 단맛만을 주는 것이 아니다. 신맛을 비롯하여 다양한 과실 맛을 더해서 전체적으로 고소하면서도 청량한 느낌을 갖도록 하고 있다. 지금도 식혜에 대한 인기가 높은 것은 사실이지만, 한때 여러 회사에서 나온 식혜 상품들이 전국적으로 엄청난 파문을 일으킨 때가 있었다. 현대에 와서 식혜는 국민들로부터 선풍적인 인기를 얻은 음식이었던 것이다. 이처럼 전통음료 식혜는 여전히 사랑받고 있다.

다섯 가지 맛과 선홍색의 조화,
오미자국 화채

■

갑자기 왜 오미자 그리고 오미자음료를 이야기하려고 하는가?

이에 대한 대답보다는 먼저 오미자에 대해서 알아보기로 하자. 오미자는 목련과에 속하는 낙엽덩굴 식물의 작은 열매이다. 오미자나무는 지리산, 오대산 , 덕유산 등의 산지에서 군락을 이루어 자생하며, 재배되기도 한다. 이 덩굴나무는 여름에 황백색의 꽃이 피고 이어 열매를 맺는다. 이 열매는 자라면서 속에 단단한 목질의 핵이 생기고 가을에 과육이 붉게 익는데, 이 작은 열매가 바로 오미자이다. 보통 9월에서 10월 사이에 채취하여 말린 후 식용 또는 약용한다.

오미자는 여러 가지 약효를 지니고 있다. 박종희 교수의 저서 『한국의 민간약』(1999)에 의하면 거담, 강장, 자양, 지갈, 주독 해소 등의 의약적인 효능이 있다고 기록되어 있다. 특히 기침을 멈추게 하고, 가래를 줄이고, 기력을 왕성하게 하며, 갈증과 술독을 해소한다고 하였다.

최근에 와서는 알코올에 의한 숙취 해독, 혈압 강하, 간장 해독 및 회복 기능 강화 그리고 당뇨에 효과가 있다고 알려져 있다. 이러한 효능은 오미자에 함유된 시잔드롤이나 시잔드릴 그리고 이들의 유도체 등의 다양한 약리 작용에 의한 것이라고 보고되고 있다.

잘 건조된 오미자 열매의 색은 진한 붉은 색깔을 나타낸다. 그러나 물로 추출한 국물은 투명한 선홍색이다. 이는 최근에 건강기능성 물질로 크게 주목받고 있는 안토시안 계열의 곱고 화려한 천연색소에 의한 것이다. 또한 오미자는 신맛이 주된 맛이지만 다른 여러 가지 맛이 함께 조화를 이루고 있다.

옛 문헌인 『산림경제』에 의하면 "껍질과 과육은 달고도 시며 핵은 맵고 쓰다. 이를 합하면 짠맛이 나기 때문에 다섯 가지의 맛, 오미자이다."라고 기록하고 있다.

독특한 색깔과 오미에 이어 은은한 떫은맛과 나무 향기도 있다. 우리 선조들은 이와 같은 오미자의 의약 성분과 향미와 색깔을 고스란히 물로 우려 내어 오미자국으로 하되, 이를 다시 화채로 만들어 즐겼던 것이다. 그리고 화채 외에도 오미자차로도 즐겨 마셨다. 이제 오미자국 화채에 대해서 좀 더 알아보자.

화채란 오마자국이나 과즙 또는 꿀물에 얇게 썬 과실조각이나 먹을 수 있는 꽃잎 그리고 잣을 띄운 전통음료를 말한다. 화채는 순종 29년(1829)의 『진작의궤』에 재료와 분량 등에 대하여 처음 언급되어 있다. 또한 『시의전서』에는 여러 가지 화채의 종류와 구체적인 조리 방법까지 자세하게 소개되어 있다.

화채는 비교적 역사가 짧은 음료에 속하며, 한식이 완성되는 조선 시대 후기에 이르러서야 비로소 음용되기 시작하였다. 옛날부터 금수강산이라고 불렸던 우리나라는 어느 지역에서나 맑은 샘물이나 기타 천연수를 쉽게 음용할 수 있었다. 그러나 우리 선조들은 이 좋은 물을 이용하여 만든 다양한 전통음료를 더 많이 즐겼다. 오랜 역사를 통하여 선조들이 사랑하며 마셨던 음료는 숭늉, 수정과, 식혜, 오미자국 화채 등 150여 종류나 된다. 이들 음료들 가운데 화채는 비교적 늦게 즐겨 마시기 시작하였다.

오미자국 화채에는 배화채, 진달래화채, 밀감화채 등이 있다. 진달래화채의 경우, 오미자국에 꿀물을 조금 넣고 진달래 꽃잎을 잣과 함께 띄운다. 배화채나 밀감화채는 진달래 꽃잎 대신에 얇게 썬 배 조각이나 밀감 알갱이를 이용한다. 꽃잎이나 과실 조각이 떠 있는 선홍색의 맑은 오미자국 화채는 보기도 좋으려니와 맛과 향이 뛰어나다. 이를 투명한 유리그릇이나 우아한 백자 그릇에 담아내는 멋스러움은 가히 아름답다고 표현하여도 부족함이 없다. 다섯 가지 맛과 선홍색이 조화를 이룬 독특하고도 자랑스러운 음료이다. 이를 차게 해서 마시면 더 없이 시원하고 상쾌하면서 멋있는 청량음료가 된다.

또한 많은 사람들을 위해 화채를 상에 낼 때에는 큰 유리그릇에 담아 큰상이나 소반의 가운데 자리에 놓는다. 그리고 그 주위에 여럿이 둘러 앉아 각자의 작은 유리그릇에 옮겨 담아 마신다. 모두들 대화를 하면서 즐겨 먹으니 대화의 음료가 된다. 또한 건강기능성 성분이 많은 오미자를 이용하여 만든 것이기에 건강음료라고 할 수 있다.

최근 전통음료에 대한 국민의 관심이 놀라울 정도로 높아가고 있다. 구수하면서도 정감이 넘치는 숭늉, 색깔과 향미가 화려한 수정과, 달콤한 맛과 씹는 맛이 조화를 이룬 식혜, 오미자국 화채와 같은 기능성 음료들은 대중적이면서도 기호성이 높고, 건강이 고려된 것이기에 앞으로 더욱 환영받을 것으로 예상된다. 그런 의미에서 이런 몇 가지 전통음료들은 정겨운 대화의 음료이자 건강음료라고 할 수 있다.

행복 코드 24

생선회

―갓 건져 올린 생선의 오묘한 바다맛―

'생선회' 그리고 '사시미' 이야기

■

바닷물에서 갓 건져 올린 생선 그리고 생선회.

마음이 답답하고 허허로울 때 가끔 부산의 자갈치시장에 간다. 그곳에는 비릿한 바다 냄새가 있고 온갖 생선들이 바닷물 수조에서 넘쳐 나고 있다. 그리고 요란한 소리로 외치고 있는 각양각색의 사람들을 만나게 된다. 시간이 조금 지나 그곳 분위기에 익숙해지면 비로소 특별한 두 가지가 눈에 들어온다. 하나는 맑은 수조에 가득 채워져 있는 생선들이고, 다른 하나는 그 주위를 바쁘게 오가는 자갈치아줌마이다.

수조 안에는 넙치(광어), 조피볼락(우럭), 참돔, 쥐노래미(게르치) 등의 생선들이 얌전하게 물속에 잠겨 있다. 어떤 생선들은 그 속에서 여유롭게 헤엄을 친다. 가끔 수조에서 뛰어나와 시멘트 바닥으로 떨어진 생선이 바닥을 치며 파닥인다. 그러나 그것도 한 순간, 어느새 아주머니 손에 잡혀 다시 수조 속으로 옮겨진다. 이들은 모두 생선 횟감들이다.

한편 자갈치아줌마는 물이 흥건한 바닥 위로 이리저리 바쁘게 움직인다. 그럴 때마다 철벅철벅하는 장화소리와 아주머니의 목소리가 함께 들린다. 아주머니들이 걸쳐 입은 비닐 앞치마도 쉴새 없이 움직인다. 드디어 능숙한 솜씨로 생선 횟감을 손질하는 손놀림이 눈에 띈다. 활기가 넘치고 절로 식욕이 난다. 바닷물에서 갓 건져 올린 생선, 그것을 맛있게 날것으로 조리한 생선회 한 점을 어찌 먹지 않겠는가?

이제 생선회에 대하여 본격적으로 이야기해 보자.

생선회는 조영제 교수의 『생선회, 진실 or 거짓』에 서술된 것과 같이 보통 활어회, 선어회 그리고 싱싱회로 나누고 있다. 활어회는 펄떡펄떡 뛰는 살아 있는 생선을 바로 먹기 좋게 날것으로 조리한 횟감이다. 비교적 육질이 졸깃하고 단단하여 씹는 맛이 좋다. 그러나 혀에서 느끼는 맛(주로 감칠맛)은 약한 편이다.

선어회는 일부 손질하여 냉장 온도에 보관하면서 4일까지 두고 먹는 것(1~4일 저장한 회)으로 조금 무르게 되어 씹는 맛은 떨어지나 감칠맛이 있으며 초밥용으로 많이 쓰인다. 싱싱회는 활어회와 선어회의 중간 정도의 것으로, 활어를 손질하여 냉장 온도에 4~10시간까지 두면서 먹는 횟감이다. 씹는 맛이나 혀에서 느끼는 감칠맛이 모두 좋은 편이다.

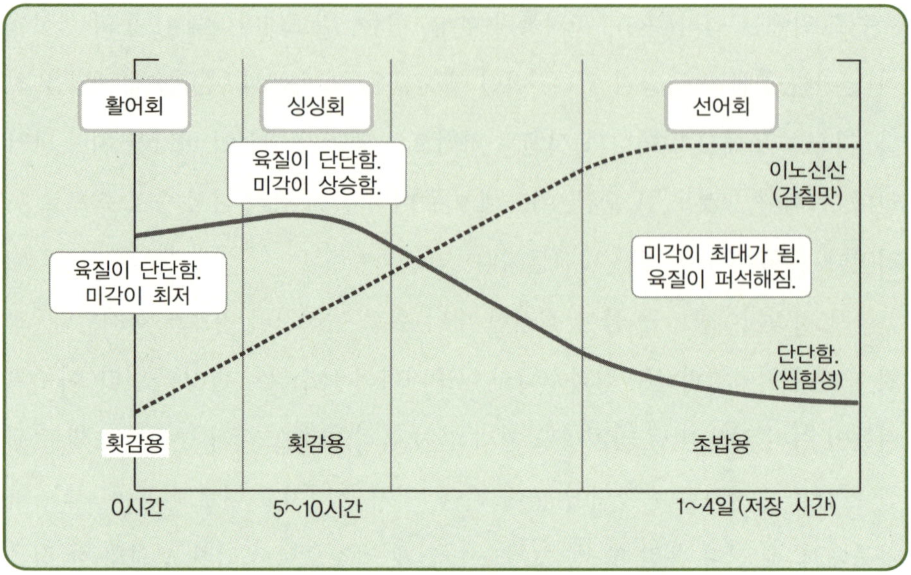

■ 그림 6-10 · 생선회 저장 시간 경과에 따른 씹힘성 및 감칠맛의 변화 ■

활어(넙치)를 죽여 저온(섭씨 0도 부근)에 저장하면서 살펴본 것이다.
활어회는 저장 0시간의 회, 싱싱회는 저장 5~10시간의 회, 선어회는 저장 1~4일간의 것으로 정하고 있다.
저장 시간 경과에 따라 씹힘성은 초기에서 10시간까지 거의 동일한 수준이었다가 저장 기간이 지날수록 낮아지고 있으며, 감칠맛은 시간 경과에 따라 조금씩 강해지다가 1~4일에서 최고수준을 유지하고 있다(자료: 조영제의 『생선회, 진실 or 거짓』)

우리나라 사람들은 대체로 활어회를 좋아한다. 그래서 수산시장이나 생선 횟집에 가서 살아 있는 것을 직접 선택하여 바로 손질하여 회로 먹는 즐거움을 으뜸으로 친다. 약간 졸깃한 씹는 맛을 즐겨 먹는 것이다. 그래서 혀에서 느끼는 맛, 즉 미각보다는 씹는 촉각을 더 중요하게 생각한다.

이 때문에 해안 지역이 아닌 내륙 지역에서 이를 먹으려면 여간 어려운 게 아니었다. 최근에는 바닷가에서 생선을 바닷물수조에 넣어 자동차로 도시 또는 내륙지방의 생선 횟집으로 직접 수송하는 번거로운 절차를 밟고 있다. 그럼에도 불구하고 우리나라 사람들은 활어회를 좋아한다.

세계에서 생선을 날것으로 먹는 독특한 식문화를 가진 나라는 아마도 우리나라와 일본뿐일 것이다. 우리 못지않게 생선회를 즐기는 일본 사람들은 '사시미sashimi' 라는 이름으로 이를 먹는다. 그러나 우리와는 조금 다른 식습관을 갖고 있다. 다음에서 이에 대해 좀 더 살펴보자.

한국의 '생선회'와
일본의 '사시미' 식문화는 같은가

■

미국 로스앤젤레스 시내 주변를 걷다 보면 '스시sushi' 레스토랑을 쉽게 발견할 수 있다. 이들은 소위 일본의 사시미 그리고 일본초밥인 스시 전문음식점이다. 그곳뿐만 아니라 뉴욕이나 다른 도시, 심지어는 유럽의 대도시에서도 어렵지 않게 스시 전문음식점을 만날 수 있다. 비공식 통계이지만 LA에는 스시 전문집이 2,000여 개 이상일 것이라는 이야기도 있다. 그만큼 일본은 그들의 스시와 사시미 식문화를 세계화시키는 데 전략적으로 열을 올리고 있다. 현재는 스시와 사시미가 세계 생선회 식문화를 선도하고 있는 셈이다. 최근 우리의 초밥 역시 일본 스시의 영향을 적지 않게 받고 있다.

사시미는 이미 생선회의 국제 공용어 또는 영어 이름이 되어 있고, 스시도 초밥의 국제 공용어 또는 영어 이름으로 되어 있다. 이름이야 어찌 이 뿐인가! 국제적으로 두부가 일본 이름의 '도푸tofu' 로 되었고, 간장이 일본 이름의 '소유

soyu' 그리고 된장이 일본 이름의 '미소miso'로 되는 등, 여러 가지 식품이 이미 일본의 이름으로 국제화되어 있다. 김치가 기무치kimuchi가 아니고 'kimchi'로 된 것만도 다행으로 생각해야 할까?

어쨌든 실제로 스시라는 음식이나 그 이름도 한반도에서 일본으로 건너가 정착한 문화라고 한다. 이에 관련된 역사와 문화사적 내용을 여기서 길게 말할 수는 없다. 일본의 시가현립대학 인간문화학부 정대성 교수의 『일본으로 건너 간 한국음식』(2000)에 나온 내용 일부를 간단히 소개해 보자. 여기에 의하면 "스시를 만드는 방법의 특징, 일본 열도에서의 분포 상황, 그리고 호칭의 한국어와의 관련을 통해서 보면, 이 음식은 고대에 대부분의 생활문화가 한반도에서 건너온 사람들에 의해서 일본에 전해졌을 때 함께 가지고 온 것임을 알 수 있다."라고 되어 있다.

뒤에서 다시 살펴보겠지만 문화사적 정황으로 보아 우리나라에서는 고대 또는 고려 시대에 이미 생선회를 먹었을 것이라는 추정이 가능하다. 하지만 이 사실이 우리와 일본의 문헌에 나타난 것은 서로 비슷한 시기라고 보고 있다. 이성우 교수 그리고 조영제 교수의 최근 저서들에서는 조선 시대 중기 그리고 일본의 무로마치 시대 정도의 긴 시기로 보고 있다.

그러나 생선회와 초밥의 식문화 그리고 사시미와 스시의 식문화 간에는 상당히 차이가 있음을 알게 된다.

우리나라 사람들은 활어회를 좋아하고 일본 사람들은 선어회를 더 좋아하여, 활어회 식문화와 선어회 식문화로 구별할 수 있다. 즉 우리는 활어회의 씹는 맛〔촉각〕을, 일본 사람들은 선어회의 감칠맛〔미각〕을 더 좋아하는 셈이다.

결과적으로 우리는 초밥보다는 활어 횟감인 생선회를 더 강조하며 즐겨 먹고, 일본인들은 사시미보다는 선어회를 이용한 스시를 강조하며 좋아한다. 이에 따라 선호하는 생선 역시 다를 수밖에 없다. 한국인은 맛이 담백하면서도 조직감이 있는 흰살 생선, 즉 넙치, 조피볼락, 참가자미, 농어 등을 선호한다. 반면에 일본인들은 부드럽고 감칠맛이 있는 붉은 살 생선인 참치, 방어, 전갱이 등을 좋아한다. 이와 같은 식문화의 차이로 우리나라에는 초밥전문집보다 생선 횟집이 훨씬 더 많고, 일본에는 사시미 전문집보다는 스시(초밥)전문집이 훨씬 더 많다.

결론적으로, 우리나라의 생선회 식문화와 일본의 사시미 문화는 큰 틀에서는 같을지라도 세부적으로 따져 보면 서로 차이가 있다.

우리 생선회 식문화를 생각하다

■

언제부터, 어떻게 생선회를 먹어 왔을까?

앞에서 우리 민족이 회를 먹은 시기를 고대 또는 고려 시대부터라고 추정할 수 있지만 문헌에 나온 것은 조선 시대 중기의 어느 시기일 것이라고 이야기하였다. 이성우 교수의 『한국요리문화사』(1985) 및 이효지 교수의 『한국의 음식문화』(1998)에 의하면, 이에 대한 가장 오래된 문헌은 조선 시대 광해군 때에 나온 유몽인의 『어우야담』이라고 단정하고 있다. 생선회를 먹었다는 기록의 내용을 요약하면 다음과 같다.

임진왜란 때 중국 군사들이 우리나라에 주둔하였는데 그들이 조선 사람들의 생선회 먹는 식습관을 보고 모두 침을 뱉었다고 한다. 이를 보고 조선의 한 선비가 『논어』에서 공자께서도 생선을 가늘게 썰어 맛있게 먹었다는 언급이 있다고 반박하였다는 것이다. 이 내용에서 두 가지 사실을 간추려 보면, 먼저 중국의 공자가 생존하였던 약 2500여 년 전의 그 시기에도 생선회를 즐겼다는 것이고, 두 번째는 우리나라도 임진왜란 이전부터 생선회를 먹어 왔다는 것을 알 수 있다. 비록 역사 기록이 남아 있지 않으나 여러 정황으로 보아 훨씬 그 이전부터 생선회를 먹었을 것이다.

그러나 중국에서는 이를 먹지 않았다는 것이 『어우야담』이나 이수광의 『지봉유설』에서 확인되고 있다. 『지봉유설』에는 "지금 중국 사람은 회를 먹지 않는다. … 익혀서 먹는다."라는 언급이 있다. 중국의 경우, 훨씬 이전의 과거에는 먹었으나 여러 가지 이유로 그 시기에는 이미 먹지 않았던 것이다. 하지만 우리나라는 생선회에 대해 아무런 어려움 없이 계속 먹었다는 것을 알 수 있다.

그 이후에는 우리나라 여러 문헌에서 생선회에 대한 기록이 많이 나온다. 다양한 종류의 생선을 이용하였으며, 특히 웅어(자어라고도 함.), 대구, 눌치, 민어, 고등어, 숭어, 낙지, 각종 패류 등이 중요한 횟감이었다. 구체적인 조리 방법도 소개되고 있다.

『시의전서』에는 " … 껍질을 벗겨 … 가늘게 썰어 …" 등이, 『임원십육지』(1827)에는 재료와 회 초장 만드는 방법까지, 『증보산림경제』(1766)에는 신선도를 유지시키기 위해서 회 접시를 빙반, 즉 얼음판 위에 놓고 먹는다는 것까지 소개되어 있다.

흥미 있는 것은 일제강점기 때에도 우리의 생선회 식문화는 조선 시대의 그것과 큰 변화가 없었다는 사실이다. 그 시기에 나온 요리서 또는 신문(요리 관련 기사)에 나온 내용들이 보다 더 구체적이고 한글식의 표기에 따른 조리법이기는 하다. 그러나 기본적인 것들은 이전과 비교할 때 큰 차이가 없다. 따라서 생선회에 이용되는 어류나 조리 방법 등에서 별 차이가 없다고 보아야 할 것 같다. 다만, 조리 순서에 따라 구체적으로 기록하고 있으며 가늘고 길게 회를 친다는 내용이 보인다. 그리고 회를 친 것을 꼭 짠 다음에 이를 막걸리에 빨아서 먹는다는 흥미 있는 기록이 있다. 그러나 일제 강점기에도 일본회인 사시미 먹는 방식이 적극적으로 도입된 것 같지는 않다.

오늘날의 우리 생선회 문화

■

해방 이후에도 이러한 상황은 거의 1970년대 중반까지 계속되었던 것 같다. 그러나 한국 전쟁의 상처가 회복되고 전반적인 경제 사정이 좋아지면서 미국이나 유럽의 문화가 유입되어 우리나라 식생활 문화에도 서서히 변화가 일어나기 시작하였다. 특히 생선회 식문화와 관련해서 긍정적인 변화가 있었다.

국민의 소득 수준이 향상됨에 따라 가계에서 식문화를 위한 지출 비용이 증대되고, 이에 따라 가정이나 개인의 외식 문화가 확대되었다. 또한 전국적인 교통망과 교통수단이 크게 확충되었으며, 특히 생선회와 직접 관련하여 여러 가지 상황이 전폭적으로 개선된 것도 주목할 수 있다. 횟감 생선들의 대량 양식이 가능하게 되었고 생선의 종류도 다양해졌다. 아울러 냉장 냉동 시설(냉장 냉동 차량 포함)의 대대적인 활용과 이동식 바닷물수족관(일종의 수조)의 효과적인 이용 등이 이루어졌다.

이에 따라 비교적 옛날에는 귀했던 횟감용 고급 어종인 넙치나 조피볼락 그리고 도미 등이 흔해져 사람들이 이를 즐겨 먹게 되었다. 또한 바닷물을 담은 이동식 수조를 이용하여 전국 어디서든 횟감 생선의 수송이 가능하여 내륙 지방이나 도시에서도 쉽게 횟집을 볼 수 있게 되었다. 여기에 국민들의 외식 생활이 보편화되면서 생선회를 비교적 저렴한 가격으로 가려 먹게 되었다.

오늘날 우리가 횟집에서 어떻게 생선회를 즐기고 있는지 한 번 살펴보자. 먼저 여러 가지 부 요리(일식집의 스케다시), 상추와 깻잎(때로는 묵은 김치) 그리고 마늘과 고추 등의 채소류, 간장과 식초, 고추장 등이 모두 함께 공간 전개식으로 상 위에 오른다. 생선회를 조리하는 동안 부 요리 이것저것을 먹는다. 그리고 활어로 조리한 회가 들어오면 비로소 회 한두 점을 초장, 마늘과 함께 마늘과 상추와 쑥갓에 싸서 먹는다. 이들을 다 먹고 나면 이어서 매운탕과 함께 밥을 먹게 된다. 대체로 이와 같은 방식으로 식사를 겸한 생선회를 즐겨 먹는다. 이때 술 몇 잔도 곁들인다.

이러한 생선회 차림과 그 즐김은 긍정적이고 좋은 점도 많다. 신선한 생선회 한 점을 넉넉하게 준비한 채소에 싸서 함께 즐기는 것도 좋다. 그리고 부 요리 이것저것을 골고루 먹을 수 있는 것도 장점이다. 또한 매운탕을 즐겨 먹는 것도 좋은 기회일 것이다. 그러나 진지하게 생각하면서 가려서 즐길 필요도 있다.

횟집에서 생선회를 먹을 때 생선회 종류를 알고 맛을 따지면서 먹는 것도 회를 즐기는 한 방법이다. 그리고 본래의 씹는 맛이나 감칠맛이 엉뚱하게도 강한 초장 맛에 가려지지 않는지 생각해 볼 일이다. 미식가들은 흰살 생선의 경우 고추냉이 간장이나 식초를 약간 넣은 간장에 살짝 찍어 먹고, 전어회 같은 지방질이 많은 회의 경우는 작은 양의 된장과 함께 먹는다고 한다. 또한 졸깃한 씹힘성을 지나치게 강조하여 활어회만 즐기고 있는 것은 아닌지? 실제로 앞에서 살펴본 것처럼 씹힘성과 감칠맛이 비교적 모두 좋은 싱싱회를 가끔 먹어 보는 것도 좋지 않을까?

한편 우리는 먼저 나오는 부 요리 이것저것을 많이 먹는 경향이 있다. 그럴 때에는 뒤에 나오는 주된 요리인 생선회의 맛과 멋을 제대로 즐길 수 있는지 의문스럽기도 하다. 곁들이는 술 역시 마찬가지이다. 생선회가 술을 먹기 위한 안주라면 어쩔 수 없는 일이지만, 생선회 자체를 즐기려면 알코올 도수가 상대적으로 낮은 청주나 과실주 두 잔 정도가 어떨까? 그리고 시각, 촉각, 미각을 함께 즐겨야 하고, 이들을 먹을 때 멋스러움도 고려해야 할 것이다.

왜 생선인가,
맛과 영양 그리고 건강기능성 성분들

■

생선에는 다랑이와 같은 원양회유어류, 도미나 전어 같은 연안회유어류, 가자미나 장어 같은 해저서식어류 등으로 다양하게 분류하고 있다. 또한 다

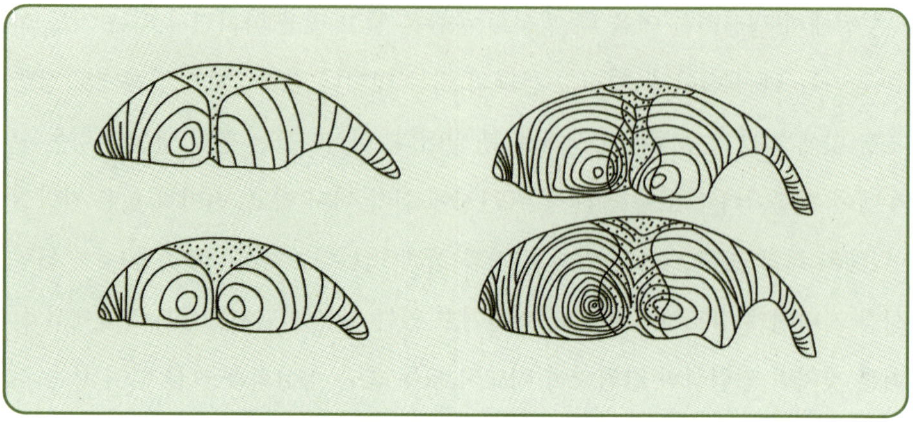

■ 그림 6-11 · 어육 근육의 횡단면(몸통 부분) 구조 ■

왼쪽은 고등어, 오른쪽은 가다랭이로, S자 모양의 근절이 비교적 규칙적으로 배열되어 있다.

른 특징적인 분류에는 가자미나 넙치 같은 흰살 생선어류, 참치나 방어와 같은 붉은살 생선어류 그리고 정어리나 고등어 같은 등푸른살 생선어류 등이 있다.

우리가 주로 먹는 부분인 어류 근육은 척추를 사이에 두고 몸통 양쪽에 있는 측근이며, 그 단면을 보면 S자 모양의 근절이 배열되어 있다. 어육에는 담색의 보통육과 암적갈색의 혈합육이 있으며, 그 분포 비율은 생선에 따라 다르다. 혈합육에는 미오글로빈이나 기타 색소 단백질이 많으며 이 부분에서 생리적 활성이 높다.

생선회의 맛 성분은 주로 감칠맛과 미미한 고소한 맛의 이노신산 외에 글루탐산 등이다. 이들은 흰살 생선보다 붉은살 생선에 더 많다. 그리고 생선을 물과 함께 가열할 때 녹아 나오는 맛 성분은 흔히 엑기스 성분이라고 하는 것으로 아미노산, 저분자의 질소화합물 그리고 유기산들이다. 이들 성분 역시 멸치나 가다랭이 등의 붉은살 생선에 더 많다.

한편 어육에서 세포와 세포를 연결하고 결체 조직을 이루는 성분은 콜라겐이라는 특수한 단백질이다. 생선회의 졸깃하고 단단한 조직감을 주는 것으로, 다랑어나 가다랭이에는 이 성분이 적게 함유되어 있지만 넙치나 가자미에는 상대적으로 많이 함유되어 있다. 그러므로 흰살 생선인 넙치 등의 생선회가 더 졸깃하다고 할 수 있다. 이런 성분들의 종류와 함량이 생선의 졸깃하고 단단한 씹는 맛을 결정한다.

어육 중의 영양성분과 건강기능성 성분들에 대해서 알아보자. 영양학적으로 무엇보다 중요한 것은 단백질이며, 그 함량은 대체로 20% 내외나 된다. 구성하는 아미노산의 균형도 잘 이루고 있어서 단백가가 비교적 높은 양질의 단백질이다. 이유식이나 노인식에 어육이 잘 이용되는 이유는 바로 이 단백질 때문이다.

어육 중의 지방질 함량은 어종이나 부위에 따라 1~6% 정도 된다. 구성 지방산은 대부분이 불포화지방산이고, 특히 고도불포화지방산인 에이코사펜타엔산eicosapentaenoic acid, EPA이나 도코사헥사엔산docosahexaenoic acid, DHA이 비교적 많이 함유되어 있다. 이러한 성분들도 붉은살 생선에 더 많다. 같은 생선이라고 해도 계절에 따라 그 함량에 차이가 있다. EPA나 DHA는 오메가-3 계열의 고도불포화지방산으로 매우 중요한 건강기능성 성분이다. 최진호 교수의 『건강 100세, 생선을 즐겨라』 그리고 조영제 교수의 『생선회, 진실 or 거짓』 그리고 조영수 · 차제영 교수의 『기능성식품학』 등에 의하면 다음과 같은 건강기능성이 있다고 한다. EPA는 동맥경화, 뇌졸중, 혈전, 심장병 등의 순환기 계통 성인병 예방 기능이 있으며 생체막의 유동성 향상이나 면역 작용을 강화시킨다. 그리고 DHA는 두뇌 발달과 치매 예방 그리고 암 발생 억제 기능이 있다. 지방질 함량이 높은 붉은살 생선에서 EPA와 DHA의 함량이 더 높다.

한편 생선의 탄수화물은 주로 글리코겐 형태로 존재하며, 1% 미만이다. 하지만 어획 후 시간이 경과할수록 다른 성분으로 전환되어 없어진다. 무기질은 인이나 칼슘 등이며, 가는 뼈와 함께 먹는 생선에 훨씬 많이 들어 있다. 비타민으로는 A와 D가 비교적 많다.

생선은 전체적으로 곡류 식품에서 부족하기 쉬운 양질의 단백질이 많이 함유되어 있다. 성인병 예방에 유익한 고도불포화지방산도 많다. 또한 상대적으로 비타민과 미네랄이 많이 함유되어 있어 일반 육류보다 쉽게 먹을 수 있는 우수한 영양식품이라고 할 수 있다.

특히 생선회는 영양소의 파괴가 없고, 신선한 채소와 함께 먹을 수 있는 장점이 있다. 더욱이 뼈째 썰어 낸 생선회는 우리에게 칼슘을 더 많이 공급해 주기 때문에 또 다른 좋은 점이 있다. 여기에 EPA나 DHA와 같은 건강기능성 성분 그리고 감칠맛과 졸깃한 씹는 맛까지 더하게 된다. 따라서 생선회는 그야말로 웰빙식품이라고 할 수 있다. 다만 생선회를 먹을 때는 꼭 신선한 것을 택하되, 위생적이고 청결하게 조리해야 할 것이다. 그리고 당연한 이야기겠지만 생선회를 먹을 때 고유의 맛을 따지며, 멋을 함께 생각하며 먹는다면 그 즐거움은 아마도 두 배가 될 것이다.

참고 문헌

Andrew Weil 저, 권상미 역, 『건강하게 나이 먹기』, 문학사상사, 2007

Charles B. Heiser, Jr. 저, 장동현 역, 『문명의 씨앗, 음식의 역사』, 가람기, 2000

Clotaire Rapaille 저, 김상철, 김정수 역, 『컬쳐코드』, 웅진싱크빅, 2007

Desmond Morris 저, 김석희 역, 『털없는 원숭이』, 정신세계사, 1991

Helen Nearing 저, 공경희 역, 『소박한 밥상』, 디자인하우스, 2001

Jared Diamond 저, 김정흠 역, 『제3의 침팬지』, 문학사상사, 1996

Jeremy Rifkin 저, 신현승 역, 『육식의 종말』, (주)시공사, 2004

Marvin Harris 저, 서진영 역, 『음식문화의 수수께끼』, 한길사, 1992

Reay Tannahill 저, 손경희 역, 『食品文化史』, 효일문화사, 1991

Rebecca J. Donatelle 저, 김복현 역, 『토탈건강혁명』, 대경북스, 2007

Susan Stockton 저, 이범권 역, 『건강의 모든 것, 생체 환경』, 도서출판 해조음, 2007

강갑석 외, 『식품과 건강』, 형설출판사, 2002

강인희 외, 『한국의 상차림』, 효일문화사, 1999

강인희, 『韓國食生活史』, 삼영사, 1991

강인희, 『한국의 맛』, 미래앤컬처, 1990

구난숙 외, 『세계 속의 음식문화』, 교문사, 2001

권순자 외, 『웰빙 식생활』, 교문사, 2008

권오란, '한식의 기능성, 과학과 실제', 「식품산업과 영양」, 제16권 제2호, 11-14쪽, 2011

권태완, 『콩 건강여행』, 성하출판, 1995

김경태, 신형식, 이배용, 『韓國文化史』, 이화여자대학교 출판부, 1992
김대환, 『한국의 민족의식』, 이화여자대학교 출판부, 1985
김미경 외, 『생활 속의 영양학』, 라이프사이언스, 2005
김상보, 『한국의 음식생활문화사』, 도서출판 광문각, 1997
김상순, 『한국전통식품의 과학적 고찰』, 숙명여자대학교 출판부, 1985
김상순, 최홍식, 변광의, 『食品加工貯藏學』, 수학사, 1990
김소미 외, 『우리 생선이야기』, 도서출판 효일, 2002
김숙희 외, 『식생활의 문화적 이해』, 신광출판사, 2001
김숙희, 『무얼 어떻게 먹지』, 정우사, 2009
김연옥, 『한국의 기후와 문화』, 이화여자대학교 출판부, 1989
김영욱, '쌀 소비실태에 따른 국민건강 상태의 변화', 「식품산업과 영양」, 제13권 제2호, 15-21쪽, 2008
김응모, 『어문학에 담긴 술의 멋』, 도서출판 박이정, 1997
김정옥, 신말식, '한국의 식재료 중 채소, 과일류의 유입과 실크로드, 「한국식생활문화학회지」, 제23권 제1호, 10-17쪽, 2008
김주희, 『文化人類學의 理解』, 성신여자대학교 출판부, 1991
김진구, 장유경, 임정빈, '개화기 한국인의 가정생활양식에 관한 연구, 매일신보를 중심으로', 「한국생활과학연구」, 제10호 339-369쪽, 1992
김찬별, 『한국음식, 그 맛있는 탄생』, (주)로크미디어, 2008
김태정, 손주영, 김대성, 『음식으로 본 동양문화』, 미래앤컬처, 1997
김혜영 외, 『문화와 식생활』, 효일문화사, 1998
농촌진흥청 농촌영양개선연수원, 『식품분석표』, 농촌진흥청, 1986
류병호, 『식품과 생활습관병』, 동명사, 2004
맹원재 외, 『현대인의 식생활과 건강』, 건국대학교 출판부, 2000
문수재, '우리전통반상차림은 완벽에 가깝다', 「월간 식생활」, 1994년 1월 8-31쪽, 1994
문현경, 정해랑, 조은영, '1990년도 국민영양조사에 따른 한국인의 사용식단분석', 「한국식생활문

화학회지」, 제9권 3호, 41-50쪽, 1994
박건영, 『10년 전 내 몸으로 되돌리는 장 테라피』, 왕의서재, 2009
박록담, 『名家銘酒』, 효일문화사, 1999
박원기, 『한국식품사전』, 신광출판사, 1991
박종희, 『한국민간약』, 부산대학교 출판부, 1999
배송자, 『전통웰빙주 막걸리』, 하남출판사, 2010
백승국, 『극장에서 퐁듀먹기』, 디자인하우스, 2001
백인경, '대사증후군을 예방하는 한국인 건강 식사패턴 연구', 「식품산업과 영양」, 제16권 제2호, 45-48쪽, 2011
부산대학교 박물관, 『선사와 고대의 문화』, 신유문화사, 1996
부산대학교 의과학연구소 편, 『술과 의학』, 도서출판 지평, 1994
森下敬一 저, 최진호 역, 『세계의 장수식』, (주)교문사, 1993
서정숙, 조성희, '밥 중심 전통식사와 만성질화 예방', 「식품산업과 영양」, 제13권 제2호, 27-33쪽, 2008
石毛直道, 鄭大聲, 『食文化入門』, 講談社(東京), 1995
송수권, 『남도의 맛과 멋』, 창공사, 1996
스기다 고이지 저, 안용근 역, 『조리요령의 과학』, 전파과학사, 1993
스지하라 야스오 저, 이정환 역, 『음식, 그 상식을 뒤엎는 역사』, 도서출판 창해, 2002
염초애, 장명숙, 윤숙자, 『한국음식』, 효일문화사, 1992
오순덕, '조선왕조 궁중음식 중 다식류의 문헌적 고찰', 「한국식생활문화학회지」, 제27권 제3호, 316-323쪽, 2012
유병팔, 『125세까지 걱정말고 살아라』, 에디터, 1997
유애령, 『식문화의 뿌리를 찾아서』, (주)교보문고, 1997
유영주 외, 『인간과 생활환경』, 효일문화사, 2000
유태종, 정동효, '김치의 공업적 생산을 위한 공업표준화에 관한 연구', 「한국식품과 학회지」, 제6권 제1호, 116쪽, 1974

윤서석, 『韓國食品史硏究』, 신광출판사, 1990
윤서석, 『韓國飮食』, 수학사, 1993
윤숙자, 『한국의 저장발효음식』, 신광출판사, 1997
이광규, 『文化人類學의 世界』, 서울대학교 출판부, 1990
이광규, 『韓國傳統文化의 構造的 理解』, 서울대학교 출판부, 1994
이규태, 『한국인의 생활구조(2)』, 기린원, 1994
이길표, 주영애, 『傳統家庭生活文化硏究』, 신광출판사, 1999
이미숙, '한국장수인의 식사의 특징', 「식품산업과 영양」, 제16권 제2호, 27-33쪽, 2011
이서래, 『한국의 발효식품』, 이화여자대학교 출판부, 1992
이성우, 『食生活과 文化』, 수학사, 1992
이성우, 『古代韓國食生活史硏究』, 향문사, 1992
이성우, 『韓國食生活의 歷史』, 수학사, 1993
이성우, 『韓國食品文化史』, 교문사, 1984
이성우, 『韓國料理文化史』, 교문사, 1994
이우승, 『韓國의 菜蔬』, 경북대학교 출판부, 1994
이이화, 『한국사 이야기(1), 우리민족은 어떻게 형성되었나』, 한길사, 1998
이정자, '한국에서의 외식산업 프랜차이즈 에 관한 연구', 「관광학」 제9호, 214쪽, 1985
이춘영, 『쌀과 문화』, 서울대학교 출판부, 1991
이현경, 『요리가 된 떡볶이』, (주)넥서스, 2011
이효지, 『한국의 김치문화』, 신광출판사, 2000
이효지, 『한국의 음식문화』, 신광출판사, 1988
이효지, 『한국의 전통민속주』, 한양대학교 출판원, 1996
임어당 저, 전희직 역, 『생활의 발견』, 예원출판사, 1990
장지현, 『韓國傳來大豆利用飮食의 調理加工史的硏究』, 수학사, 1993
장지현, 『韓國傳來醱酵食品史硏究』, 수학사, 1996
鄭大聲 저, 김경자 역, 『우리음식문화의 지혜』, 역사비평사, 2001

鄭大聲 저, 김문길 역, 『일본으로 건너간 한국음식』, 솔 2000
정상진, 『우리민속과 전통문화』, 부산외국어대학교 출판부, 1995
정혜경, 김미혜, '전남 구례와 곡성 장수지역의 80세 이상 고령인의 음식문화에 관한 연구', 「한국식생활문화학회지」. 제27권 제2호, 142-156쪽, 2012
조미자, 이순옥, 김상순, 『한국전통식품과 조리』, 효일문화사, 1997
조선일보, '고추, 임진왜란 이전부터 국내에 있었다', 2009. 2. 19.
조선일보, '한국인에게 빨간 고추는 불의 발견 못지않아', A20, 2010. 10. 18.
조영수, 차재영, 『기능성식품학』, 동아대학교출판부, 2003
조영제, 『생선회, 진실 or 거짓』, 도서출판 한글, 2010
조재선, 『식품재료학』, 향문사, 1996
주영하, 『그림속의 음식, 음식속의 역사』, (주)사계절, 2007
주영하, 『김치, 한국인의 먹거리』, 도서출판 공간, 1994
주영하, 『음식전쟁 문화전쟁』, (주)사계절, 2007
채수완, '인체적용시험을 통한 한식 우수성 규명연구; 고혈압과 당뇨병 개선', 「식품산업과 영양」, 제16권 제2호, 15-26쪽, 2011
최범술, 『韓國의 茶道』, 보연각, 1973
최성자, '한국 전통음식의 맛과 멋', 「한국의 전래음식문화, 멋을 중심으로」, 한국식생활문화학회 추계학술심포지움, 27-33쪽, 1996.
최홍식, 『김치 美人』, 도서출판 효일, 2001
최홍식, 『김치의 담금과 가공저장』, 도서출판 효일, 2005
최홍식, 『김치의 발효와 식품과학』, 도서출판 효일, 2004
최홍식, 『식품과 현대인의 식생활』, 지구문화사, 1999
최홍식, 『쌀밥의 향미에 관한 연구』, 동국대학교, 1976
최홍식, 『한국의 김치문화와 식생활』, 도서출판 효일, 2002
최홍식, 『한국인의 생명, 김치』, 밀알, 1995
하덕모, 『醱酵工學』, 문운당, 1994

하태열, '쌀의 기능적 우수성', 「식품산업과 영양」, 제13권 제2호, 22-26쪽, 2008

한국음식문화오천년전준비위원회, 『韓國飮食五千年』, 유림문화사, 1988

한국인구보건연구원편, 『한국인의 영양권장량』, 교문사, 1989

한국콩연구회, 『콩, 내몸을 살린다』, (주)한언, 2009

홍사중, 『한국인의 미의식』, 전예원, 1982

찾아보기